Sem medo de ser feliz

Isabel Losada

Sem medo de ser feliz

As aventuras físicas, metafísicas e alucinógenas de uma mulher em busca de si

Tradução de
Ana Resende

EDITORA
ALAÚDE

Título original: *The Battersea Park Road to Paradise*

Publicado mediante acordo com Watkins Publishing, Sixth Floor, Castle House, 75-76 Wells Street, London W1T3QH

O texto deste livro foi fixado conforme o acordo ortográfico vigente no Brasil desde 1º de janeiro de 2009.

PREPARAÇÃO:
Eliana Rocha

REVISÃO:
Elvira Castañon, Valéria Braga Sanalios

CAPA:
Miriam Lerner

FOTOS DE CAPA:
Victor Maffe (Bambú), Flavia Morlachetti (Moeda chinesa), Steven Miric (Botes no lago) e Chris Gramly (Estrela e vela com pedras) / Istockphoto.com. Tonelada (Estrela do Santo Daime) / Wikimedia Commons. Adriana Poveda (Moedas) / Stock.xchng.

IMPRESSÃO E ACABAMENTO:
Bartira Gráfica

1º edição, 2013

Dados Internacionais de Catalogação na Publicação (CIP)
(Câmara Brasileira do Livro, SP , Brasil)

Losada, Isabel

Sem medo de ser feliz: as aventuras físicas, metafísicas e alucinógenas de uma mulher em busca de si / Isabel Losada; tradução de Ana Resende. São Paulo: Alaúde Editorial, 2013.

Título original: The Battersea Park Road to paradise.

ISBN 978-85-7881-172-3

1. Atitude (Psicologia) 2. Autoconhecimento 3. Autorrealização 4. Bom senso 5. Conduta de vida 6. Decisões 7. Desempenho 8. Determinação 9. Metas (Psicologia) 10. Perseverança I. Título.

13-00405 CDD-158.1

Índices para catálogo sistemático:

1. Autorrealização : Psicologia aplicada 158.1

2013
Alaúde Editorial Ltda.
Rua Hildebrando Thomaz de Carvalho, 60
04012-120, São Paulo, SP
Tel.: (11) 5572-9474 e 5579-6757
www.alaude.com.br

Agradecimentos

Todas as pessoas mencionadas neste livro são reais. Em casos raros, mudei o nome de uma pessoa para preservar sua identidade, mas a maioria é citada com seu nome verdadeiro. Por isso, gostaria de agradecer a todos que foram mencionados nestas páginas e fizeram parte desta história.

Um agradecimento especial a Sylvia Bennett, Eddie Lui, Simon Brown, ao consultor cujo nome não revelei aqui, mas, acredito, tinha boas intenções, e à Feng Shui Society. Gostaria de agradecer a todas as pessoas citadas no curso de Anthony Robbins e ao próprio Anthony, por ser uma inspiração.

Por ter me enviado para o Vipassana e me alertado sobre a situação em que eu estava me metendo, gostaria de agradecer a Thomas, Dale e Alison Key. Agradeço a Jo, por se manter sã; Frances Barnes, pela paciência; Christine, pela bondade; e Star, por gostar dos pardais. Helen, onde quer que você esteja, meu muito obrigada.

Tenho a honra de agradecer a Mooji por seu amor e sua tolerância com minha tolice, e a todos os que participaram dos *satsangas*, por sua cordialidade e amorosa recepção, e por acreditarem, erroneamente, que sempre estive lá. Um agradecimento especial a Hannah pelo convite.

Eu não teria conhecido os *ashaninka* sem a ajuda de Amanda Shakespeare, Hylton e Noo Murray-Philipson. Agradeço especialmente a Dilwyn por tornar-se meu amigo. Por favor, pare de fumar.

Eu não teria ido ao Peru e a Nova York me encontrar com meu editor sem meus anjos da guarda, JJM e CM.

No mundo editorial, meu agradecimento a Jon Elek, que tornou tudo possível ao acreditar em mim num momento em que parecia que ninguém mais acreditava, e a Michael Mann, meu editor, que amei desde o primeiro telefonema. Minha editora (e agora amiga), Anne Barthel, transformou a edição do livro em uma alegria, e cada alteração, em um prazer. Foi ela quem disse que não há registro, em nenhuma parte dos evangelhos, de que Jesus tenha dito "Conhece-te a ti mesmo" e devemos atribuir a frase ao oráculo de Delfos. Tenho que contar esta história porque ainda estou boquiaberta. Vicky Hartley, Anna Randall, Penny Stopa e Roger Walton me mostraram que ter um livro publicado pode ser um prazer. Obrigada, Watkins, por todo o entusiasmo e trabalho duro.

Mais perto de casa, gostaria de agradecer Emily Lucienne e Gala Riani, pelo apoio diário e por saberem amar incondicionalmente e com paciência eterna.

Finalmente, gostaria de agradecer ao grande número de leitores fiéis; CK e Julie, cuja bondade é inexplicável; e cada um de meus leitores, especialmente aqueles que na minha página do Facebook oferecem encorajamento, escrevem resenhas e compram exemplares de meus livros para todos os seus conhecidos. Sua lealdade, sabedoria e amizade generosa fazem de meu trabalho um prazer. Vocês são muitos para que eu possa nomeá-los – mas, se você está lendo isto, pode ter certeza de que é um deles.

Obrigada.

Sumário

Introdução

Paralisada outra vez

Vocês estão se sentindo paralisados? Eu também. Estou presa em um buraco na estrada para a felicidade. Vocês não imaginavam que um buraco de estrada pudesse ser tão fundo a ponto de não se poder sair dele, não é? Eu, no entanto, fiz de tudo para afundar completamente. Estou cansada, confusa e machucada demais para sair do lugar. E ainda por cima sou atropelada com certa frequência.

Sentada aqui neste buraco, penso que seria ótimo acreditar que alguém vai chegar e me tirar daqui; que algum anjo ou ser humano vai me encontrar, desviar o trânsito ao meu redor e me levar para casa para comer bolinhos com geleia de framboesa. Mas não há ninguém – ninguém – preparando o chá. Estou em Londres, e vocês devem saber como são as nossas cidades: estão todos ocupados demais desviando-se do trânsito.

A vida é uma coisa estranha, não é? Quer dizer, em teoria, sou um ser completo, e algumas pessoas até me consideram inteligente. Mas, na prática, sou apenas um amontoado confuso de carne e ossos, e, enquanto outro rolo compressor de 10 toneladas passa por cima de mim, tentando me aniquilar para sempre, não posso dizer que minha vida seja como planejei.

Imagino que devo lhes contar um pouco sobre mim e os desastres que me cercam, e então vocês poderão olhar para a sua vida e perceber que ela está indo incrivelmente bem. Escrevo roteiros de programas de televisão. Só que os escrevo um mês antes de o canal fechar ou algo parecido, e por isso nada do que escrevo é exibido. E, como vocês já perceberam, escrevo livros. No entanto, como não entendem muito bem sobre o que meus livros falam, os livreiros se confundem e não sabem em que seção colocá-los. Isso não é bom, porque acabo ficando espalhada por toda a livraria. Literalmente.

E quanto aos homens? Já escrevi um livro sobre eles, mas ainda ponho tudo a perder. Não que me falte coragem romântica: arriscaria tudo por um amor, cruzaria o mundo até, mas aí o sujeito diria algo como "Na verdade, sou *gay*" ou "Sou casado; sei que deveria ter lhe contado antes". Tenho uma incrível capacidade de me enganar. Minha estupidez chega a ser digna de admiração.

Não formei uma família. Não tenho mãe, pai, irmãos ou irmãs. Não é impressionante essa falta de parentes? Tenho uma filha, mas também não tenho marido – há muitos anos não tenho marido. Por alguma razão desconhecida, minha filha, Emily, é bem esperta. A mãe dela é que é um desastre ambulante. Tentei ser feliz e bem-sucedida, manter um relacionamento sensual e estimulante e um trabalho que valesse a pena e trouxesse uma contribuição real para o mundo, mas deu tudo errado.

Por que então você compraria um livro escrito por alguém que é um desastre? Boa pergunta. Bem, no que diz respeito à importante decisão de comprar ou não este livro, defendo-me da seguinte maneira: não estou só. O mundo está passando por uma grande recessão; os salários de muitas pessoas foram reduzidos pela metade, e muitas não têm emprego. E há pouco tempo soube que a taxa de divórcios não é mais de um para três; agora é de 50 por cento. Assim, talvez seja bom tudo ter dado errado, pois isso me obriga a me ater ao essencial da vida e começar de novo.

Os antigos chineses são conhecidos por suas teorias inteligentes sobre a vida, e uma delas é particularmente interessante para mim, aqui no meu buraco. Quando eles decompõem a vida em seus elementos básicos, encontram metal, fogo, madeira, água e terra. Parece um bom ponto de partida. Mas por que os cinco elementos? Bem, eles me atraem e são parte do mundo natural. São os elementos da própria vida, ao contrário da existência artificial que experimentamos nas grandes cidades. São belos e intuitivos, embora não esteja muito certa de que sobrevivam ao escrutínio intelectual e acadêmico. Gosto disso.

A partir desses elementos, convido vocês a se juntarem a mim nesta jornada de recriação. Quero repensar onde gostaria de viver, como gostaria de viver, o que é importante ou não, o que posso resolver e o que não posso. Gostaria de descobrir quando é preciso "fazer" e quando é desesperadamente necessário parar de fazer e apenas "ser" – e como alcançar o equilíbrio entre um e outro. Preciso decidir quais crenças desejo expulsar do buraco em que me encontro e quais desejo manter.

Para poupar tempo, vou confessar que não sei absolutamente nada. Tudo o que aprendi até agora pode ser descartado. O cérebro desta narradora está cheio de ideias e crenças que, em sua maior parte, são filosoficamente duvidosas, logicamente questionáveis e teologicamente falaciosas. Sei muito pouco sobre muita coisa e muita coisa sobre muito pouco – tudo ao mesmo tempo. Desconfio de que preciso reciclar tudo o que aprendi. Por isso, estou jogando tudo fora. Gostaria de guardar apenas uma única ideia.

Sua Santidade, o 14º dalai-lama do Tibete, nos tem em alta consideração para passar a vida inteira estudando 2.500 anos de ensinamentos budistas. Por isso, acho bastante razoável supor que ele se dedique a refletir sobre a vida. Preocupado com milhões de pessoas com dificuldade em compreender um dos mais obscuros sistemas de crenças do mundo, certa manhã ele inventou um lema fácil de guardar. Tenho certeza de que você o conhece.

"Minha religião", ele anunciou com seu habitual sorriso, diante da imprensa mundial, "é a bondade". Cessaram as perguntas. Não era necessário mais nenhuma pergunta. Não se pode argumentar contra essa ideia, certo? Então é isso... Vou me livrar de todos os outros conhecimentos. Manterei esse ensinamento e adotarei o que se chama de "mente de principiante". Começar de novo. Essa é a única possibilidade de sair do buraco.

Então, juntem-se a mim. Respirem fundo. Espero que apreciem a viagem.

O primeiro elemento – Metal

O exterior – proteção – limites – pele – o nariz

Três consultas de Feng Shui e muita confusão

Ah! Vocês chegaram. Bem-vindos. Fico feliz que tenham decidido se juntar a mim. A viagem é duas vezes mais divertida na sua companhia.

Decidi começar pelo buraco. Estou animada porque já tomei uma atitude e dei um telefonema. Na próxima sexta-feira, um especialista em *Feng Shui* virá examinar minha casa. Pessoas sábias chamaram minha atenção para o fato de que o ambiente exerce grande influência sobre nós, e espero que ele possa me ajudar. Ele me perguntou a data e o local onde nasci, embora eu não tenha a menor ideia do que isso tem a ver com a casa, e virá pôr minha vida em ordem. Não é uma ideia totalmente irresistível? Desempregada? Doente? Divorciada e sem namorado? Sem dinheiro no banco? Algazarra de crianças? Talvez sua casa seja a causa desses problemas.

Do que mais gosto nessa sabedoria é a possibilidade de que minha vida melhore sem que eu tenha que fazer esforço. Uma pessoa virá à minha casa e, movendo um espelho 3 centímetros para a direita, fará aparecer uma nova e valiosa amizade em minha vida. Colocando um pequeno sapo de madeira com uma moeda na boca (o que, de alguma forma mística, está relacionado à riqueza), o dinheiro surgirá, sem nenhum esforço, na minha conta bancária. Modificando o ângulo da cama, ficarei mais saudável, sem precisar correr no parque. Ao que parece, o ano do rato acaba de começar: uma época de bom augúrio para empreender uma vida totalmente nova.

Será que pareço um tanto cética? Será que estou falando como um dos membros do Colégio Real de Cirurgiões sobre a homeopatia? Ou como um membro do governo chinês? Segundo essas pessoas, o *Feng Shui*, assim como o budismo tibetano, é uma "superstição medieval" perigosa. Ouvir uma coisa dessas já me faz gostar dele imediatamente. Muitos intelectuais concordariam com o ponto de vista oficial dos chineses. Eles argumentam que a mera existência do *Feng Shui* impede o progresso da humanidade pelo simples fato de negar a suprema importância da dedução lógica e científica. Acho que não poderia contar sobre a visita a uma amiga de Nova York filiada à Sociedade dos Céticos, que vem me visitar na sexta-feira, sem prejudicar nossa amizade. Ela me consideraria tão perturbada que o respeito que tem por mim iria por água abaixo. A questão é: estou perfeitamente consciente de que não estou sendo rigorosa do ponto de vista intelectual, mas ainda assim me sinto animada.

Se vou me despojar de tudo o que sei, exceto da crença na bondade, então me parece que também não devo ter preconceitos. É maravilhoso começar tudo de novo.

As palavras "feng" e "shui" significam, respectivamente, "vento" e "água". Essa explicação pode até parecer acadêmica, mas você e eu também somos ar e água. O magnetismo da lua influencia as marés e possivelmente exerce influência sobre o comportamento animal e o ciclo menstrual das mulheres. As internações, a taxa de crimes e os casos de angústia em hospitais psiquiátricos aumentam de modo significativo na lua cheia. Somos um campo energético no qual o ar e a água desempenham papel vital, e, segundo o *Feng Shui*, a energia de nossa casa, chamada *chi*, também interage conosco de modo positivo ou negativo – embora os livros sobre o assunto não consigam explicar a técnica com precisão. Existe de fato uma energia sutil chamada *chi* movendo-se pela minha casa? Se existe, que fatores podem influenciá-la?

Tipos diferentes de energia *chi* são análogos à energia do metal, do fogo, da madeira, da água e da terra. E, na minha tentativa de sair do buraco, vou tratar de cada um deles de maneira diferente. Se vocês quiserem, podem usá-los como um modo de olhar para a sua vida. Não tenho certeza de que esses elementos sejam outra coisa além de metáforas. A energia de uma fonte ou de um banheiro tem uma qualidade mais próxima da água que a energia das plantas ou de uma lareira. De acordo com o *Feng Shui*, as plantas produzem uma energia semelhante à da madeira porque elas crescem. Ter no escritório um tipo de energia que cresce e floresce é, portanto, uma boa medida, mas não tenho ideia de como caçarolas, panelas e armários de cozinha produzem "energia metálica". Pelo visto, o metal se relaciona com o ambiente em que vivemos – e com o que ele faz ou não conosco. Pensem no ouro, na prata, no bronze, no chumbo e no estanho. Considerem (do ponto de vista sensorial) as qualidades dos objetos de metal. Do que vocês gostam neles? São brilhantes e resistentes? O metal representa o exterior, a proteção e os limites; por isso começamos por aqui.

Vocês gostariam de uma exclusiva visita guiada pela casa? Pensem na sua casa enquanto passeio pela minha, e assim poderemos nos beneficiar. Imagino que não exista uma residência "típica", a menos que vocês morem em uma casa como as dos desenhos infantis, com um pai, uma mãe, dois filhos e, de preferência, um cachorro, um gato e alguns peixes. Muito poucas pessoas que conheço vivem assim, e com certeza não é dessa maneira que as coisas se organizam por aqui.

Imaginem uma fileira de casas vitorianas com terraço. Algum espertalhão comprou uma rua, transformou as casas em dois apartamentos, um embaixo e outro em cima, com dois pisos cada, abriu portas na parte de trás e derrubou as cercas para que houvesse um único e enorme jardim. O barulho é terrível do lado da rua, que dá para o norte, e a vista é surpreendentemente bonita do lado do jardim, que dá para o sul. No final da fileira de casas, há um portão que dá acesso ao jardim e às residências.

Meu apartamento é um dos de baixo. Ocupa o térreo e o "térreo inferior" (não tão embaixo quanto o porão, segundo o corretor, rá-rá). Ou seja, estamos em um apartamento dúplex. Entra-se por um vestíbulo. A cozinha fica logo à esquerda. À direita existe um pequeno corredor que leva às áreas de trabalho e de estar. No "térreo inferior" estão o banheiro e três quartos. Pode ser que eu não explique ao homem do *Feng Shui* que, dos três quartos, o maior, que deveria ser o meu, é ocupado por Simon, meu inquilino, que passa o tempo todo que fica em casa estudando. O outro quarto, decorado com uma cama de solteiro, uma escrivaninha e, normalmente, um gato adormecido em algum canto, pertence à minha filha. O terceiro quarto é tão pequeno que a cama de casal quase toca as paredes em ambos os lados. Esse é o meu.

As janelas do meu quarto e do de Simon não podem ser abertas porque uma fumaça tóxica com cheiro de metal nos envenenaria. A janela do quarto de minha filha, Emily, dá para o jardim e pode ser aberta. Ela mereceu esse luxo porque o cômodo funciona também como escritório. Emily está começando a carreira de atriz. Que os anjos a protejam! Esta semana ela está na Estônia participando de um filme e, quando voltar, encontrará uma lista de sugestões sobre a decoração do quarto para auxiliá-la na carreira, nos relacionamentos e nas finanças. Vou acompanhar com interesse para ver se ela vai mesmo mudar alguma coisa. O último cômodo do andar de baixo, no final do corredor, é um banheiro. Os livros de *Feng Shui* informam que se deve manter a porta do banheiro fechada e a tampa do vaso sanitário abaixada para impedir que toda a energia boa acumulada na casa vá para o ralo. Sério.

Agora vamos para o andar de cima e vou lhes servir um chá, fazer um café ou oferecer alguma mistura de ervas esquisita, se vocês preferirem. Esta é a área principal do andar de cima – minha sala de estar e escritório. Trata-se de um grande espaço que vai da frente aos fundos do apartamento, com piso de madeira e janelas em cada extremidade. A primeira coisa que se percebe é uma figueira de quase 3 metros, muito saudável, que ocupa boa parte da janela do lado norte. Há um pequeno e antiquado conjunto de sofás, arranhados nos braços por gerações de gatos, e um belo piano russo encostado na parede.

"Mas o que, afinal de contas, é o *Feng Shui*?", vocês devem estar se perguntando, enquanto consideramos o impacto do ambiente sobre nós e vocês tentam encontrar um lugar onde se sentar em meio aos livros sobre *Feng Shui* espalhados pelo sofá.

Responderei à sua pergunta de bom grado e com conhecimento de causa, baseada em minha extensa pesquisa de uma semana. Espero que vocês se impressionem.

Os livros parecem ser, em parte, tolice; em parte, senso comum; e, em parte, místicos. De modo que não gostaria de descartá-los antes de explorá-los. Sei que disse que ia começar sem saber absolutamente nada, mas não estou a fim de pendurar um retrato do meu falecido avô, que nunca vi, no meu "canto do ancestral", acreditando que isso o agradaria a ponto de mexer alguns pauzinhos em prol da minha vida profissional. Se ele estiver em algum lugar, tenho certeza de que tem coisa melhor a fazer, como reencarnar, em vez de manter-se morto e preocupado com os descendentes. Sendo assim, nada de veneração aos ancestrais para mim.

Mas adoro a parte do senso comum. Se temos objetos quebrados em casa, eles consomem nossa energia física sempre que os usamos, e nossa energia emocional sempre que olhamos para eles. Mesmo que não nos importemos com eles, representam tarefas que precisam ser concluídas. Ver um monte de objetos como esses regularmente é esgotante. Parece lógico, certo? Portanto, não mantenham ao seu redor tarefas que precisam ser concluídas. Façam o que precisa ser feito e vivam em um ambiente que não esgote sutilmente sua energia todos os dias. Mas é o terceiro aspecto, intangível – nem tão vago, nem tão senso comum –, que me fascina e não consigo defini-lo.

Enquanto converso com vocês, subitamente tomo consciência do cômodo. No peitoril de uma das janelas há uma coleção de brinquedos de madeira coloridos dos primeiros cinco anos da minha filha para divertir as crianças que visitam a casa. Mas agora olho para eles e me pergunto que sentimentos provocam em mim, e a resposta é: tristeza. Vestígios de um tempo que passou, eles desbotam aos poucos sob a luz do sol. O sofazinho antigo, a poltrona e a cadeira de balanço, herdei-os de pessoas queridas que agora estão mortas. Tenho uma grande lareira sem fogo. Recentemente, hospedei-me na casa de amigos em Devon que têm uma lareira de verdade: foi como viver em uma casa com um coração. Mas uma lareira sem fogo? Não é muito reconfortante, certo? Tenho tentado me livrar das coisas em vez de adquiri-las, mas agora me pergunto por que não posso ter ao menos uma lareira de verdade e cadeiras que não me lembrem dos mortos.

Há muitos tipos de energia em minha casa. Posso entender isso muito bem. Há uma energia que me permite conectar meu *laptop* à internet sem fio: ela está aqui, mesmo que eu não a veja ou toque. Também poderia argumentar que o amor, um tipo de energia diferente, também está presente de algum modo. Esse amor criou sobre uma mesa dois vasos de tulipas vermelhas cheias de energia, presente da minha amiga Helen. As tulipas têm uma cor vibrante e dão ao ambiente um ar festivo, mas não me peçam para defini-lo, nem me perguntem se as tulipas têm energia própria ou se a festa está apenas na minha cabeça. É assim que somos influenciados diariamente por tudo aquilo que está ao nosso redor. Estamos conscientes de uma parcela das vibrações, mas deixamos de perceber várias delas.

Para o que mais posso chamar sua atenção? Da extremidade sul da sala, onde se encontra minha escrivaninha, posso ver o jardim. Isso é bom, não? Mas vocês podem argumentar que, quando levanto os olhos do computador, não vejo o jardim, mas um quadro de avisos cheio de papeizinhos que me ordenam: "Pague-me", "Envie-me", "Sou uma lista de tarefas. Leia-me". Há também uma mensagem enigmática que escrevi para mim mesma, na qual se lê "A + B = C". Não tenho a menor ideia do que isso significa. Sorrindo para vocês, arranco todas essas anotações e coloco no lugar delas várias imagens coloridas que adoro: cartões de amigos e um cartão-postal adorável, no qual um macaco passa zunindo em uma bicicleta por um congestionamento de homens de negócios em seus BMW. Com ele não há atraso na estrada que leva à felicidade. Acho que vocês gostariam.

Os livros ficam em prateleiras que vão do chão até o teto, do lado esquerdo da lareira. Abasteço o brechó ao lado de livros com regularidade. A televisão? É essa coisinha minúscula no canto. É uma das coisas que não funcionam bem. Ligo a tevê umas duas vezes ao ano. E aquela imensa pintura em cima da lareira, onde se vê uma mulher abraçando o mundo? Emily a pintou, e o quadro transmite tanta ternura que recebeu um lugar central na parede. É isso o que Emily e eu tentamos fazer: cuidar do mundo e de todos os seus habitantes. A ternura é um sentimento estranho, eu sei. É um pouco como a bondade, só que com mais afeição, mas não é disso que o mundo precisa. Estou divagando. E, por falar em bondade, observem a foto desta sua narradora apertando a mão do dalai-lama na outra parede... Bem, uma vez eu o entrevistei, e posso me orgulhar disso, não é? Quem não se orgulharia?

Seja como for, espero que agora vocês não apenas tenham plena consciência de onde estou, mas também saibam um pouco mais sobre onde vocês estão. É isso. Era esse o passeio, e é deste lugar que escrevo para vocês.

Até onde sei, a saúde dos três ocupantes da casa é boa. Em 98 por cento do tempo, vivemos em paz e harmonia, mas não somos as companhias que escolheríamos, se pudéssemos começar tudo de novo. Eu gostaria de morar com o homem pelo qual me apaixonei, mas não vou falar dele, senão os leitores do meu último livro começarão a me enviar *e-mails*. (Se vocês ainda não leram meu último livro, direi apenas que era uma história de amor real.) Emily gostaria de morar em Paris, mas a carreira dela está aqui, e tenho certeza de que Simon deve se perguntar por que diabos decidiu morar conosco. Somos simpáticos uns com os outros. Mas não saímos do lugar. Acho que vou abrir a janela.

Imagino que pudesse falar mais um pouco sobre mim... Mas, bem, não vou fazer isso. Afinal, se nos conhecêssemos na rua, tenho certeza de que vocês não me interrogariam. Vocês ficariam felizes de me conhecer na caminhada, não é? Assim é mais divertido, eu acho. De todo modo, é bom pensar nos que já leram meus livros anteriores e já sabem mais de mim do que o necessário para explorar os lugares que vamos visitar. Tudo ficará claro. Prometo. E que tal deixar de lado as apresentações e continuar com a história?

O primeiro homem do Feng Shui (duvidoso)

Não posso dizer quem ele é ou que aspecto tem – por razões óbvias. Aparenta estar na casa dos 60, pode ser considerado robusto e desconfio de que não gaste muito no barbeiro. Mas posso estar errada – não saberia dizer ao certo. Ele pega sua elegante bússola do *Feng Shui*, chamada *lo pan*, e confirma que a porta principal está voltada para o leste. E que sou uma 8:6, "taquigrafia para uma combinação de tronco e galho", seja lá o que isso quer dizer.

Em seguida, ele se senta e começa a explicar meu *ba zi*, minha vida de acordo com sua interpretação do significado da data do meu nascimento. *O livro das mutações*, ele me informa, divide o tempo em ciclos de sessenta anos com sessenta pares de caracteres, um par para cada ano e um par para cada direção da bússola. Ao que tudo indica, estamos no Oitavo Destino, que começou em 1996 e terminará em 2016. Estão perdidos? Eu também. Ele usa um jargão que não tenho a menor chance de entender, e digo isso a ele.

– Seja humilde e reconheça que não entende estas informações – ele explica.

É justo. Entendo tão pouco de qualquer coisa... não é difícil.

Depois de determinar que não sei nada, ele decreta:

– Sei qual é seu grande destino, isto é, o momento em que seu destino foi decidido. Esse momento veio muito cedo para você, por volta de 2 anos e 8 meses. Talvez o nascimento de um irmão ou irmã?

Como não tenho irmãos nem irmãs, fico em silêncio.

– Nosso encontro está um ano atrasado; eu deveria ter vindo aqui há um ano. Talvez o ano passado não tenha sido um ano fácil para você, não é?

Continuo calada, ouvindo, não porque quisesse testá-lo, mas porque queria descobrir o que o *ba zi* poderia dizer a ele sobre mim.

– No ano passado – prossegue ele – você conquistou tudo e perdeu tudo... as bênçãos do céu.

Isso é verdade, conquistei meu maior desejo (o homem que não vou mencionar) e o emprego dos sonhos, e então perdi os dois em circunstâncias sobre as quais não tinha controle. Mas será que perder pessoas, empregos e projetos muito desejados não acontece com todo mundo?

– Como é que posso perder tudo e ter as bênçãos do céu ao mesmo tempo?

– Não me pergunte. Só estou lendo o zodíaco.

Sorrio para ele. Ninguém disse que a interpretação dos movimentos das estrelas é uma ciência precisa. Mas não acredito em fazer suposições sobre as pessoas com base na época em que nasceram. Pedi um *Feng Shui* da casa, não de mim.

– O *fu gong* – diz ele, apontando para alguma coisa no *ba zi* – faz de você alguém que gosta de se arriscar e poderia ficar milionária ou ir para a cadeia. Você é a pessoa que empurra o barco. *Ma yuk* significa que seus pais não moravam juntos. Provavelmente, seu pai foi um aventureiro que não via problemas nisso.

Vocês já conheceram algum "aventureiro" que visse algum problema em suas ações? Quanto à sugestão de ser aventureira... Bem, sim...

– O padrão do *ma yuk* do seu pai se repete neste pilar. Por isso é provável que você tenha tido dificuldades com homens errantes.

Se você é uma leitora que nunca teve dificuldades na vida com um homem errante, escreva para mim. Ficaria mais tranquila ouvindo sua história.

– Você tem uma irmã?

– Diga-me você.

– Há alguma coisa aqui sobre uma competição entre mulheres.

Acho que eu deveria dizer "Oh, sim", mas não quero contar a ele histórias sugeridas por generalizações, por isso continuo calada. Eu poderia dizer-lhe que tenho uma relação fraternal com minha filha; não é que não queira ajudá-lo, é que não vejo o que isso tem a ver com a minha casa.

Ele faz uma pausa e em seguida diz:

– Seria bom se você pudesse responder se alguma dessas informações está correta.

Delicadamente, tento fazer com que ele volte a se concentrar.

– Eu esperava que o senhor desse uma olhada no apartamento. Estou interessada em saber suas impressões sobre a energia daqui.

Ele ergue os olhos, examinando o escritório principal.

– Isto dá a entender que você tem problemas com seu pai. Uma peça de mobília faltando ao norte dá a entender problemas de aprendizagem, autoridade e disciplina. Vejo uma combinação incômoda do espiritual com o intelectual, o que, acho, a descreve.

– Sério? Incômoda? – Tenho quase certeza de quais são os meus "problemas", ou quais eram antes que eu os jogasse para fora do buraco, mas esse nunca foi um deles. – Eu não diria que é incômoda. Meu intelecto sempre teve um interesse pacífico em questões espirituais.

– Uma relação incômoda entre o intelecto e os sentimentos, então. Eu só estava dizendo as minhas impressões.

Como frequentemente escrevo sobre meus sentimentos e fui atriz durante dez anos, também tenho confiança de saber expressá-los. Algumas vezes, surpreendo as pessoas porque, quando elas me perguntam "Como vai você?", em vez de dizer "Bemobrigadaevocê?", respondo "Triste. Como vai você?" Por outro lado, eu o estou brindando com meu intelecto, e não pedindo ajuda com meus sentimentos, porque realmente estou interessada em ouvir o que ele tem a dizer sobre a casa.

– Você está me assustando – ele diz, subitamente.

Não foi minha intenção.

– Sério? Lamento.

– Não precisa se lamentar. Estou lhe dizendo como me sinto.

– Posso tranquilizá-lo, dizendo que realmente quero aprender sobre o *Feng Shui* e que você não precisa ficar nervoso?

– Não. Estou lhe dizendo como me sinto. Você não precisa me curar, me corrigir ou me fazer sentir melhor, isso é tarefa para um homem.

O que você responderia a isso? Não sei o que dizer. E ele continua:

– Se você souber como me sinto, estaremos um pouco mais próximos. Estou apenas lhe dizendo que me sinto ameaçado.

– Mas não posso responder ou fazer algo a esse respeito?

– Você pode fazer o que quiser. Estou apenas lhe dizendo.

Mas antes que eu tivesse tempo de responder, ele diz:

– Aquela árvore ficaria melhor naquele canto. Você está perdendo madeira no sudeste. Uma árvore *yin* ali traria cura, perfeição.

– Muito bem, vamos fazer isso então. – Sorrio. Estou ansiosa para tentar coisas novas. Talvez ele esteja confuso porque, durante a leitura do *ba zi*, não lhe contei a história da minha vida; apenas ouvi, e ele ainda não sabe nada sobre mim. Movemos a árvore, que é muito grande, para aquele canto do cômodo. Ele arrasta o sofá até a janela norte, e a poltrona para o "canto do pai", também ao norte, deixando o centro da sala vazio, a não ser pela pequena cadeira de balanço que agora está perdida no meio do espaço. Eu até gosto desse arranjo para uma aula de ioga, porque agora o chão está totalmente vazio, mas uma distância de 3 metros entre as cadeiras provavelmente não vai encorajar uma conversa íntima quando os amigos vierem me visitar. Ele caminha até a cozinha, eu vou atrás.

– A cozinha nesta posição sugere que você não está muito interessada em ser uma mulher e mãe tradicional, mas se sente obrigada a isso. Algumas pessoas diriam que esta é a área dos relacionamentos, mas eu não. Ter metal numa posição de terra dá a entender uma relação protetora com os homens. Esta cozinha está numa posição muito ruim. Eu poderia fazer todos os cálculos, mas teria que me ausentar por umas duas horas e meia e não tenho tempo para isso hoje.

Metal numa posição de terra? Uma mulher tradicional? Do que é que ele está falando?

– Então você está dizendo que a cozinha causa os problemas ou que os problemas influenciam a posição da cozinha?

– Eu desistiria da ideia de causalidade.

De minha parte, desisti da ideia de entendê-lo e peguei alguma coisa que pudesse ser movida facilmente.

– Estou interessada em saber o que você pensa sobre a colocação do espelho no alto da escada. Nunca tive muita certeza do que ele faz lá.

– Um espelho no norte tem a ver com uma mulher que está passando por uma dor emocional.

Oh, sério? Levante a mão a leitora que não passou por alguma dor emocional. Esse homem tem maneiras muito agressivas, e não me sinto inclinada a lhe falar sobre nenhuma dor emocional, passada ou recente. Não digo nada.

– No Oitavo Destino, se você chegar à posição certa, tem a ver com dinheiro, mas não sou tão brilhante assim para descobrir sempre a posição certa.

– Pensei que você fosse me falar sobre o sutil movimento do *chi* e o modo como o espelho pode ou não influenciar o movimento da energia para cima ou para baixo da escada.

– Estou dizendo a mesma coisa de um modo diferente. Você tem um *chi* de tipo aquático numa área de tipo terra.

– Então o espelho está no lugar errado? – pergunto, um tanto desesperada, talvez.

– Eu teria que olhar para ele com a bússola para ser preciso, mas ao menos parte dele está, sim. Tem a ver com uma mulher introspectiva.

Talvez eu devesse dizer "Correto: sou uma mulher introspectiva", mas me sinto cada vez mais, e de um modo estranho, na defensiva, por isso acabo perguntando:

– Mas todas as mulheres não são introspectivas?

– Você também poderia perguntar se todas as pessoas não são introspectivas.

– Não. Acho que os homens não são introspectivos – respondo, honestamente. – Eles apenas estão aproveitando a vida, sem questioná-la. Meu ex-marido não se sentia à vontade nem mesmo com a metáfora da vida ser uma viagem.

– Acho que é verdade que as mulheres são mais introspectivas que os homens. A maioria dos homens nunca cresce, e algumas mulheres também não.

– Você não se importaria que alguém divulgasse essa sua opinião?

– Ah, sim. O gravador está ligado. Mas eu me refiro a uma introspecção intensa e desconfortável.

Não sei o que isso tem a ver com o espelho.

– Posso mostrar a você o espelho sobre o qual estamos falando?

Mas ele passa pelo espelho ao descer a escada.

– O *chi* na escada está bastante desagradável. Eu penduraria alguma coisa lá. Um sino de vento de sete tubos.

Ele entra no quarto de Simon.

– Há uma energia reprimida aqui. Uma certa prisão. Relacionamentos heterodoxos.

Começo a me sentir culpada de não ter lhe contado onde cada um dorme.

– Este é o quarto do meu inquilino – confesso. – Não tenho nenhuma relação com ele. Ele vem, estuda e vai embora. Ele gosta daqui e é bastante reservado.

Ele sai novamente e entra em um quarto amplo, que deve achar que é o meu.

– Este é um quarto masculino.

É o quarto de Emily, e em uma das paredes há um quadro de avisos coberto de fotos e colares, nada masculino, na verdade. Sua voz soa estridente ao dizer:

– Isso aqui tem a ver com coisas submersas e subterrâneas, algum comportamento inconsciente. É seu caráter subterrâneo. Hábitos antigos tendem a se fixar em lugares assim.

– Este é o quarto da minha filha.

– Por que a preocupação?

– O quê?

– Percebi preocupação em sua voz.

Sim, ele tem uma falsa impressão da minha filha.

– Neste caso, é preocupação pelo bem da minha filha. Não estou nem um pouco satisfeita por invadirmos o espaço dela. E qualquer aborrecimento que ela sinta é porque preferiria morar em Paris com o namorado, mas a carreira dela está indo bem em Londres, e por isso ela está presa aqui com a mãe por enquanto. – Pensei que ele fosse falar sobre a energia da casa, e não manifestar opiniões sobre pessoas que nem estavam presentes. Se minha filha estivesse na casa, certamente já lhe teria mostrado a porta principal voltada para o leste. – Ela está fora fazendo um filme. Vamos para o próximo quarto, está bem?

– Este é o quarto de uma virgem – ele diz, entrando no meu quarto. – E isso certamente a aborrece.

E ele parece determinado a fazer isso. Respiro fundo e comento sobre o quarto.

– Estive lendo nos livros sobre *Feng Shui* que as cores que escolhemos com frequência indicam escolhas inconscientes. Pintei este quarto de branco e escolhi imagens de água e céu, e toques de azul-claro, que considero tranquilos. O que você diria sobre este quarto?

– Este quarto está na posição do pai, e toda a água nele está drenando o pai. Então, este quarto é uma disputa com o pai. O quarto diz: "Não estou nem aí, papai".

Não lhe conto que nunca vi meu pai, pois ele deixou minha mãe antes de eu nascer, depois de um romance apaixonado cujo resultado fui eu. Ele não se casou com minha mãe, mas não o culpo por isso: ele era jovem e tolo, e eu também fiz coisas tolas. Ele me deu a vida, mas fui criada por minha mãe e minha avó, que me adoravam. Eu me considero muito abençoada.

Digo ao meu frustrado homem do *Feng Shui* que realmente não acho que esteja disputando com meu falecido pai. (Aos 30 anos, soube da sua morte, mas, como nunca o vi, achei difícil ficar muito triste.)

– Então eu deveria retirar as imagens do mar?

– Não posso recomendar nada até que você me diga o que quer.

– Bem, eu preferia não estar neste quarto, mas Simon me paga o aluguel e nós pagamos as contas com esse dinheiro.

– Então ganhe mais e você não precisará de um inquilino.

Por que esse homem não era conselheiro dos bancos públicos?

– Eu estava planejando ganhar mais dinheiro, mas aí minha série de tevê foi por água abaixo.

– Foi uma escolha. Tudo é sua escolha.

– Não foi uma mudança na equipe do Channel 5, então?

– Não. Foi autossabotagem. Tudo é fruto de suas escolhas.

– Ah, então você está me dizendo que eu, na verdade, não queria o que levei seis meses para criar?

– Você escolheu não ter isso. É tudo escolha sua.

– Mas o Channel 5 abandonou a política de incentivo à arte e demitiu a editora que tinha encomendado a série. Tudo o que ela encomendou foi suspenso, não apenas a minha série. Não teve nada a ver comigo.

– Se você não entendeu, então foi autossabotagem.

– Talvez o Channel 5 realmente acreditasse que minha série meio esquisita não ia ter uma audiência muito boa – arrisco-me a dizer.

Mas ele é inflexível.

– Em algum nível, foi uma escolha.

– Então também escolhi não estar com o homem com quem queria passar o resto da minha vida?

– Se ele não está aqui, sim.

– E quanto à escolha dele? Os limites dele? A realidade dele?

– Não tem nada a ver com ele.

Suspiro. Já conheço essa história de sistema de crenças. E acho que você também. A crença é que escolhemos tudo. Que somos responsáveis por tudo. Se eu tiver câncer, é porque escolhi. Se for atropelada, é porque escolhi. Muita gente gostaria de me fazer acreditar que escolhi a doença, o acidente. Algumas vezes, em algum nível, esse ponto de vista pode ser verdadeiro. Sei que, se meu coração está partido, foi porque eu o parti: a responsabilidade é minha. Mas também acho que é mais complexo que isso. Há outros fatores e outras pessoas envolvidas. Será que esse homem diz para os clientes que eles escolheram uma vida infeliz? Tenho vontade de questionar se há ou não limites para a responsabilidade pessoal, mas entre amigos, tarde da noite, junto com uma ótima comida e uma garrafa de vinho. Agora, o que realmente não quero é ouvir que meu sistema de crenças está limitando a minha renda. Quero ter uma consulta de *Feng Shui* sobre a minha casa.

– Então, o que você sugere para este quarto?

– Vermelho vivo. Quero ver muito vermelho aqui: na porta, nas prateleiras, talvez, e nas paredes. Não faço decoração de interiores. Onde você vai colocar essa cor é com você.

– Esses toques de azul-claro não são tranquilizantes?

– É o quarto de uma virgem e está drenando o pai.

Ele continua dizendo isso. Será que está sendo agressivo, vago ou simplesmente mal-educado? É verdade que minha vida agora é bastante virginal, mas por que eu ia querer "drenar" o pai já falecido que nunca conheci? Ele parece estar tentando me provocar raiva, mas não sinto raiva do meu pai. Tenho quase certeza de que não reprimi essa emoção – e estou certa de que também não sou uma virgem. Suspiro e penso positivamente.

– Muito bem. Acho que vou me divertir trazendo um pouco de tinta vermelha para cá.

– E você não devia ficar virada para o sul.

– Mas não tenho escolha em um quarto deste tamanho, a menos que durma numa cama de solteiro, e não quero fazer isso porque me sentirei uma virgem. Pelo menos, com a cama de casal, se eu encontrar um homem para dividi-la, terei essa opção.

– Você tem que trabalhar com o que está aqui e não deve ficar virada para o sul. Essa direção fala de dificuldades nos projetos. O que você está descrevendo sobre as coisas estarem desmoronando tem a ver com essa posição este ano. Você precisa mudar a posição em que dorme.

– E que tal levar a cama para o andar de cima?

– Não. Você não deve fazer isso. Você precisa trabalhar a partir de onde você está. Durma do jeito que lhe falei e aguarde o próximo passo. Você tem que aceitar isso. Aquilo a que você resiste persiste. Para se redimir, tem que admitir que matou. Como no filme *Os últimos passos de um homem*. Não saia do noroeste. Integre-se. É matemático.

Mas ele não fez conta nenhuma, e eu ainda persisto nessa ideia louca, que tirei dos livros, de que devíamos estar falando sobre a minha casa. Estou começando a manifestar a irritação que ele está procurando.

– Você não olhou o banheiro.

– Não trato de banheiros.

Voltando ao andar de cima, ele me diz que preciso "trabalhar no quarto". E me aconselha:

– Quanto mais fundo você for, mais tempo vai durar. O que você pode fazer é tirar este ano para fazer este trabalho.

– Um ano?

– Você usa os meses deste ano. É um ano de terra do rato, que se refere a 1973, e você precisa estudar as lições que não aprendeu em 1973. Mergulhe nisso e aprenda o que precisa aprender.

– Mas nem me lembro de onde estava em 1973.

– Não importa. Mergulhe nisso. Veja, você tem essa carência de integração entre a mente e o coração.

– Então se eu pegar meus diários e olhar onde estava em 1973 para "mergulhar nisso", vou demonstrar que não estou integrada?

– Apenas sente-se no canto do pai, diga "1973" e deixe acontecer. O processo real estará curando você.

Sei que disse que manteria a mente aberta, mas isso é pura bobagem.

– Pode até ser assim, mas isso não é *Feng Shui*. Isso parece uma terapia de confrontação não solicitada. Se quisesse terapia, teria chamado um terapeuta.

– Isso é *Feng Shui*. Você tem um 4:3 e um 3:4, que significam homens que não querem compromisso e projetos não concluídos.

Perfeito. As únicas coisas que lhe confidenciei agora estão sendo combinadas com números, e nem posso entendê-los para provar que ele está certo. Supostamente, se eu tivesse dito a ele qual das interpretações do *ba zi* estavam mais próximas da verdade, agora ele também estaria usando essas informações contra mim, para provar que preciso de ajuda. É estranho; porque não abri meu coração para ele, ele está implicando comigo até que eu o faça.

Novamente ele me diz que estou desligada dos meus sentimentos. Quero provar que não estou e termino lhe falando da tristeza e mesmo da desolação que tenho sentido por causa do final infeliz da história de amor que não vou lhe contar.

– Conheci um homem com quem queria passar o resto da minha vida e não posso ver o rosto dele ou ouvir sua voz. Sinto falta dele. Sinto falta da gargalhada. Do sorriso dele.

As lágrimas enchem meus olhos. Pelo menos, penso, ele pode ver que tenho emoções e sei comunicá-las. Mas não, ele ainda não está satisfeito. Ele me diz que a desolação só está encobrindo um sentimento diferente, para o qual não quero olhar. Desolação, aparentemente, não é o bastante para ele. Pontos de interrogação começam a pipocar em minha cabeça. Perplexidade entre as lágrimas.

– É tudo uma questão de escolha – diz ele novamente.

Luto para me defender desse ataque prolongado. Se seu marido morreu porque trabalhava nas Torres Gêmeas, ou se você perdeu o emprego na fábrica por causa da recessão mundial, isso foi sua escolha? Minha amiga que durante nove meses carregou um bebê saudável escolheu que ele nascesse, mas nunca que fosse posto morto em seus braços. Isso foi escolha dela? Que Deus me ajude, porque vou matá-lo e usar seu sangue para pintar meu quarto de vermelho.

– Lido com essas coisas todos os dias da semana, e o que estou lhe dizendo é que você pode fazer diferente, e o processo que estou descrevendo vai fazê-la chegar lá.

São cerca de cinco da tarde agora. Ele já está na minha casa há horas. Estou exausta e acho que ele também. Com certeza, não vou ouvir falar sobre as sutis energias que podem ou não estar passando pela minha casa, e como isso pode influenciar um dia de trabalho. Ele não vai me fazer manifestar nenhuma emoção mais profunda que desolação, como ele pretende. Está implicando comigo e já basta. Se a "descoberta" que ele pretende é que eu admita que sou responsável por tudo, então ele pode enfiar a descoberta em algum lugar impublicável. Despeço-me alegremente e desejo-lhe boa sorte como a boa budista que sou atualmente (com minha crença única na bondade). Desejo-lhe boa sorte, mas nenhum cliente. Nunca mais. Não pensem que esses desejos são incompatíveis. Estão pensando? Essa é a história da primeira visita do homem do *Feng Shui* à minha casa. Eu realmente não imaginava que seria atropelada novamente. Droga.

Depois, saio e assisto ao filme *Juno* com uma das minhas amigas mais antigas, que ouve a história e diz algumas coisas não muito agradáveis sobre mim. Dois dias depois, telefono para a Feng Shui Society. Em todos esses anos de experiência com isso que se chama genericamente de sabedorias da "Nova Era", esta é a primeira vez que passo por alguma coisa que, depois de muito refletir, considero charlatanismo. Sem dúvida, esse homem deseja verdadeiramente ajudar as pessoas, mas usa muitos chavões, apresenta-se como alguém que entende mais dos clientes que eles próprios e usa "evidências" das incompreensíveis facetas da astrologia chinesa. No meu caso, quer que eu pinte um quarto minúsculo de vermelho vivo e passe um ano dormindo numa cama de solteiro, apesar de eu ter lhe dito especificamente que não quero fazer isso. Quer que eu resolva problemas com meu pai que nunca me aborreceram e consulte-o quando não entrar em contato com seja lá o que for que eu estava fazendo em 1973. Fico aborrecida quando penso que ele deve estar dizendo aos clientes, alguns dos quais podem estar passando por tragédias bem maiores na vida, que é tudo escolha deles, e que ele tem a solução.

Sei que há um monte de pessoas bem-intencionadas por aí com algumas ideias muito duvidosas, mas ele transformou o conhecimento de *Feng Shui* em uma arma. As pessoas são atingidas por carros quando estão na calçada. Será que são responsáveis pelo acidente? Apenas porque saíram de casa naquele dia? Será que Al Gore foi responsável por ter perdido a eleição? Apenas porque decidiu se candidatar à presidência? Acho que o sistema eleitoral americano tem algo a ver com a derrota dele. Por isso, nos fazer totalmente responsáveis pelo que acontece conosco é pegar um bom princípio e levá-lo até o ponto em que não faça mais sentido.

Telefono para a Feng Shui Society e digo tudo isso. Eles me ouvem, mas ele continua na lista de recomendações. Então, assim como com médicos ou professores, tenham cuidado ao escolher. No entanto, existe uma segunda razão para o telefonema. Eu ainda quero uma consulta de *Feng Shui*. De um consultor que se concentre na casa. Eles têm o homem certo para o serviço. Ele é chinês e fará uma consulta chinesa tradicional. Estou ansiosa para conhecê-lo porque, entre o que li nos livros e o que não obtive na primeira consulta, desenvolvi um real interesse pelo *Feng Shui*.

O segundo homem do Feng Shui (chinês)

Eddie, de Hong Kong, é uma surpresa. Primeiro porque praticamente não fala e, quando o faz, é naquele sotaque charmoso dos chineses.

– Adorável – ele diz, ao olhar para o jardim. – Terei que andar pela casa. – E caminha por ela, sem dizer uma palavra, e então retira uma bússola *lo pan* para verificar a quantos graus me encontro.

– Você está a 350 graus. Quase norte.

Não sei o que isso significa.

– Há muitas escolas diferentes de *Feng Shui*, e não existem dois consultores que concordem. Casa geminada ruim, porque você tem apenas a energia que entra de dois lados.

– Entendo.

– Casa independente sempre melhor, porque você pode trazer energia de todos os lados, e então facilita para obter uma vida equilibrada.

– Entendo.

– A energia do fogo vem do sul; a da água, do norte; a do metal, do oeste; e a da madeira, do leste. No seu caso, energia do fogo e da água dominantes, porque você não tem energia entrando na casa do leste e do oeste. Não é bom nem ruim. Depende de quem mora aqui. Energias diferentes podem ser manipuladas. Preciso de quinze minutos.

– Entendo. – Por que continuo dizendo "entendo"?

Faço um pouco de chá verde para ele, que se senta e escreve em uma planta grosseira do andar térreo um monte de coisas em chinês. Aparentemente, ele anotou minha data de nascimento e a da minha filha, e está tentando descobrir a melhor solução. Está com uma expressão muito séria.

– Seu elemento é o metal. Você é metal fraco. Por isso, precisa mais metal, ou algo que favoreça metal. A terra favorece metal. Terra e metal são seus amigos. Mas você não quer água e madeira. Fogo não é bom nem ruim para você. Depende se você pode usá-lo ou não. – Ele escreve uma observação na planta baixa e franze a testa. – Seu quarto está no norte. Não é o ideal para você. Você gosta de dormir no chão?

Depois da visita do primeiro homem do *Feng Shui*, retirei a base da cama e coloquei o colchão no chão. Por isso, posso dormir em qualquer direção.

– Você está dormindo na melhor posição em um quarto não bom. Você deveria usar um pequeno abajur entre a sua cama e a porta ao norte. Mantenha o abajur aceso o máximo possível. Se você não quer gastar muita energia, escolha uma lâmpada de baixa voltagem. Isso vai fortalecer suas chances na área dos relacionamentos, porque fogo é seu homem.

Fogo é meu homem?

– O quê? Por quê?

– Porque você é metal.

Claro. O quê?

– Fogo é um dos critérios para você. Usando a energia do fogo, você aumenta as chances de encontrar alguém bom para você.

– Mas por que um abajur ali vai me ajudar?

– Você vê melhor. Abajur imita fogo que vem do sul. Assim, traz energia do fogo para o seu quarto.

– Claro. – Será que os fabricantes de abajur sabem dessa história? Bem, de qualquer modo, um abajur de cabeceira ficará ótimo ali. Não sei por que nunca comprei um.

– Sua filha é terra fraca. Ela tem muita água desde o dia do nascimento. Está no melhor quarto para ela. Pelo resto da vida, deve sempre escolher um quarto virado para o sul e se manter bronzeada. Para ela, nada de quartos virados para o norte.

– Entendo. Mas e a posição da cama dela?

– Sim. É boa. Você precisa poder ver a porta, e cabeça voltada para o sul é bom para ela. Quando ela se mudar, você deve se mudar para o quarto dela.

– Entendo.

– Normalmente, não recomendo a cozinha no sul. Não é um bom lugar para uma cozinha. Mas você não pode fazer nada quanto a isso. Ponha cinco pedras em uma tigela de cerâmica no lado sul da cozinha. Pedras drenam fogo.

Há muitos anos, acumulo pedras ao meu redor. Eu as pego na praia e as levo comigo. Não sabia que estavam drenando meu fogo. Ele continua:

– No sistema das 24 montanhas, sua casa é uma montanha de terra. Essa energia é fraca. Por isso, não é boa para crescer nos negócios, mas boa para dormir.

– Mas minha filha, meu inquilino e eu trabalhamos em casa.

– Não se preocupe. Nada a fazer sobre isso.

– Você não tem nenhuma cura do *Feng Shui*, tem?

– Não. Direção da casa melhor para asilo de idosos ou para templo. Para crescer nos negócios, você precisa ver norte, sul, leste ou oeste diretamente.

– Entendo. E não em 350 graus?

– Não. O banheiro e o chuveiro também estão no sul, e fogo e água não se misturam. Por isso, local não ideal para um banheiro também.

Então meus problemas eram causados pela casa.

– Posso fazer alguma coisa com o banheiro?

– Pode pôr mais plantas lá. E Emily deveria ter energia de terra no peitoril da janela. Alguma coisa amarela, terracota, marrom ou bege. Cortina brilhante: violeta, rosa, lilás ou laranja, para atrair a energia do fogo. E o tapete da porta deveria ter uma cor de fogo.

Faço força para não dizer "entendo". – Muito bem. Está certo. Uma cor de fogo.

– Você deve favorecer e reforçar terra e metal.

– Percebo que tenho azul-claro no meu quarto. – Já retirei muita coisa, caso o fantasma do meu pai esteja se sentindo inexplicavelmente drenado. – Você tem alguma coisa a dizer sobre isso?

– Azul-claro é água. Você não quer água ali.

– Já me disseram que escolher azul-claro significa que estou tentando drenar o pai.

– Eu não interpretaria assim. Posso dizer, olhando para o seu *ba zi*, que você não tem muita ajuda do seu pai.

Rio. – Isso está 100 por cento correto. E quanto à história de colocar dois patos mandarins ou um casal de qualquer coisa no canto do relacionamento? Você pode dizer alguma coisa sobre essa prática, Eddie?

– Difícil, porque nenhum *Feng Shui* é perfeito. Muda todo ano. Por isso, depende se você escolheu com base no *ba zi*, na direção da casa, no signo animal ou na energia do ano. Se todos os quatro coincidem, sorte sua, mas quase sempre você tem que escolher. Pessoalmente, não usaria nada que perturbasse o elemento do relacionamento do seu *ba zi*.

– E o que posso fazer para favorecê-lo?

– Já disse. Compre um abajur.

– Claro... comprar um abajur. – Ele tinha me dito isso. – Eddie, você pode explicar como as diferentes coisas na casa, que são feitas de madeira ou metal, se relacionam com os diferentes elementos que você está tentando atrair? Por exemplo, Emily e eu compramos uma peça de arte de metal para decoração e a penduramos na parede da cozinha.

– Uma peça de metal definitivamente aumenta o metal, mas, comparada à energia que entra pela porta, é mínima. Portanto, não se preocupe muito com isso. Se você não gosta de madeira, pode resolver jogar fora toda a madeira da casa? Não.

– Poderia, eu acho...

– Mas, comparada ao que entra pela janela e pela porta, vindo do universo, influencia muito pouco. Você quer saber se eles têm importância? Claro que têm. Mas é mínima. Tenha cuidado ao mover a mobília para mudar o ambiente. Pode não ter importância. Apenas uma pequena quantidade. Não tão importante para se preocupar. Esta casa não é ruim para você. Você tem fogo entrando. Fogo favorece a terra; terra favorece seu metal. Se você quer redecorar o quarto, cores terrosas e metálicas são boas para você.

Cores terrosas? E o vermelho?

– Só para esclarecer: o que você quer dizer com cores terrosas?

– Marrom, bege, terracota, amarelo são cores terrosas. Cores metálicas são prata e cobre, as cores do metal.

– Branco não é uma cor metálica?

– Branco não é metal forte; é intermediário.

– Então eu deveria tirar do quarto o quadro do mar?

– Você não quer água ali.

Bem, pelo menos ele e o primeiro homem do *Feng Shui* concordavam em alguma coisa.

– Você não vai me dizer nada sobre a direção dos meus móveis?

– Não precisa. Mais importante energia que entra.

Sério? Ele realmente acredita nisso?

– Eddie, então você está me dizendo que a energia que entra na casa tem uma qualidade diferente porque as janelas abrem para o sul? Se eu tivesse janelas voltadas para o oeste, elas trariam uma energia diferente?

Fiz a pergunta com tal ingenuidade que era quase ridículo. Ele está sendo educado e tolerante, como se estivesse na presença de algum ignorante.

– Se você está virada para lá, leste. Se você está virada para lá, oeste. – Ele fica de pé para demonstrar. – Este norte. Este sul. Claro que são diferentes.

Entrelinhas: isso não é óbvio?

– Bem, Eddie, você está rindo de mim, mas deve calcular que muita gente diria que é apenas ar, não importa para onde você está virado.

– Sim, é verdade.

Entrelinhas: muita gente é ignorante.

– Estas são quatro direções básicas do *Feng Shui*, e o que eu lhe disse está baseado nessas quatro direções.

Hum.

– O outro profissional parecia basear tudo no *ba zi*.

– Usei seu *ba zi*. Foi assim que elaborei tudo isso. Mas talvez o *ba zi* dele seja diferente do meu *ba zi*. Gostaria de saber o que ele disse.

– Ele parecia interessado, sobretudo, no meu relacionamento com meu pai e me disse que escolhi cores de água no meu quarto porque queria dizer "Foda-se, papai".

Eddie ri.

– Com base no *ba zi*, o elemento do pai não é seu elemento favorável. Eu interpreto diferente. Digo que talvez você não tenha ajuda do seu pai. Duas pessoas podem olhar para o mesmo *ba zi* e interpretar de modo diferente. Não favorecida pelo pai. Se você odeia ou não seu pai, isso é outra história.

Então não sou favorecida pelo meu pai, em parte, por causa da minha data de nascimento e, em parte, por causa do formato da casa? Alguma surpresa por eu estar confusa?

– Sugeri um abajur na cabeceira da cama. Isso é sugerir uma solução.

– Há mais alguma coisa que eu precise saber, então?

– Acho que não.

– Muito bem. Obrigada, Eddie.

Ele vai embora.

Eddie foi agradável e educado, mas... pôr cinco pedras em um prato de cerâmica no lado sul da cozinha, tons terrosos no quarto e no peitoril da janela de Emily e comprar um abajur? Há muito mais coisa no *Feng Shui*. Isso é apenas faxina. Onde está o conhecimento novo que estou buscando?

Estava totalmente desapontada com tudo isso até Helen, a amiga que me enviou as tulipas vermelhas energéticas, telefonar.

– Você está estranhamente mal-humorada.

– Estou tentando aprender sobre o *Feng Shui*. Dois homens vieram e estou mais confusa do que quando estava apenas lendo os livros sozinha. Agora sei exatamente a posição da casa em relação ao norte e onde devo pendurar os sinos de vento, mas os dois consultores só concordaram que eu não deveria usar azul no quarto. Que tipo de sabedoria é essa?

– Qual é a vantagem de pendurar sinos de vento dentro de uma casa onde nunca venta?

– Já me perguntei isso várias vezes.

– Vou dizer o que você fez de errado.

– Hum?

– Chame uma mulher.

O terceiro homem do Feng Shui (mulher)

Esta pesquisa experimental não pretende expressar uma preferência por um profissional do sexo feminino. Foi assim que aconteceu. Telefonei para a Feng Shui Society e, dessa vez, falei com uma senhora chamada Sylvia Bennett, a chefe. Contei-lhe minha história de aflição e espelhos que manifestavam minha dor emocional, azuis-claros que irritavam meu falecido pai e declaração enigmática de que eu precisava de um abajur e que o fogo era meu homem.

– A pior parte dessa história – eu disse – é que quero meu entusiasmo de volta. – Estou desenvolvendo um interesse genuíno pelos princípios do *Feng Shui*. Ela se oferece para vir e salvar a casa e minha fé na sabedoria dela.

Uma semana depois, estou novamente arrumando as coisas na expectativa de uma consulta de *Feng Shui*. Esta será a última vez. Ela me pediu para fazer a planta baixa da propriedade, e passei as últimas noites andando pela casa com régua, descobrindo onde estavam as paredes e as portas. Ela também me perguntou a data e a hora do meu nascimento, a data e a hora do nascimento de Emily, e a data em que a casa fora construída originalmente, quando foi reformada e quando me mudei. Minha mente de iniciante está se rebelando. Parecia papo furado.

Sylvia chega às dez e meia da manhã e começa a olhar com atenção para o jardim da casa. Enquanto ela observa o jardim, eu a observo. Ela está usando calças com um casaco largo, tem mais ou menos 40 anos, cabelos compridos castanhos, olhos atentos e uma atitude prática do tipo "eu-nunca-fico-parada". Observa o ambiente como se pudesse ver mais do que nós. Olho para o jardim que ela examina com tanto cuidado. Como é comunitário, não tenho controle sobre a aparência dele. Por isso, fico satisfeita de ouvir que o *chi* aparentemente se concentra bem no centro e flui ao redor.

– Pense na energia como uma fumaça invisível – explica Sylvia. – Se houvesse fumaça neste jardim, ela seria impedida de entrar na sua casa por esta cerca-viva. Você pode ver que ela atingiria a cerca, se espalharia lateralmente e não entraria na sua casa ou na dos vizinhos.

– Sim, entendo.

– O *chi* que entra vem do sul e do leste. Sua porta está voltada para o leste, mas o aspecto geral é do sul.

Ela segura a *lo pan*, pelo menos os três usaram uma dessas. Observa todas as direções, volta para a bússola e então, em vez de dizer algo incompreensível, olha para as plantas.

– Ajudaria muito se você considerasse a energia que entra. As plantas oferecem vitalidade, mas esta aqui está bloqueando o *chi* e a luz.

Olho para o imenso arbusto nojento a que ela se refere e percebo que realmente nunca gostei dele. Apenas o tolero por estar ali.

– Eu poderia retirá-lo completamente – sugeri, surpresa por me ouvir pronunciar uma sentença de morte estando tão próxima da planta.

– Acho que seria uma boa ideia. Depois, você poderia levantar uma treliça e ter alguns jasmins em flor neste canto. Ficaria bonito, e seria ótimo sentir o perfume sempre que você saísse e entrasse. Você poderia ter um pouco mais de cor. Compre alguns vasinhos baratos para dar energia e vitalidade.

Olho para a entrada negligenciada e vejo o horroroso balde vermelho que uso para compostagem e um regador com o bico quebrado. Sim, um pouco de vitalidade parece necessário.

– Quando foi a última vez que você comprou um tapete novo para a porta?

Ah, o tapete que deveria ser vermelho.

Sylvia examina tudo ao entrar na casa.

– A entrada é importante. Gostaria de ver você tornar esta entrada mais convidativa. O que acha de quadros com flores de cores vivas? A luz não funciona, Isabel. É muito importante ter uma entrada bem-iluminada.

– Sim, isso faz sentido. Vou consertar. – Não preciso lhe dizer quantos visitantes quase se mataram subindo a escada sem luz à noite.

Ela vai até a sala de estar, abre a planta baixa sobre a mesa, desenha algumas linhas sobre ela e faz uns cálculos.

– Mestres diferentes assumem uma postura diferente em relação ao duplo aspecto leste-sul. Estudei com quatro mestres, e por isso uso o que funciona, depois de tentar as diferentes abordagens durante quinze anos.

– Li que, se alguém tem um vizinho que envia más vibrações, pode pôr um espelho para enviar de volta as más energias. Isso funciona?

– Sim, mas o que normalmente aconselhamos é que você incline o espelho para cima, para que a energia ruim seja refletida para fora do espelho e direto para o céu, onde se dissipará. Tive uma cliente cujo vizinho sempre aparecia com problemas, a ponto de ela se sentir sitiada. Por isso, ela pegou um espelho de bolsa comum e o colocou na varanda para refletir a casa do vizinho, mas também inclinou-o na direção do céu. O vizinho nunca mais apareceu.

Hum. Cética? No entanto, tenho um vizinho... Não desejo mal a essa pessoa, mas a energia que vem da casa dele para a minha nem sempre é totalmente positiva. É uma tolice, eu sei, mas gosto da ideia de lhe devolver as vibrações e enviá-las na direção do céu, para que elas se dissipem como ar quente. Gosto da ideia, mesmo que seja uma tolice.

– Você pode obter resultados diferentes com espelhos côncavos e convexos. A física é bastante complexa... Mas, para os problemas que a maioria das pessoas descreve, um espelho de mão comum resolverá. Você também pode se proteger da energia que atravessa as paredes, que vem de vizinhos infelizes, colocando espelhos de bolso atrás dos quadros. Isso não é agressivo, porque, se a energia que chega até você é positiva, você a reflete de volta. Então, é um exemplo de carma instantâneo. Você devolve aos outros exatamente o que eles desejam a você.

Acabo de me lembrar, tenho mente de principiante.

– Você poderia colocar algumas begônias ali com os gerânios. Branco ficaria muito bem ali.

– Mas as plantas estão tão caras. – Será que estou inventando desculpas?

– Você não vai gastar mais de 5 libras com algumas begônias baratas. Escolha as que caem em pencas: elas deixarão aqueles vasos muito bonitos e suportam bem a estiagem e o aguaceiro. Você deve gastar essas 5 libras porque o lado de fora da casa é importante.

Enquanto estou pensando em como ela é extraordinariamente prática, Sylvia começa a falar na inexplicável linguagem do *Feng Shui*.

– O tempo é dividido em ciclos de vinte anos. Cada mestre tem um método diferente, mas este é o período de tempo de oito.

Ah, é? E...?

– A cada vinte anos tem início um novo ciclo temporal, e há nove deles em um ciclo de 180 anos. Em 2004, entramos num novo ciclo.

Esperei pacientemente pela moral da história. Mas não havia nenhuma. Ela sorri e comenta:

– O potencial da casa é bom. O *chi* mais propício que entra vai para a área da profissão. Você precisa de água dentro da casa, e precisa que o *chi* esteja ativo, porque ela é um pouco velha. Mas dá para fazer isso.

Ela abre um *notebook*.

– Agora, gostaria de lhe fazer umas perguntas, está bem?

Será que ela vai me perguntar sobre minhas primeiras lembranças baseada em uma leitura chinesa das minhas estrelas? Espero que não.

– Gostaria de lhe fazer quatro perguntas. Primeira: o que você pretende com esta consulta? Como você gostaria que o *Feng Shui* a ajudasse?

Que pergunta fantástica!

– Segunda: que problemas você está enfrentando agora, se é que está?

Fiquei agradecida pelo "se é que está". Ela não está presumindo que eu e a casa estamos no fundo do poço: um espaço sem esperança ou uma pessoa sem esperança.

– Certo.

– Terceira: o que você deseja para si mesma neste lugar? Quarta: como você se sente no espaço onde mora?

Fico muito feliz com essas questões.

– Então você não vai consultar as estrelas?

– Não. Não uso muito o *ba zi*. Apenas verifico as informações básicas dos elementos. Deixo o cliente me dizer o que quer.

Era revigorante saber disso.

– Uma cliente me disse uma vez: "Quero que minha filha passe nas provas". Eu lhe disse que o *Feng Shui* não é mágica, mas ela continuou falando e disse que a filha não dormia bem e que tinha dificuldade para se concentrar sentada à escrivaninha. Posso lidar com essas coisas pensando em mudanças para um quarto ou uma sala de estudos.

Droga. Quem dera fosse magia. E quem dera vivêssemos num mundo onde ela pudesse lançar feitiços. Mas, talvez, seja justamente disso que se trata: aprender como os espaços lançam feitiços no nosso humor.

– Bem, Sylvia, estou interessada em saber como o ambiente nos influencia, mesmo em um nível inconsciente, e nas suas observações sobre este espaço. O maior problema é a poluição e as janelas dos quartos que não abrem. Como me sinto neste espaço? Basicamente, gosto dele, mas, como disse, ando me sentido no fundo do poço há algum tempo.

Vamos para o lado de fora e andamos até a beira da estrada. Ela examina o porão.

– Tire todo o lixo que as pessoas jogam aí e limpe as janelas.

– Eu limpo, mas eles jogam lixo aí regularmente.

– Com que frequência você limpa?

– Acho que duas vezes ao ano.

– Recomendo que você limpe uma vez por mês.

– Entendi.

– Talvez você pudesse pintar os tijolos virados para a janela de branco. Eles refletiriam mais luz no interior da casa.

Essa é uma sugestão absolutamente brilhante. É tão óbvia! Por que nunca pensei em pintar a parede velha e imunda do porão de branco?

Mal posso esperar para lhe perguntar uma coisa. (Sei que preciso arrumar o que fazer.)

– De que cor devo pintar a porta principal?

– A que dá para o sul? De verde. Um verde vivo, cor de planta.

– Bom, vai ser, verde então. A ideia de pintar a porta principal é absurda, irracional, mas estimulante. Acho que isso provavelmente é loucura, mas depois descobri que outras pessoas que têm portas principais também podem se animar ao pensar na cor das portas.

Voltamos, passando pela porta que ainda não é verde.

– O *Feng Shui* tem a ver com proteção, apoio e fortalecimento – Sylvia me explica. – A cada ano, há uma área que precisamos proteger. Este ano, é o sul. Por isso, vou lhe mostrar como fazer algumas curas de sal.

Estou mantendo a mente aberta. Estou mantendo a mente aberta.

– Curas de sal?

– Você precisa de um recipiente pequeno, como um copo, um pouco de sal de boa qualidade, seis moedas de cobre, as de 1 centavo vão resolver, e uma moeda de prata. Você tem algumas moedas de 5 centavos?

Trouxe todas as bugigangas necessárias.

– Agora você põe o sal no fundo do copo, coloca a moeda de 5 centavos no meio e a envolve com as seis moedas de cobre. Agora encha o recipiente com água. Você tem um pedaço de filme de PVC?

Eu tenho. Ela cobre o copo e faz uns pequenos furos.

– Para que é isso?

– Para impedir que a água evapore.

Não queria saber sobre os furos no filme de PVC. Esqueça. Como diria Shakespeare, é o famoso olho de salamandra e perna de sapo. Servidos?

– Ponha um copo na parte sul da cozinha, um na área sul da sala de estar e mais um no canto noroeste, para equilibrar a energia ali.

Isso realmente parece um feitiço. Mas do que exatamente o sal e as moedas de cobre vão me proteger? Talvez seja isso que o governo chinês chama de "superstição": pessoas tolas como eu, que não acreditam nisso, mas assim mesmo o fazem.

– Como está a cozinha?

– Do ponto de vista do *Feng Shui*, nada na sua cozinha está em conflito. Nem a pia, nem o refrigerador se opõem ao fogão, então está tudo bem.

E não estou ouvindo nenhuma ladainha sobre minha resistência ao tradicional papel feminino.

– Sugeriam que eu precisava me sentar no canto nordeste para enfrentar os problemas com meu pai. Fiquei zangada e, se dissesse que não, estaria mentindo. – Sorrio. Eu teria gostado de conhecer meu pai, mas honestamente não acho que esteja zangada com um homem morto que nunca conheci.

Sylvia suspira, cansada.

– Não é meu estilo de consulta. Mesmo se você tivesse um problema assim, coisa que você não tem, minha primeira preocupação seria criar paz neste espaço, o que metaforicamente acabaria com qualquer conflito.

– Então não tenho que me sentar no canto nordeste nem pensar em 1973?

– O que aconteceu em 1973?

– Não faço ideia.

– Então por que queria se sentar naquele canto?

Eu rio.

– Bem, eu não queria. Vamos continuar.

Sylvia caminha até a figueira.

– Ponha sua mão nesta planta. O que você sente? A temperatura do ar?

– Quente, eu acho.

– Agora ponha sua mão nestas flores secas. O que você sente?

– Estão frias.

– Estão, não é? Você sabe por quê? É porque elas querem viver e estão tentando retirar o *chi* da atmosfera.

– Não acredito.

– Mas você mesma sentiu.

– Eu sei, mas...

– Tente de novo.

Eu realmente tinha a impressão de que o ar estava quente sobre a planta e mais frio sobre as flores secas.

– De qualquer modo, você não tem que acreditar, se não quiser. Apenas aceite minha recomendação. Sem flores secas, por favor. Apenas as vivas e saudáveis.

– Está bem.

– E conserte a perna quebrada do cavalo. Não o deixe quebrado. Aquele relógio funciona?

– Sim, mas é velho e me esqueço de dar corda.

– Relógios que não funcionam dão uma sensação de que o tempo parou. Bastante óbvio, imagino.

Ela lança um olhar à lareira vazia. Respondo antes que ela me pergunte.

– O ponto de gás é ali, mas nunca tive uma lareira que funcionasse. É muito caro.

– Hum. Se você quer que este espaço pareça menos triste, podia, pelo menos, enchê-la com toras e velas. Você já pesquisou o preço de uma lareira a gás?

Não. É estranho como dei pouca atenção a este lugar, no qual passo a maior parte do tempo.

No andar de baixo, para variar, Emily está em casa. Bato à porta.

– Consulta de *Feng Shui* disponível agora para o seu quarto. Não é obrigatória. Mamãe não ficará ofendida se você disser "Leve suas ideias malucas para fora do meu espaço".

Ela está de bom humor.

– Não. Estou interessada. Entre.

Fantástico. Agora não tenho que dizer mais nada. Todos os conselhos virão para uma terceira pessoa.

Sylvia olha ao redor.

– Seria bom pôr uma cabeceira nessa cama. Ela lhe daria mais apoio, sem mencionar que você poderia se encostar nela se quisesse sentar-se na cama e ler, e seria mais quente do que se encostar na parede.

– O que aconteceu com a cabeceira antiga, mãe?

– Nós a jogamos fora.

É engraçado como é necessário que estranhos apontem coisas que você sabe que são óbvias. Talvez possamos ter uma versão simples de uma consulta de *Feng Shui* se perguntarmos a uma visita "Como você melhoraria este ambiente?", e então puséssemos em prática as sugestões que nos agradassem.

Sylvia examina as fotos no quadro de avisos de Emily.

– Estas imagens são atuais?

– Não. A maioria é de Paris e da América do Sul, onde morei.

– São coisas das quais você sente falta e amigos que não vê muito agora?

– Sim.

– Você precisa trazer suas fotos para o presente. Coisas que tenham importância agora e no futuro.

– Então eu deveria tirar estas daí? – ela pergunta, olhando com tristeza para as fotos.

– Coloque-as em álbuns. Você ainda pode abri-los, mas não ficará olhando, todos os dias, para o que não tem mais. Tente imagens fortes e positivas sobre quem você é e o que quer agora. O namorado é atual?

– Sim, no estilo Paris-a-longa-distância.

– Se ele é o atual, está tudo bem. Guardar imagens de ex-namorados nunca é uma boa ideia.

Oh, meu Deus! Lá no saguão, no andar de cima, tenho um monte de fotos de homens que amei e sei que me amaram, as quais raramente vejo. Fico imaginando se Sylvia está sendo esperta e se referindo a elas também.

Depois eu a sigo até meu pequeno quarto.

– Se você retirar as prateleiras, o quarto vai parecer maior.

Os antigos proprietários tinham muitas prateleiras. Eu as deixei ali, mesmo estando numa posição ridícula.

– É verdade. Vou tirá-las dali. Muita coisa do que você está dizendo aparentemente é falta de bom senso.

– Se você quer atrair um relacionamento, poderia colocar um cristal de quartzo rosa no canto sudoeste e algumas imagens... Um casal se abraçando, por exemplo. Você pode achar que isso é muito superficial, que com certeza os verdadeiros profissionais não indicariam uma coisa assim. Mas os mestres usam essas coisas, e já vi alguns finais muito felizes.

Repito mais uma vez para mim mesma "Tenho uma mente de principiante". Colocar algum objeto no meu quarto pode aumentar minhas chances de encontrar alguém com quem eu queira dividir o espaço? Talvez isso influencie o meu foco. Vai me fazer ficar mais aberta? Ou será que abri tanto minha mente que meu cérebro está derretendo? Volto a olhar para o quarto.

– Você tem algum comentário sobre as cores aqui?

– Não. O branco obviamente é bom para a iluminação. Eu levaria o espelho para fora. Isso fará o quarto ficar menos barulhento e você vai dormir melhor.

– Você não acha que alguma coisa neste quarto tem a ver com a minha relação com meu pai? Mesmo inconscientemente?

– Por quê? Você acha que tem?

– Não.

– Então, eu também não acho.

Que lógica impressionante!

Voltamos para o andar de cima.

– Por hoje, é isso – ela diz. – Há mais uma coisinha que chamo de "extra da Sylvia Bennett". Não faz parte do *Feng Shui*, na verdade, mas limpar o espaço é uma coisa que faço para renovar o *chi*.

– Você está falando de entidades espirituais? Mortos? Você já fez isso?

– Muito, muito raramente pude ajudar quando foi necessário. Mas, até onde sei, não é *Feng Shui*. É uma prática muito útil, que intensifica a consulta de *Feng Shui*, onde é apropriado. Por exemplo, uma pessoa que morava em um antigo orfanato, onde muitas crianças morreram, percebia locais frios, e pude senti-los também. Posso ter que chamar outro especialista, mas é muito raro, eu faço o que os clientes pedem. Por quê? Você está tendo problemas ou sentindo alguma energia?

– De jeito nenhum. Pode haver centenas de pessoas mortas vivendo nesta casa, pelo que sei, mas elas não me perturbam, e eu não as perturbo.

– Bom. De qualquer modo, o que faço é retirar o *chi* residual: resquícios dos ocupantes anteriores e, no seu caso, dos antigos inquilinos, especialmente alguém que possa ter sido perturbado. Tive alguns desses. Muitas almas perdidas, ainda vivendo em corpos mortais, alugam quartos na casa de outras pessoas.

Reunindo as bugigangas para partir, ela disse:

– Em geral, é bom reformar a casa sempre que possível. Há muitas coisas para lembrá-la do tempo que passou. Ponha aqueles brinquedos que estão no peitoril da janela em uma caixa e guarde-a longe daqui.

É um bom conselho, acho. Distanciar-se do passado e trazer flores para perfumar o presente. Ainda não sei muito bem o que é o *chi*, mas tenho uma lista de tarefas para o resto do mês.

– Tenho que correr para pegar o trem – diz Sylvia, passando pela porta que em breve será verde. – Telefone se tiver alguma dúvida, está bem?

Agora estou realizando a mágica sutil na casa e voltando a gostar do *Feng Shui*. Retirei a cerca-viva alta e a luz aumentou e melhorou a vista – pode até ter trazido um pouco de *chi*, se é que essa coisa existe. Hoje passei uma hora fora da casa, movendo vasos e pintando novamente as grades. Amanhã acordarei absurdamente cedo e vou ao mercado de plantas comprar um monte de flores baratas por apenas alguns trocados. Assim que começar a fazer as melhorias, meu vizinho será forçado a fazer alguma coisa para que a entrada da casa dele não pareça desleixada em comparação com a minha.

Cada objeto da casa tem que apresentar sua defesa para poder ficar. Estou me sentindo surpreendentemente implacável com objetos inocentes que guardei durante anos. Mesmo as bonecas da minha infância estão começando a ficar nervosas. Sempre gostei de jogar coisas fora; mesmo assim, há coisas que guardo sem nenhuma lógica. As bonecas me fazem feliz? Na verdade, não, e conservá-las é passar a tarefa a Emily. Se eu morrer antes dela, um dia ela terá que decidir o que fazer. Elas são meus brinquedos de infância, e não dela. Emily já vai passar por maus bocados para se livrar das suas bonecas e de seus ursos sem ter que enviar as minhas bonecas para o vasto mundo também.

Eu deveria saber disso. Minha mãe foi uma grande acumuladora, e minha avó também. Por isso, passei boa parte da vida levando coisas para brechós. Muitas vezes, quando visito as casas atravancadas dos amigos, penso comigo mesma: "Por favor, poupem seus filhos do trabalho de se livrar de todas essas coisas". Por que guardamos tantos objetos? Para algumas pessoas, isso se torna uma obsessão. Recentemente, passei doze horas ajudando um jovem amigo (de 28 anos) a retirar oito sacos de lixo do quarto. Ele simplesmente não sabia por onde começar. Durante dez anos, nem um pedaço de papel havia sido jogado fora.

Outra amiga teve duas perdas na família em dois anos. Depois de um período doloroso revirando a casa da mãe e depois a do irmão, todos os pertences foram levados para o apartamento dela, para que os imóveis pudessem ser vendidos. Levei mais de um dia ajudando-a a se livrar de toda aquela triste herança.

Por isso, fico muito atenta: qualquer dia, podemos morrer e alguém terá a tarefa de decidir o que deve ser feito com cada objeto nosso, cada pedaço de papel e cada peça de roupa. E se esse pensamento não é suficiente para fazer vocês limparem seus armários, não sei o que os fará.

E quanto ao antigo relógio chinês que comprei na feira de Portobello, será que devo levá-lo de volta?

Depois de um mês, tinha feito cada uma das mudanças que Sylvia sugerira e mais algumas. Todo o azul-claro foi retirado do meu quarto para dar lugar ao vermelho. Parece estranho, como se fosse uma completa mudança de caráter ou, pelo menos, uma ênfase numa outra faceta minha. Tentei manter a cama virada de lado – o que será bom, desde que eu não arrume um namorado muito mais alto que eu, porque senão a cabeça dele vai bater em uma parede e os pés na outra. Teremos que empurrar o colchão todas as noites antes de dormir. Mas o quarto não parece mais um lugar destinado apenas para dormir.

Os brinquedos no peitoril da janela do andar de cima se foram, o piano está sendo tocado e adquiri uma "fonte de água" que Sylvia recomendou. Minha filha reclamou: "Não vou sentar de jeito nenhum perto daquilo. Me faz querer fazer xixi, e não é aceitável do ponto de vista ecológico usar eletricidade apenas para você ouvir o som de água corrente".

Ela está certa, mas, que diabos, não é muita energia e está funcionando como umidificador para um quarto abafado. A porta principal foi pintada do verde mais vivo que vocês possam imaginar, o rapaz do brechó está quase apaixonado por mim, tantas foram as coisas boas que lhe dei para vender, e a casa parece nova, mais espaçosa e cheia de possibilidades.

Bom, a casa já foi resolvida. O buraco parece muito bom. Agora tenho que tentar sair dele.

O segundo elemento – Fogo

O coração – energia – impetuosidade – vitalidade – a mente e o sangue – a língua

Brincando com fogo

Se alguma vez vocês quiseram reformular sua vida e suas atitudes, um homem que detém o recorde do maior super-herói internacional pode ajudá-los. Ele inventou o processo de resolver a vida, escreveu o livro, inventou o seminário e é o mais odiado por aqueles que se opõem aos gurus motivacionais: o "Sr. Desperte o gigante dentro de você", Anthony Robbins, está na cidade. Esses seminários americanos imensos são ótimas oportunidades de compartilhar as desculpas que temos para tudo o que nunca fizemos. Felizmente, vocês podem vir comigo. Se prestarem atenção, podem pegar as dicas e todo o resto sem o menor inconveniente.

A manhã do primeiro dia do seminário – "Libere o poder dentro de você!" – me encontra enrolada no sofá, no canto norte da minha sala de estar bem equilibrada, lendo *Norwegian wood*, do escritor japonês Haruki Murakami. Ele escreve em estilo profundamente sensual, aveludado, quase existencial – seus personagens estão eternamente presos ao destino ou, mais frequentemente, ao amor sem esperança e não correspondido. Todos estão isolados e, em geral, são confortados apenas pela literatura ou pela música clássica. Posso imaginar que eles prefeririam cometer um haraquiri a serem motivados. Nós conseguimos nos identificar com eles, não é?

A maior parte de minha alma resiste à ideia de ir a um lugar com 8.000 pessoas, nenhuma das quais eu conheço ou tenho vontade de conhecer, para algum californiano de cabeça grande falar de nós. Eu realmente não tenho vontade de ir e cometo o erro de admitir isso para Emily, que, tendo sido encorajada por mim a frequentar seminários motivacionais no passado, está se divertindo com a ironia.

– Então a grande Isabel, que sempre propôs coisas nauseantes e positivas, quer ficar no sofá de chinelos? Você está optando por um estado negativo e por não assumir a responsabilidade sobre si mesma? – Ela dá um sorriso largo.

– Vá se danar! – responde a mãe, de modo eloquente. Ela e eu nunca tivemos a tradicional relação mãe e filha.

Ela adora o fato de que realmente não quero ir. Explico de modo um tanto patético:

– Geralmente eles gritam "Você está se divertindo?", e sou encorajada a dar um soco no ar e gritar "Sim!"

– Oh, meu Deus. Estou tão feliz por não ir.

Para ela, está tudo muito bem: enquanto eu passo o dia fora no seminário, o namorado francês vem passar o fim de semana com ela.

– Eles vão transformar você numa daquelas pessoas com um sorriso fixo igual ao do gato da Alice, como sua amiga Stacey.

– Nem me lembre disso. Eu não suportaria ficar na mesma sala que ela por um mês.

– Oh, isso é histeria. – Ela se senta perto do elegante *laptop* novo da Apple e abre a página www.tonyrobbins.com. – Ele diz: "Vai ser tão divertido que você nem vai acreditar". Oh, meu Deus, como ele é chato. E você vai andar sobre o fogo?

Puxei o cobertor sobre a cabeça.

– Sim. É hoje à noite.

– Está tudo bem, temos pomada para queimaduras no armário. Rá-rá. – Ela imita o sotaque da Califórnia. – Robbins dá resultado! Você não vai se aprontar? Com certeza, não vai querer chegar atrasada e demonstrar sua resistência ao processo.

– Não. Não vou me atrasar. – Posso até resolver passar o fim de semana inteiro na Starbucks com o Murakami, mas, se vou, não vou me atrasar.

– Só não consigo imaginar você dando socos no ar. Rá-rá-rá. – E veste um casaco irritantemente bem cortado. – Vou sair para encontrar Pierre. Volte o mais tarde que puder, está bem? E não se esqueça de me enviar uma mensagem de texto avisando que vai chegar. Podemos estar ocupados. – E volta a imitar o sotaque da Califórnia. – E tenha um ótimo di-ia.

O PRIMEIRO PASSO

De início, já odeio o seminário por causa da localização. O Centro de Exposições Excel, em Londres, é evitado por qualquer um que o frequente ou exponha algo. Uma vez, a London Book Fair foi realizada lá, mas foram tantas as reclamações de agentes e editores que, no ano seguinte, ela voltou para o Olympia, que fica bem perto de Kensington. Infelizmente, o pessoal do Anthony Robbins obviamente não se importa com o fato de termos que viajar para um lugar que Emily descreveria como "no meio do nada". Registro minha chegada e recebo uma pulseira onde está escrito "geral", porque só paguei 250 libras pelo lugar mais barato possível. Os preços variam de acordo com a distância em que você quer se sentar, e os lugares mais caros, nas primeiras filas, são reservados individualmente. A fila para entrar parece a de um aeroporto durante a greve dos aeroviários. Oito mil pessoas amontoadas em uma enorme área de espera e largadas lá durante uma hora. Nada disso está melhorando meu humor.

Quando a imensa porta de metal finalmente é aberta, todos se movem para encontrar seus lugares. O auditório está repleto de música alta e luz estroboscópica. Parece um concerto de *rock*, com Robbins no palco e seu rosto sendo projetado em cinco telões imensos. Estou totalmente disposta a dispensá-lo como uma daquelas falsificações bacanas, mas, para minha surpresa, me pego ouvindo o que ele está dizendo. Ele é ativo e faz o público, e até esta narradora mal-humorada, rirem imediatamente. Ele nos diz o que vai acontecer durante o dia, entremeando informações com piadas sobre si mesmo.

Enquanto explico isso tudo, provavelmente vocês estão olhando para mim e pensando "Nossa! Ele tem dentes enormes".

É justamente o que estou pensando. Também me distraio por perceber que é como se estivesse olhando para um personagem da Disney. Vocês viram o filme *A bela e a fera*?. Lembram-se de Gaston, um modelo de perfeição? Provavelmente, a Disney se baseou em Anthony Robbins para criar Gaston. Nosso heroico apresentador de hoje tem ótima aparência, é alto e largo do modo certo – musculoso, bem-vestido, estiloso, com um sorriso que parece ter saído de um desenho animado. A não ser pelo fato de ter 2 metros de altura, é o tipo de cara que qualquer grupo de homens gostaria de levar para um bar. Acho que posso dizer com certeza o que as 4.000 mulheres presentes gostariam de fazer com ele... bem, digamos que o charme dele é irresistível.

Ele se apresenta contando histórias engraçadas sobre a infância.

– Eu era um tagarela. Difícil de imaginar, não é?

Uns cinco minutos de conversa e 8.000 pessoas já foram conquistadas. Billy Connolly tem essa qualidade, sobe ao palco e faz todos rirem em questão de segundos. No caso de Robbins, ele também acredita ter algo importante a nos ensinar e sabe que cada um de nós está ali porque quer aprender. Ouço com atenção e começo a tomar nota.

– Não acredito em pensamento positivo.

Sério?

– Acredito na inteligência. Em ver as coisas como são, e não piores do que são. As pessoas dizem "Eu sou cético": não, você não tem é coragem. Não é preciso coragem para ser cético e não fazer nada além de dar desculpas. "Tenho ossos grandes": não, você é gordo porque come feito um porco e não mexe o corpo.

Ele se arrisca e não tem medo de ser acusado de ter preconceito contra gordos. Eu nem sonho em usar a palavra "gordo", mesmo quando converso com mulheres acima do peso, que reconhecem que a qualidade de vida foi destruída pela obesidade. Mas ele não evita os golpes.

– Vocês não estão quebrados, mas pode haver alguns padrões e estratégias que não funcionam para vocês. Então, estão ansiosos para tentar alguma coisa nova no fim de semana? Se estão, levantem a mão e digam "Sim!"

As pessoas ao meu redor começaram a gritar "Sim!" Uma sala inteira de mãos para o ar. E ainda nem começamos.

– A questão não é mudar vocês. A mudança é automática, mas o progresso, não. Nada vai progredir a menos que você tenha algo importante que queira buscar, tenha energia e uma estratégia de ação.

É um grande alívio ouvir coisas que façam sentido, que sejam relevantes e das quais preciso me lembrar, e estou gritando "Sim!" em pouco menos de uma hora de seminário. Oh, Deus, acabo de confessar isso?

– Energia – ele nos diz – significa a mesma coisa tanto para a psicologia quanto para a nutrição. Se você está cansado, levante a bunda do sofá.

Ele explica que palavras de baixo calão são necessárias para incentivar as pessoas, em particular, os britânicos, a caírem na real. Esta é minha perspectiva, justamente. Você pode dizer o que quiser e, se disser isso de maneira apaixonada, uma exclamação sempre ajuda. Ao pedir desculpas pela linguagem que está usando, completa:

– Se a linguagem adulta os ofende, bem, fodam-se!

Mas ele termina a fala com estilo e ninguém vai embora. O público está totalmente nas mãos dele.

Ele começa a nos fazer rir com histórias de desculpas que as pessoas inventam para justificar por que não conseguiram aquilo de que são capazes. Nós somos muito jovens ou muito velhos ou não temos tempo suficiente ou não somos qualificados ou algo deu errado... temos muitas razões. Então ele conta histórias para acabar com nossas desculpas: um corredor de maratona de 98 anos, uma mulher que disputou a competição Iron Man no dia em que completou 72 anos, e um homem que caminha aos 104 anos.

– Você se pergunta: "Se eu estivesse com aquela pessoa, eu seria feliz?"

Hum. Acho que esta narradora pode ser acusada de já ter feito essa pergunta.

– Você acha que se você tem filhos eles sempre vão amá-la? Você certamente não tem um filho de 16 anos.

Muitas brincadeiras. Ele pergunta:

– Qual é a aparência de uma bela mulher? – Os 4.000 homens não sabem como responder, e então uma mulher próxima às primeiras fileiras grita "A minha!"

Ele sorri.

– Bom para a senhora!

Em seguida, ele tem que lidar com o fato de que o público se odeia. Como é um seminário sobre o potencial humano, obviamente todos ali são um desastre, como esta narradora. Ele pede que nos apresentemos aos outros partindo do pressuposto de que encontrá-los é uma perda total de tempo. É fácil apertar a mão das pessoas e murmurar "Prazer em conhecê-lo", enquanto mal fazemos contato visual. Em seguida, ele nos pede para dar uma volta e encontrar alguém que realmente tivéssemos prazer em conhecer. Espero uma daquelas conversas sobre como nossas suposições influenciam a experiência, mas não, na verdade, ele está nos ensinando fisiologia.

– O modo como você usa seu corpo representa a maior parte do que realmente influencia as pessoas quando você se comunica com elas.

Ele pede que fiquemos de pé igual a quando estamos deprimidos. As pessoas se curvam sobre si mesmas, projetam os ombros para a frente, a barriga para a frente, a cabeça baixa. Então ele liga a música e nos pede que o imitemos, pulando e erguendo os braços no ar.

– Como vocês se sentem? Já estão se sentindo melhor?

Na verdade, é engraçado gritar "Sim!" Posso sair por aí imitando o entusiasmo de um personagem de desenho animado como os outros.

– Para se sentir bem, seu corpo precisa de oxigênio. Quando vocês pulam assim, abrem o diafragma, que leva um pouco de oxigênio para a corrente sanguínea. É muito fácil mudar o estado do seu corpo, e isso influencia como você se sente. Controlar a sua vida, começar a controlar o seu corpo – ele se empolga enquanto pula. – Vocês não precisam de uma desculpa para se sentir bem! Vocês só estão aqui por três dias. Não se preocupem: não vamos contar a ninguém que vocês estão se divertindo.

Por um breve período de tempo, a simples ideia de estar se sentindo mal parece absurda.

– Por que você precisaria de uma desculpa para sentir-se bem? Na maior parte do tempo, você não precisa de uma desculpa para sentir-se mal, não é? Como você está hoje? Eu me sinto um lixo. Por quê? Porque acordei.

Gargalhadas.

– Quantas pessoas vieram porque alguém as obrigou?

Muita gente levanta as mãos.

– Então, vocês estão aqui para evitar que elas sofram?

Mais gargalhadas.

– Quantos de vocês conhecem alguém que não está aqui e não queria que vocês viessem?

Muita gente levanta as mãos.

– Abaixem as mãos se essa pessoa nunca fez este curso.

Até onde posso ver, todas as mãos foram abaixadas. É um fenômeno interessante, que se chama "condenação antes do julgamento". Sou culpada disso. Eu conhecia a reputação de Anthony Robbins como o "melhor do mundo", mas ainda afirmava que "não era para mim" e resmungava que isso era comercial. Sou assim tão profundamente confusa?

Ele nos fala sobre a "ciência do empreendimento" e a "arte da realização". Diz que contribuir para a vida de outras pessoas é um modo de realização. Viva! Ouvimos sobre nossas necessidades e nossos impulsos. Aparentemente, precisamos de "certeza" em nossa vida, saber que temos um teto e dinheiro suficiente para comer, mas também precisamos de "incertezas" se queremos nos sentir vivos. Temos necessidade de "importância", de nos sentirmos especiais. Temos necessidade de "ligação e amor", e ele definiu duas necessidades espirituais: "crescimento" e "contribuir com os outros". Para nos entendermos, precisamos entender o que nos impele a agir como agimos. Algumas pessoas tornam-se importantes na vida de outras pessoas por serem mais doentes ou por terem mais problemas. Muitas têm interesse (mesmo que não tenham consciência disso) em estar desamparadas, porque no seu desamparo reside o poder sobre os outros. Assim, a necessidade de importância é satisfeita, mas elas não terão amor e intimidade reais.

Uma garota se levanta e nos diz que acredita que sua alma está destinada a estar disponível para os outros, mas nunca a satisfazer as próprias necessidades.

– Minha alma está aqui para fazer os outros felizes – proclama.

Robbins a convida a subir ao palco e então lhe diz que isso é papo furado e é uma mentira. Fico chocada com o rigor que fala com a garota. Uma bondade cruel.

– Você está aqui para fazer outras pessoas felizes, mas você nunca será feliz?

– Sim.

– Isso é mentira.

Ela parece atordoada e furiosa.

– Não é, não. Eu acredito nisso. É meu destino.

Ele pergunta ao público que necessidades ela satisfaz com essa crença sobre si mesma. As pessoas manifestam várias ideias, mas a conclusão principal é "importância".

– Então todo mundo merece ser feliz, menos você? Isso está certo? Você é mais especial que os outros?

– Não.

É interessante observar alguém esvaziar uma crença limitadora. Foi como se uma venda tivesse sido tirada dos olhos dela.

– Você merece a felicidade como qualquer outra pessoa?

– Acho que sim.

Agora ela está rindo. Ao fazê-la olhar para a necessidade de importância que estava usando contra si mesma, ele simplesmente aniquilou sua principal crença limitadora e a convidou a descer do pedestal e juntar-se ao restante dos seres humanos. E também lhe deu o direito de ser feliz.

– Você tem um relacionamento com alguém? – ele indaga.

– Sim, mas é uma merda.

– Alguém pode imaginar como é difícil ter um relacionamento com alguém que acredita que sua tarefa é fazer os outros felizes, mas que ela mesma não pode ser feliz? Quem quer viver com uma mártir?

A garota no palco parece horrorizada.

– Oh, meu Deus! – ela suspira.

– Então, o que você acha agora?

– Que tenho que parar de ser tão absurdamente especial e que tenho direito a ser tão feliz quanto as outras pessoas!

Parece tão óbvio, ainda assim, minutos atrás ela declarou com firmeza uma crença diferente. Ela mesma parece surpresa com a facilidade e rapidez da mudança.

– Nossos medos nunca vão nos deixar – diz Robbins enquanto ela desce do palco. Ele olha para o público. – Vocês não estão felizes porque vieram para uma aula positiva? Vocês sabem o acrônimo de medo?

Não esperávamos que ele nos dissesse isso. Como aprendi há alguns anos, gritei junto com os outros: "expectativa fantasiosa que parece real".*

Mas Robbins tem um diferente:

– Foda-se tudo e tchau.**

Ele é engraçado e não está sendo paternalista. Fala como se todos nós entendêssemos esses conceitos. Continuo anotando os pequenos fragmentos que me agradam. "Todo pensamento se resume a perguntas e respostas, portanto, não façam perguntas ridículas." E, "A pergunta 'Por que estou deprimido?' põe nosso foco imediatamente em tudo o que nos torna infelizes". Robbins brinca com esse conceito.

---

* No original, o acrônimo de *"fear"* [medo]: *Fantasy Expectation Appearing Real*. (N. da T.)

** No original "Fuck Everything And Run". (N. da T.)

– Quero que vocês pensem naquilo em que se concentram quando estão realmente deprimidos. Aumentem o nível agora... Não se esqueçam da postura, da respiração rápida. E agora saiam dessa.

Sabemos exatamente o que fazer para chegar a um estado infeliz e miserável de mente e corpo. E, claro, se sabemos como ficar infelizes, temos que reconhecer que sabemos como ficar felizes também.

Tínhamos chegado ao Excel às dez da manhã e perdi completamente a noção do tempo. De vez em quando, a música volta e dançamos ou fazemos uma massagem no ombro da pessoa ao lado. No início, é estranho receber massagem de estranhos, mas em pouco tempo a gente supera. Na plateia há muitas línguas e culturas diferentes, véus, *dreadlocks*, ternos, todos os tipos; e o mesmo número de homens e mulheres. Acredito que isso acontece porque Robbins usa muito a programação neurolinguística (PNL) em seu trabalho. Essa disciplina, que trata do estudo da excelência e da compreensão de como a linguagem nos influência, tornou-se popular entre os homens por ter uma utilização prática. Ao contrário de outras técnicas, com finalidades mais místicas de desenvolvimento pessoal, a PNL pode ser aplicada para tornar vendedores melhores vendedores, patrões melhores patrões, namorados melhores namorados. E funciona. Por isso, os rapazes estão aqui. Mas, deve-se reconhecer, eles não parecem um grupo muito confiante. Não vejo ninguém com quem queira flertar nos intervalos. Mas o homem no palco me mantém feliz. É um prazer estar no mesmo espaço que ele. Pena que não seja um espaço bem menor.

E agora ele está prestes a começar a principal tarefa do dia: persuadir 8.000 pessoas a caminharem sobre carvão em brasa. Na verdade, esta narradora saltitante já caminhou sobre o fogo; portanto, as ondas de medo que circulam pela sala, quando as chamas aumentam, não me assustam. Elas me fascinam. Estou no meu elemento. E, de acordo com Eddie, fogo é o meu homem.

Mas as chamas têm um efeito diferente em alguns dos meus vizinhos. Um homem magro olha para mim com terror estampado nos olhos e pergunta: "Mas isso queima?" Antes que eu tenha tempo de tranquilizá-lo, ele inspira duas vezes um inalador para asma e sai correndo, provavelmente decidido a voltar amanhã, quando a caminhada sobre o fogo houver acabado.

Tudo foi arrumado de modo que cada um de nós possa atravessar 3 metros de carvão em brasa. No chão, na frente do carvão, há um gramado e, depois da caminhada, nossos pés são molhados com a água fria de uma mangueira. Sinto prazer por não estar apavorada e, por isso, posso desfrutar do magnífico trabalho entre o palco e o público.

Instintivamente, somos programados para correr do fogo. Você caminha sobre o carvão e tudo dentro de você parece gritar "Não! É o inferno!" Ele pede para pensarmos em uma ocasião em que nos "sentimos bem perto do calor de uma fogueira". Em seguida, nos explica como criar um estado de felicidade para dar o primeiro passo. Andar sobre o fogo é bastante seguro (embora, na minha primeira vez, eu tenha ficado com bolhas nos pés), mas o estado em que você se encontra ao andar é importante. Se você não andar do modo correto ou tentar correr, pode dar tudo errado. Se você correr, pode cair, e se cair, bem... como ele diz, pensar no pior que pode acontecer não vai ajudar você a dar o primeiro passo. Ou, como ele afirma, de modo sucinto: "Se você se concentrar no maldito fogo, vai surtar". Você pode aprender a superar o medo em quase todas as circunstâncias. Se você aprender a dançar com seus medos e perceber que eles são uma motivação, poderá fazer qualquer coisa. Tudo depende de onde você põe o foco.

Ele nos apresenta alguns exercícios adoráveis, pedindo para lembrarmos um momento em que nos sentimos protegidos e amados, e é só, vamos fazer o que parecia impossível. Eles têm umas vinte trilhas de carvão em brasa; portanto, a caminhada não vai ser muito longa. Tiramos os sapatos e as meias, revelando a pele delicada e vulnerável, e andamos até lá entoando "Sim!". Tudo o que temos que fazer é continuar caminhando, mas algumas pessoas ainda estão fugindo das brasas. Às vezes, deixamos o medo nos dominar.

Aproximo-me do fogo e, merda!, é bastante assustador quando você olha os carvões em brasa e sente o calor, mas sei que posso caminhar sobre o fogo. Basta não olhar para baixo. Piso com firmeza e confiança, repetindo as palavras "musgo fresco" em voz alta a cada passo. Droga! Está quente, é impossível não sentir o calor, mas não estou me concentrando nele... penso em coisas positivas... olho para os rostos sorridentes à minha frente, me aplaudindo. Mais um passo, agora outro, cada vez mais quente e, seis passos depois, piso na grama fresca e a água fria da mangueira lava meus pés. Meu coração bate forte e a adrenalina flui. Olho em volta e vejo que todos estão aplaudindo.

Recomendo caminhar sobre o fogo. Mesmo. Assim como pular de paraquedas, andar sobre carvão em brasa é algo que deve ser feito pelo menos uma vez na vida. Se um dia alguém convidar vocês para andar sobre o fogo, aceitem e rápido, antes que comecem a hesitar.

Viro-me para observar as outras pessoas. Em caso de pânico, há voluntários de prontidão para oferecer apoio e encorajamento. É como tudo o que você teme: quanto mais você demora, pior fica. A maioria das pessoas simplesmente anda depressa como Robbins ensinou, mas sempre há alguém que para e olha para os carvões vermelhos. Os auxiliares incentivam e encorajam e, finalmente, a maioria caminha. Vejo uma mulher congelada de medo. Ela é jovem, está muito acima do peso e veste um sári violeta. Ela olha para o carvão.

– Olhe para frente – diz o voluntário. – Diga para si mesma: "Musgo fresco, musgo fresco", a cada passo.

Ela continua parada. Estou do outro lado com os amigos dela, sorrindo e acenando. Adoro a imagem: você chega lá, ao local de celebração e felicidade, mas tem que acreditar e dar o primeiro passo.

No caso daquela mulher, os voluntários seguram suas mãos e ela caminha, mas não poderia fazer isso sem a ajuda deles. Nesses seminários, tudo se torna uma metáfora. Quando chega ao outro lado, ela está em um estado de alegria pura, grita e pula. Adoro esse trabalho.

Fico ali durante algum tempo, observando: a caminhada, a comemoração, o sentimento de orgulho por superar um medo. Isso aquece meu coração. Observo e bato palmas como se cada uma dessas pessoas fosse um filho, uma irmã, um irmão, a mãe ou o pai. Então, quando comecei a arder de prazer, uma garota aparece aos prantos. Caminho em sua direção.

– Ei, você acabou de andar sobre carvões em brasa. Deveria estar feliz.

– Mas queimei meus pés.

– Verdade?

Não vejo sinal de queimadura.

– Queimei meus pés – ela se lamenta. Fico imaginando o que deu errado.

– Volto com você. – Seguro seu braço e ela caminha, mancando. Como ela é a única pessoa entre centenas que teve uma experiência negativa, estou interessada.

– Pensei que fosse uma brincadeira. Achei que era apenas para nos assustar. Não percebi que os carvões em brasa eram reais.

Por alguma razão, ela tinha imaginado que Robbins fosse passar as duas últimas horas preparando as pessoas para algum truque.

– O que você esperava?

– Não sei. Mas, quando vi que eram mesmo carvões em brasa, não pude acreditar.

– Bem, esse era o exercício. – Sorri para ela com o que esperava parecer um sorriso de confiança. Preocupo-me que ela tenha mesmo queimado os pés, pois há sempre a possibilidade de as coisas saírem erradas.

Quando chegamos à sala de reuniões, eu a faço sentar-se sobre uma mesa e examino seus pés. Hum. Nada de bolhas nem de queimaduras de segundo grau.

– Tenho novidades para você. Seus pés estão bem. Não há queimaduras.

– Sério?

Fiz o meu melhor para reprogramá-la.

– Você foi bem, assim como todo mundo. Na verdade, você foi melhor, pois todos estavam preparados mental e emocionalmente. Você não estava, mas conseguiu. Foi uma coisa impressionante, pisar em carvões em brasa sem nenhum preparo. Acho que você pode ter chorado pelo choque. Você fez um trabalho excepcional. Verdade. No futuro, não tem que temer nada que cruze seu caminho, mesmo que seja real. Pode ser útil, caso encontre um fantasma.

Ela sorri. Olha para os pés e seu sorriso se abre ainda mais. Pegamos nossos sapatos, lavamos nossos pés saltitantes e fugimos do Excel bem a tempo de pegar o Docklands Light Railway.

Quando chego em casa, Emily e o namorado ainda estão acordados. Ele está tocando canções de amor para ela no violão. Não que eu tenha inveja. Claro, nenhuma garota gostaria que um jovem francês tocasse serenatas para ela, não é? Ela levanta os olhos e sorri quando entro para cumprimentá-los e dar boa-noite.

– Então? Como foi? Você disse "Sim!"? – ela pergunta, socando o ar com vigor. O namorado participa, socando o ar também para mostrar disposição. Sorrio para eles.

– Fiz exatamente isso.

– Oh, meu Deus! Retiraram o cérebro da minha mãe.

– Sim. Além disso, ele é muito... bem... carismático. Na verdade, descobri que transaria com ele numa boa.

– O quê? Minha mãe se apaixonou por Anthony Robbins?

– Hoje, 8.000 pessoas se apaixonaram por Anthony Robbins. Mas não falei de amor. Pensei em simples tesão, para ser sincera.

– Isso é tão antiquado e previsível de sua parte!

– Bem, ele é... bem... muito homem. É incrivelmente viril, forte, um líder engraçado e o melhor comunicador que já ouvi. Como não sentir tesão?

– Nunca pensei que você fosse tão fácil.

– Eu também não.

– E como foi o curso?

– Eu dancei. Fiz muitas anotações. Caminhei sobre o fogo. Sabe como é, a diversão normal de uma noite de sexta.

Eles me oferecem vinho tinto e sinto-me absurdamente feliz e grata por tudo. Como fui programada para me sentir. É uma da manhã. Tenho que estar no Excel às oito e sinto vergonha de dizer que estou ansiosa para isso.

O SEGUNDO PASSO

Muitas pessoas que vão a esses cursos levam amigos, mas um final de semana desse tipo com um parceiro tem vantagens e desvantagens. Pode ser mais difícil fazer esse trabalho com alguém que se conhece bem. Sempre é mais fácil discutir seus segredos mais íntimos ou suas esperanças mais frágeis com um estranho, que será gentil, e dificilmente você o verá de novo. Por outro lado, com um parceiro ou uma amiga, quando o curso acaba, sente-se um drástico aumento de intimidade e apoio para o que quer que se esteja tentando conseguir na vida. Algumas pessoas compram uma fila inteira e convidam todos os que conhecem. Empresários costumam oferecer o curso a todos os seus funcionários, pois sabem que as pessoas voltarão felizes, motivadas e agradecidas.

Nesta ocasião, estou só. Não tenho apoio para o que estou tentando fazer, mas também não tenho ninguém me criticando. Em um momento mais tranquilo, no início da semana, perguntei a Emily o que ela realmente achava de minha ida a um curso desse tipo. Se dependesse dela, ela preferia que eu não fosse? Emily disse que não, que, mesmo que boa parte do curso fosse óbvia, se eu aprendesse alguma coisa útil que pudesse aplicar, então valeria a pena. Não sei sobre vocês, mas eu preciso, muitas vezes, que me lembrem do óbvio ululante e, frequentemente, esses cursos oferecem mais que o óbvio.

Em meio a um ano realmente difícil, fico satisfeita que Tony não me diga, como aquele homem doido do *Feng Shui*, que tudo era minha escolha. Ao contrário, ele é tranquilizador.

– Não há um único ser humano na Terra que faça a coisa certa da primeira vez – ele afirma.

Isso me alivia a alma. Algumas pessoas são felizes num único emprego por toda a vida; elas são incrivelmente raras, mas existem. Para os demais, a vida se torna cada vez mais dura à medida que a competição cresce. Quando eu era uma jovem atriz, às vezes me sentia derrotada pela falta de oportunidades, mas agora elas são poucas em todos os setores da vida. Temos mais escolhas e menos segurança, o que significa que temos que ter uma ideia clara do que queremos ou com certeza não obteremos o que queremos. É disso que trata a segunda manhã: da questão vital de nossos objetivos e sonhos.

Vocês sabiam que apenas 7 por cento da população têm objetivos e sonhos suficientemente claros a ponto de expressá-los por escrito? Estamos prestes a receber "a fórmula básica do sucesso", que pode soar como propaganda, a não ser pelo fato de que o sucesso é definido como obter "as coisas que você deseja para si mesmo e para quem você ama". Enchemos folhas de papel e Robbins nos diz:

– Vocês acabam de se juntar aos 7 por cento.

Tenho certeza de que Tony (imaginem, na minha cabeça ele é Tony agora) ficará feliz se eu compartilhar isso com vocês, assim como deseja que todos vivam vidas felizes. Então, estão prestando atenção?

1. *Clareza é poder*. Obviamente, quanto mais clareza vocês tiverem sobre o que desejam, maior a probabilidade de consegui-lo.

   Por exemplo, o objetivo de Tiger Woods aparentemente é ser não apenas o melhor jogador de golfe do mundo hoje, mas também o melhor jogador de golfe que já existiu. Portanto, se vocês sentem que seus objetivos são difíceis de realizar, alegrem-se por não terem desejado o mesmo que Woods.

2. *Saber por que você deseja algo*. Em outras palavras, antes de começar a imaginar *como* obter o que se deseja, é preciso ter certeza de *por que* se deseja aquilo.

   Ele pede que imaginemos uma casa na qual queremos entrar, mas está protegida por cercas de arame farpado eletrificado, cães de guarda, seguranças e torres de observação.

– Vocês acham que podem entrar na casa? – ele pergunta.
As pessoas acham que não. A maioria nem tentaria.
– Lá está uma das pessoas que você mais ama na vida. – Nós a imaginamos em perigo. – Agora vocês acham que podem entrar?
Sim. Todos acreditam que podem e alguns morreriam tentando.
É mais provável conseguir algo quando realmente sabemos por que o queremos. Não basta querer ter mais dinheiro. Se soubermos o que vamos fazer com o dinheiro, comprar um iate e levar a família para velejar em alto-mar ou criar um abrigo para crianças na Ásia, é mais provável que consigamos o dinheiro. Parece lógico, não?

3. *Agir com perseverança.*

– Alguém já lhes disse que conhecimento é poder? – Todos respondemos "Sim!", e erguemos as mãos. Ele diz: – Conhecimento não é poder. A *ação* é que é poder.
Obrigada, Anthony. As pessoas bem-sucedidas não são necessariamente as mais brilhantes ou inteligentes, mas aquelas que agiram mais, sabendo por que o faziam. Sintam-se livres para sublinhar.

Raramente fui bem-sucedida em alguma área da minha vida sem uma alegre perseverança alegre, e, quando me diziam que eu tinha "sorte", eu queria estrangular a pessoa. Meu primeiro livro foi rejeitado por dezoito editoras, mas continuei batendo em mais portas.

– O número de pessoas bem-sucedidas é diretamente proporcional ao número de pessoas que continuam tentando – ele diz.

Mas, claro, não é bom continuar fazendo a mesma coisa se ela não está funcionando. Sabemos que, como disse Einstein, é loucura fazer a mesma coisa esperando um resultado diferente. Mas parece que temos a nossa própria versão disso. Durante anos, tenho repetido essa frase e continuo fazendo as mesmas coisas. Por isso, vocês têm que prestar muita atenção aos resultados que obtêm.

– Vocês sempre têm que mudar a abordagem até conseguirem o que querem. O sucesso é o resultado de um bom julgamento – nos garante Robbins.

Tenho vontade de gritar "Sim!" sozinha mesmo. Adoro isso. Isso nos devolve nosso poder. Se alguém obteve mais sucesso onde fracassei, é porque foi mais sábio e tomou melhores decisões, não é?

Tony nos conta histórias sobre as ocasiões em que chegou ao fundo do poço, quando perdeu tudo.

– Lembro que voltei para um apartamento alugado, do qual estava prestes a ser despejado, e acendi uma vela.

A imagem de uma vela é projetada nos telões.

– Não, não é porque sou espiritualista, mas porque não tinha pagado a conta de luz.

É fácil ouvi-lo. Nem por um momento ele se coloca como alguém melhor que nós, apenas como alguém que aplicou estratégias diferentes. Ele nos conta como obter a mudança imediata: olhando as consequências de não mudar e a dor imensa que resulta disso. Não é tão difícil assim. Se eu não sair do buraco, vou morrer como uma velha senhora maluca. Por que será que acho fácil visualizar isso? Outra dica dele é interromper e pôr fim a qualquer padrão que não funcione. Ele sugere, por exemplo, que, se alguém come demais, pode sair da mesa assim que perceber que está tentado a continuar comendo e gritar "LEITÃO!" olhando para a cadeira.

Ele fala sobre paixão, um dos meus assuntos favoritos. Vocês podem se juntar a nós, se quiserem. Sei que este não é um livro de exercícios, mas não quero negar a vocês esse prazer. Por isso, parem de ler um pouco (podem dobrar o cantinho da página) e façam uma lista de todas as coisas que vocês amam e todas as coisas que odeiam, as coisas pelas quais estão apaixonados e realmente desejam.

Exercício legal, não é?

Agora, quantas dessas coisas boas vocês fazem regularmente? É tão estranho que a gente trate a nossa vida como se ela fosse durar para sempre. Tony nos diz novamente, com seu jeito sorridente e charmoso:

– A hesitação que invade sua vida e seus sonhos não vai ajudar. Vocês têm que ter CORAGEM E AGIR COM PERSEVERANÇA!

E não basta usar maiúsculas.

Estou indo bem e grito "Sim!" com paixão. Mas tudo tem a ver com fracasso.

Tony nos pede para responder às seguintes perguntas: *O que você mais quer? Pelo que você é apaixonado? O que lhe traz felicidade e alegria de viver? O que você mais ama? O que o inspira?* No meu caso, um certo nome masculino aparece mais vezes do que seria lógico. Agora Tony está falando sobre o poder de decisão. Qualquer coisa capaz de mudar nossa vida requer uma decisão, porque não há ação sem decisão.

– Pensem – ele pede – nas pequenas decisões que vocês tomaram e que levaram a uma vida diferente, em como uma decisão relativamente pequena pode levar a uma enorme mudança.

Em seguida, ele fala sobre as decisões importantes, que muitas vezes provocam inicialmente uma sensação de conflito, em seguida geram um comprometimento e depois uma resolução, que finalmente se torna pacífica. Muitas pessoas podem ter vindo ao curso porque queriam tomar uma decisão, mas não conseguiam reunir coragem para isso. Ele nos convida a pensar em uma decisão que gostaríamos de tomar. Em seguida, diz:

– Vocês sabem, em seu coração, qual é a decisão correta.

Estou terrivelmente paralisada neste processo. Uma simples instrução, "Tomem uma decisão", me desmonta. Quero sair do buraco, mas nem mesmo todo este fogo está me ajudando. Que decisão posso tomar? A de nunca ver ou falar novamente com esse homem. Mas lá está ele, a resposta a todas as perguntas sobre o que me deixa feliz. Não posso tomar essa decisão. Não quero cortar fora o que mais amo, mesmo que essa seja a "decisão correta". Quem sabe o que é certo? Eu certamente não sei.

E se eu tomar uma decisão diferente? Talvez possa decidir arrumar um namorado novo este ano. Está tudo muito bem, mas sem pensar num homem em particular, será que isso conta como desejo? O que mais... mudar de casa? Não sei ao certo se é a hora certa. Será que devo voltar a banir um homem que amo da mente e do coração? Sei que todos me diriam que essa é a decisão "correta". Dane-se essa história de tomar a decisão certa. Começo a chorar. Por que desistir do que mais amo por causa de um exercício idiota? Esta deveria ser uma parte alegre do seminário, e todos à minha volta estão entusiasmados. Atrás de mim está um homem que me disse que suas três grandes paixões são "ajudar as pessoas", "exercícios" e "alimentação" e que odeia seu emprego. Eu pergunto:

– Você já pensou em se tornar um *personal trainer*?

Ele me acha um gênio. Agora ele olha para mim com imenso interesse e me oferece lenços de papel.

– Estou bem – explico. – É que não quero chegar a uma decisão. – É hora de fazermos uma pausa para comer.

A garota perto de mim se chama Tish. Sei disso porque li seu nome no crachá. Ela segura meu braço e me leva para fora.

– Estou bem – digo, sorrindo para ela. – Só estou tendo um pouco de dificuldade com o processo. Sei a força que isso tem. Sou boa nisso: se tomo uma decisão, vou até o fim. Por isso sou muito cuidadosa com a decisão que vou tomar.

– Fiz este curso pela primeira vez em 1994 – ela diz com franqueza. – Por causa deste exercício decidi deixar meu primeiro marido. Sabia que ficaria mais solitária naquele casamento do que sozinha.

– Mas você não acha esse processo meio puxado? Não é um perigo se as pessoas tomarem decisões para as quais não estão prontas?

– Imagino que sim. Mas ele não está dizendo que decisão você deve tomar, está? Acho que muitas pessoas estão aqui porque estão prontas para grandes decisões. Tentei me matar no primeiro casamento e entrei em depressão. A única coisa que me impedia de me matar era o medo de me matar.

– Isso é muito engraçado. Woody Allen poderia ter dito isso.

– Sim, agora posso ver a graça da história. Graças a Deus ou ao capeta, sei lá.

– Posso imaginar você pensando: "Tomo comprimidos com uísque? Não".

– Era assim mesmo.

– E no que mais você pensou?

– Revólver.

– Onde você ia arrumar um?

– Nem o capeta sabe. E eu não conseguiria me enforcar.

– Por que não?

– Ia doer.

– Ia mesmo.

– Você tem que estar bastante comprometida com a ideia. De todo modo, não tive coragem e fiquei mais deprimida pelo fato de não ter forças para me matar. Uma amiga me arrastou para este curso e, apesar de estar apavorada, decidi largar meu marido. De maneira lenta, mas certeira, transformei minha vida. Conheci meu segundo marido, com quem estou casada atualmente, e temos um menininho de 4 anos.

– Caramba! Você parece um comercial do Anthony Robbins.

– Sim, o curso salvou minha vida. E quanto a você, já tomou sua decisão? Percebi que devia estar bem difícil.

– Não, não tomei uma decisão. Simplesmente senti tudo se desfazendo sob meus pés quando me convidaram a tomar uma decisão. É uma longa história. Mas e você? Tomou outra decisão?

– Sim. Decidi ter outro bebê.

Uau! Uma concepção preconcebida. Ela realmente tinha aproveitado o processo.

Depois da pausa para o almoço, nos prometeram o segredo da riqueza e da felicidade. Depois de duas horas ruins, voltei a meu eu cético e resistente. Mas assim que Tony começa a falar, volto a concordar com ele.

– O problema é que, no mundo todo, as pessoas só pensam em si mesmas.

Quem diria?! A Califórnia encontrou o Tibete. O dalai-lama ensina que toda a infelicidade do mundo vem de nos preocuparmos apenas conosco, e toda a felicidade vem de nos preocuparmos com os outros. E Tony está dizendo a mesma coisa. (Claro, isso exige bom senso. Você não pode se preocupar com os outros de um modo martirizante, como a garota do primeiro dia.)

– O verdadeiro teste da consciência é com quem você se importa. Quanto maior o número de pessoas com quem você se importa, mais você vai crescer.

Volto a amá-lo.

Algumas pessoas frequentam seminários, aplicam o ensinamento do "amai a si mesmas" do modo errado e terminam não amando ninguém. Como sempre, Tony é direto e simples nas soluções:

– Se você acha que tem problemas, vá e ofereça-se para alimentar os sem-teto durante um mês. Em pouco tempo você aprenderá quantos problemas você tem. Você deve estar pensando que essas coisas são óbvias, mas não são. Muitas pessoas só ajudam quem faz parte de seu núcleo familiar. Em minhas palestras, muitas vezes defendi quem não faz nada pelos outros por não achar que sejam necessariamente egoístas; na verdade, todos trabalham tanto para pagar as contas e manter um telhado sobre a cabeça que estão exaustos para ajudar estranhos. Mas pense nas pessoas mais felizes que vocês conhecem e posso apostar que elas fazem o máximo pelos outros. Uma senhora idosa, nossa vizinha, agora mora num asilo de idosos. Ela não tem família e poucos a visitam. Eu sou o único da antiga vizinhança que a visita, e só faço isso de duas em duas semanas. Por que estamos tão ocupados? Aonde isso vai nos levar?

Anthony está lendo meu pensamento.

– Nas próximas 48 horas, faça alguma coisa para um completo estranho que não possa lhe dar nada em troca. Se você for a um asilo, perguntar a um idoso qual lembrança ele não gostaria de esquecer e o fizer grato por isso você acha que ele se lembrará e apreciará sua visita?

Obviamente, todos concordaram.

– Não basta concordar. É preciso fazer. Muitos de nós estamos tão ocupados fazendo merda que nos esquecemos da doação, e então ficamos imaginando por que não somos felizes.

Enquanto penso nas desculpas que inventamos para nós mesmos, Anthony começa a falar sobre o amor, um dos meus temas favoritos.

– Existem diferentes tipos de amor. Há o tipo em que você o exige dos outros. Há também o tipo "toma lá, dá cá", em que você dá e calcula o que receberá em troca. Há ainda um terceiro tipo, quando você ama porque é assim que você é, e um quarto tipo, quando você ama mesmo quando sofre.

Embora um compatriota de Tony com um nome tolo, um tal Chuck Spezzano, tenha escrito um livro intitulado *If it hurts, it isn't love* [Se dói, não é amor].

Tony nos oferece a sua versão da regra de ouro:

– Trate as pessoas bem, mesmo se elas te tratarem mal.

Sempre fiz isso simplesmente porque ser bom para as pessoas que não são boas com você é engraçado; elas não esperam por isso e ficam confusas.

– Criem momentos mágicos com as pessoas.

Sussurrando ao microfone, ele conta a história de uma mulher que preparou para ele uma refeição simples de aniversário na casa dela e a serviu enquanto ele se sentava em um tapete à luz de velas. Ele diz que se lembra mais dessa refeição que de qualquer outra que tenha feito em um restaurante caro. Esses ensinamentos podem parecer óbvios, mas será que nos lembramos sempre deles?

Vocês já sentiram a alegria de ter sido amáveis com pessoas autoritárias insignificantes que lhes causaram dificuldades sem razão aparente? E Tony pergunta:

– Quando alguém é realmente desagradável com você, será que essa pessoa é necessariamente horrível?

– Não! – gritamos.

– Claro que não: ela só está num estado horrível.

A PNL tem um milhão de maneiras de interromper os estados horríveis das pessoas e fazê-las rir ou se sentirem melhor.

Há alguns dias, eu mesma tinha provocado uma mudança em uma completa estranha. A mulher que estava no que chamamos de "estado ruim" forçou a entrada no metrô. O vagão estava lotado, e ela levava sacolas demais. Sorri para ela, demonstrando simpatia.

– Eu estava na Top Shop – ela falou. – Na hora do *rush*. Nunca mais vou fazer isso. Ainda tenho que chegar em casa e mudar de roupa para uma festa, mas estou tão mal-humorada depois de passar pela Oxford Street que nem sei se quero mesmo ir. E ainda por cima o metrô está lotado.

– Você gostaria de mudar o seu humor? – perguntei.

– Acho que sim. – Estávamos naquela proximidade absurdamente estranha que você tem com completos estranhos no metrô.

– Diga-me alguma coisa pela qual você é grata.

Ela sorriu para mim. – Minha família.

Fiquei feliz por ela. – Seus pais estão vivos?

– Sim.

– Os dois?

– Sim, e estão com ótima saúde.

– Você é abençoada. – Eu não tive que fingir uma certa inveja. – Eu não tive pai e minha mãe morreu quando eu tinha 18 anos.

– Lamento.

– Está tudo bem. Foi há muito tempo. Mas é uma bênção incrível ter os pais vivos.

– É verdade.

– E você tem irmãos e irmãs também?

– Sim.

– Caramba! Não tenho irmãos nem irmãs. Você tem a maior riqueza.

– Sim. E me dou bem com eles. – Pensando neles, ela abriu um grande sorriso de gratidão.

Chegou a hora de descer. Ela tinha mudado o foco rapidamente.

– Obrigada. – Ela sorriu, percebendo o truque que eu tinha usado.

Retribuí o sorriso, enquanto ela desaparecia em meio à multidão.

De volta ao Excel, Tony diz que fiz uma coisa sensata.

– Vocês têm que decidir no que vão se concentrar, pois isso determina como vocês se sentem. O que está errado sempre está disponível para nós, e sabemos as consequências de nos concentrarmos nisso, não é?

Todos gritamos "Sim!" com vontade.

– A pergunta certa a fazer quando algo nos acontece é: "O que isso significa?" E a resposta é justamente o sentido que damos a isso. Qualquer coisa que "isso" signifique. – Ele continua com a energia de um dínamo. – Faça algo para um estranho. E faça algo que você sempre quis fazer para si mesmo, mas ainda não fez. – Para manter a energia no ar, entra uma música dançante e todos pulamos como se fôssemos adolescentes cheios de *ecstasy*.

Daqui a pouco, ele vai nos dar a próxima estratégia para ter uma vida incrível. Quando alguém extraordinário fala sobre estratégias de sucesso e felicidade, tem 100 por cento da minha atenção.

– Se você refletiu sobre seus objetivos e sonhos, e sobre a razão de querê-los, também precisa pensar em quem serão seus mentores, treinadores e guias. – Em seguida, resume de modo mais direto: – Se dormir com cães, você acordará com pulgas. – Nossa! – Você pode amar sua família, mas deve escolher seus pares.

Agora estou me sentindo um desastre duplo. Além de não ter família, também não tenho pares.

– Vocês precisam de pessoas que joguem o jogo da vida em um nível mais avançado que o seu. Vocês precisam de uma equipe que os desafie, e não uma equipe de apoio.

Isso é muito interessante, mas escrever é sabidamente uma atividade solitária. Não tenho quem me encoraje, incentive, ofereça opiniões ou conselhos. Fracassei sempre que procurei alguém assim. Amigos, sim; mentores, treinadores, guias de carreira, não. Será que as pessoas realmente contam com essas pessoas em sua vida? Tenho um agente que sempre me dá um único conselho: "Escreva seu próximo livro". E quando digo "Acabei!", ele me responde: "Já o reescreveu para que ele seja o melhor possível?". E se digo "Eu acho que sim", ele responde: "Então escreva seu próximo livro". Acho que não é isso que Anthony tem em mente.

Ele fala sobre criar relações.

– Pessoas gostam de pessoas que sejam como elas. A essas elas querem ajudar.

É muito bom classificar as pessoas em família, amigos, pares e mentores, mas tudo o que tenho são amigos, e a maioria vive espalhada pelo país. É a natureza do mundo moderno. Um número cada vez maior de pessoas trabalha em casa, e a maior parte de seus relacionamentos é virtual. E cá estou eu, buscando uma solução, e me sinto como se acabasse de ser lembrada da seriedade do problema.

Eles ligam a música de novo. Oh, Deus! É melhor dançar também. Todos parecem estar se divertindo. Eu danço. Anthony é maravilhoso, mas hoje não foi um bom dia.

Sento-me no metrô a caminho de casa e faço justamente o que ele disse para não fazer. Uso minha mente para pensar em coisas negativas e eliminar as positivas. Não tomei decisões nem tenho pares ou mentores. "Foi um dia cansativo", penso, e esqueço as partes boas. Está tudo ótimo para Tish, que decidiu ter um bebê. Mas será que ela já consultou o marido sobre essa decisão? E se eu decidir mudar de casa, não devo discutir isso com minha filha e saber como ela se sente? Sou uma péssima aluna. Já pulei o suficiente para cima e para baixo como um Zebedeu maluco.

Quando chego em casa, encontro um bilhete de Emily e Pierre: "Fomos ao clube. Provavelmente só voltaremos amanhã de manhã, depois de você sair. Obrigada por sair durante o fim de semana. Foi muita consideração sua. Divirta-se acordando às 6 de novo".

Faço um pouco de chá, entro no Facebook e informo aos meus mil amigos e leitores virtuais, a maior parte dos quais nunca vi, que "nos cursos de Anthony Robbins você pula um bocado para cima e para baixo". E vou para a cama. Dane-se tudo. Onde está meu Murakami?

O TERCEIRO PASSO

Ainda estou de mau humor na manhã seguinte quando, no trem, começo a conversar com uma garota que está lendo um manual de treinamento.

– Sou risologista – ela diz.

Imagino que ela seja uma dessas malucas que se costuma encontrar em cursos norte-americanos esquisitos. Às vezes, sou a pessoa mais preconceituosa do planeta.

– Você está estudando o riso? – pergunto sem pensar.

– Sim. Estou fazendo mestrado em psicologia do humor. Trabalho no Hospital Infantil Alderhay e estamos pesquisando técnicas de distração. Acreditamos que o humor pode baixar altos níveis de ansiedade e depressão. Quando fizer meu doutorado, serei uma doutora da alegria.

– O que por si só já é bastante engraçado.

– Acho que sim.

– E isso a deixa deprimida? – Excelente foco no positivo, Isabel. – Você sabe, assim como Spike Milligan? Você termina com o lado sombrio da experiência do palhaço?

– Não, porque decido ter um bom dia todos os dias. Como posso ter um dia ruim quando dou risada para viver? Me doo tanto para outras pessoas, e é contagioso.

Ela é um amor. Às vezes, sou uma tola cética.

– Isso se baseia no trabalho de Patch Adams?

– Sim. Sou uma grande admiradora do trabalho dele.

É incrível quantas pessoas interessantes você encontra em cursos como esse, penso.

A primeira sessão do dia é uma palestra de Anthony sobre ser excepcional. E foi. E ele é. E nós podemos ser.

Fico imaginando o que escrever no meu caderno. "Ele é um dos melhores comunicadores que já vi", ou "Ele é o melhor comunicador que já vi". É uma competição excelente. Outros que foram excepcionais são o teólogo Matthew Fox, o gênio e louco da PNL Richard Bandler e o dalai-lama. São palestrantes que fazem mais que apenas comunicar o tema com clareza e precisão: eles comunicam quem são. Matthew Fox inspira a alma; Bandler me faz rir até as costelas doerem; e o dalai-lama provoca um curto-circuito no cérebro e toca o coração antes mesmo de abrir a boca. O que Anthony Robbins está fazendo é nos ensinar com humor e provocação todos os truques. Não consigo sequer demonstrar que ele é bom, mas ele é fantasticamente irresistível. Há algo em sua presença que inspira.

– Qual é a diferença que faz a diferença na vida das pessoas? – Ele está falando sobre estratégias eficazes. – Ignorância não é bênção. Ignorância é sofrimento. Existem pessoas que querem perder peso e procuram a dieta de Atkins. É a estratégia errada, porque a Atkins fará você emagrecer, mas pela razão errada, e acabará com sua saúde. Você pode ter tentado de tudo, mas estar a milímetros de descobrir uma estratégia que funcione. As pessoas querem manter a paixão em seus relacionamentos, mas adotam uma crença que diz que ninguém pode manter a paixão num relacionamento durante trinta anos. Essa crença não vai ajudá-los a obter o que procuram. Se queremos manter nossos relacionamentos, precisamos encontrar pessoas que ainda estejam apaixonadas depois de trinta anos. Conheci um casal de cerca de 60 anos que não se largava e perguntei como eles mantinham a relação tão fresca. A mulher sorriu timidamente e disse: "Tentamos tudo uma vez e, se gostamos, fazemos de novo". As senhoras poderão lhes dizer, rapazes: 1 milímetro a mais ou a menos faz uma tremenda diferença.

Ele é engraçado e charmoso... eu já disse isso?

Em seguida, ele faz uma longa palestra sobre alguns aspectos da PNL e sobre o estudo dos botões. Temos botões visuais, sinestésicos, olfativos, gustativos e auditivos. Vocês sabem se seus parceiros ficam mais ligados se vocês sussurram seus desejos no seu ouvido direito ou esquerdo? Porque, assim como vocês, eles também têm uma preferência. O som da sua voz é mais importante para seus parceiros que seu visual? Nesse caso, eles gostam que vocês falem em tom de voz mais alto ou mais baixo? Vocês usam o timbre de voz para fazer as pessoas murmurarem ou para irritá-las?

– Isso é o que chamamos de submodalidades: pequenas coisas que controlam as emoções. Vocês não acham que poderiam se divertir muito mais descobrindo essas coisas?

Pode apostar! Eu adoraria passar o resto da vida aprendendo todos os modos de agradar alguém... Hum.

Voltando ao tema da paixão, ele diz:

– Casais me procuram quando a paixão abandona seu relacionamento e me pedem para trabalhar com eles, mas não tenho tempo de trabalhar com todo mundo. Por isso, dou a dica mais importante...

PRESTEM ATENÇÃO!

– Respirem juntos. Respirar ao mesmo tempo cria uma conexão inigualável. Quando quiserem fazer amor, lembrem-se de respirar juntos durante uma hora e meia, primeiro. Peço aos casais que tentem fazer isso durante algumas semanas e, se ainda estiverem com dificuldades, que voltem a entrar em contato comigo. Apenas um casal voltou até hoje.

Lembro-me de que, quando estudei sexo tântrico, eles diziam que a mulher devia conduzir, e o homem devia segui-la. Mas acho que, se vocês estiverem começando, a mulher deve tentar seguir o homem. De um jeito ou de outro, pode ser divertido tentar. Então, não estão felizes por terem comprado este livro? Caramba!, só essa dica já vale o preço.

Imagine um homem que lhe dá a melhor dica do mundo para chegar a uma intimidade maior. Por que mais homens não adquirem as técnicas e habilidades necessárias para encher a vida das mulheres que amam de alegria? Não porque "devam" fazer isso, mas apenas pela alegria. E por que as mulheres não fazem o mesmo? Ele conta uma ótima história sobre um homem que o procurou reclamando que a mulher estava querendo abandoná-lo. Ele confia a Anthony: "Nunca fiz nada para ela", e não entende por que ela o está deixando. Rá-rá.

Agora ele se empolga e nos encoraja a elevar os padrões em cada área de nossa vida.

– Acho que a maioria de vocês que tem filhos são bons pais. Se você é um bom pai, é quase certo que seus filhos usarão drogas quando forem adolescentes. Se vocês forem maus pais, eles terão problemas com a lei. Fico imaginando que a maior parte de vocês quer ser "excelente", mas percebe que isso não basta. Alguém lá fora aumentou as apostas. Por isso, ser excelente agora não vai resolver. É necessário ser extraordinário.

Oh, Deus. Como isso é verdade!

– Mas estou exausto – vocês dizem.

Ele está lendo minha mente de novo.

– Vocês precisam dedicar mais energia quando pensam que não há mais o que oferecer. Estão desanimados? Vocês apenas têm que se levantar novamente. Não se acomodem. Elevem o padrão. De agora em diante, faremos coisas extraordinárias.

Olho para os 8.000 estranhos ao meu redor, pessoas que estão sendo inspiradas a serem extraordinárias em cada área de sua vida. Olho para eles com admiração. Então, pulando para o lado negativo, subitamente odeio o *statu quo* do Reino Unido. As pessoas que estão aqui são suficientemente humildes para admitir que poderiam fazer algo com um pouco de inspiração. Muita gente que conheço nos meios de comunicação em Londres jamais pisaria num lugar como este. Aqueles que já são os melhores empreendedores não viriam aprender mais. E muitas dessas pessoas cínicas não são felizes. Muito poucas pessoas querem ser extraordinárias, muito poucas sentem felicidade e paixão em seus relacionamentos, ou pelo menos pensam em criá-los.

Emily e eu conversamos há algumas semanas sobre famílias felizes, algo que, segundo ela, não existe.

– Não seja ridícula – falei. – Claro que existem famílias felizes por aí. Milhões delas.

– Não, não existem.

– Existem. Garanto a você.

– Diga o nome de uma.

Vasculhei freneticamente minha agenda mental. Todas as famílias em quem pensei estavam destruídas, divorciadas, brigando. Mesmo alguns casais que estão juntos têm adolescentes usuários de drogas ou mães usuárias de antidepressivos. Conhecemos famílias cujos maridos têm casos extraconjugais constantes e todos sabem, menos as esposas. Emily tem amigos que odeiam os pais, amigos com pais alcoólatras e amigos cujos pais vivem o que chamo de "casamento de mentira", em que a alegria e a paixão se foram, lares onde as pessoas se toleram quando deviam se tratar com carinho. Não conhecemos pessoalmente nenhum exemplo de violência, mas também não vemos muito carinho. A pausa foi ficando cada vez mais longa.

– E então?

– Não consigo pensar em nenhum bom exemplo de família feliz entre nossos conhecidos, mas isso não significa...

– Então, caso encerrado.

Penso muitas vezes nessa conversa. Desde então, encontrei alguns exemplos. Tenho uma amiga, Anna, mãe de dois meninos, de 9 e 11 anos, que tem cerca de seis empregos e ainda trabalha uma noite por semana como voluntária na Childline. Ela, o marido e os dois meninos se respeitam e se amam de uma maneira única (a meu ver). O que fica evidente quando estou com eles é o modo respeitoso dos pais falarem com os filhos e, claro, o respeito que os filhos sentem pelos pais. Sem provocações, sem queixas ou gritos. Um ocasional acesso de raiva de um dos meninos é tratado com gentileza e firmeza pelos pais. Com um pouco de humor, o acesso logo passa. A maior parte do tempo, eles parecem deliciar-se no prazer de estarem juntos. De verdade.

Conheço uma família em Bristol, minha amiga Lela e o marido, ambos casados pela segunda vez, que por terem enfrentado tempos difíceis estimam-se muito. Com dois adolescentes, uma menina de 5 anos, outra de 1 ano e um cão perneta, é realmente uma casa cheia de alegria. Em minha última visita, a adolescente mais velha comentou sobre as irmãs menores: "Elas me fazem tão feliz!" É claro que eles têm problemas, como qualquer família, mas são problemas com o mundo exterior, não na família. Pensei em duas, mas conheço centenas de famílias. E o mais engraçado é que poderia encontrar esses dois casais num seminário como este, abertos a novas informações de qualquer fonte. Mas os casais das famílias infelizes e casamentos sem paixão não estariam aqui, pois pensam que sabem mais. Ou acreditam que não há solução, que são vítimas das circunstâncias.

Então: vocês estão com essas pessoas ou comigo e com Tony? Alguém está interessado em ser extraordinário?

Tivemos um intervalo e voltei ao normal. O que é bom, pois ele nos diz que estamos próximos do exercício mais difícil do seminário. Robbins planejou um método que chama de Processo Dickens, por causa da história de Ebenezer Scrooge em *Um conto de Natal*. Podemos dizer que Scrooge está meio paralisado. Acreditou que tinha que trabalhar duro para ganhar dinheiro. Por isso, sempre chegava ao escritório antes de todos e trabalhava até tarde. Não tinha amigos e só se preocupava com ele mesmo. Até que, para usar a expressão de Anthony, "três especialistas em condicionamento neuroassociativo aparecem em sua casa".

O que os fantasmas fazem é mostrar para Scrooge as consequências de ater-se às crenças e, em seguida, o que acontecerá se ele modificá-las. Eles criam o que Robbins chama de "alavanca". Continuam mostrando a Scrooge que ele "podia" e "devia" mudar. Se você se lembra, quando ele acorda dos sonhos, mal pode esperar para ser diferente: ajudar os outros, espalhar alegria pelo mundo. Agarrar a oportunidade.

Robbins está prestes a criar uma pequena alavanca em nossa vida, ai! Não é engraçado olhar para as crenças limitadoras mais entrincheiradas. Muitos de nós acreditamos em besteiras, como achar que não somos suficientemente bons, não somos dignos de amor, que amor só traz sofrimento ou que nunca teremos o que realmente queremos. Pessoas atraentes acreditam que não são atraentes, gente talentosa acredita que não é talentosa... e por aí vai. Isso é o que os budistas chamam *namtok* e o que Robbins chama de papo furado. Vocês estão se divertindo pensando em todas as coisas ruins sobre si mesmos nas quais acreditaram?

Apenas para aumentar um pouco mais o interesse, ele diz:

– Este processo precisa de um nível de coragem que muitas pessoas não têm.

Agora todos nós queremos passar pelo processo para mostrar que temos coragem.

– Seus pensamentos são controlados por seus valores e crenças. Mas quem escolheu suas crenças? Como elas se formaram? São muitas as fontes onde podemos adquirir crenças furadas. E não importa como elas se formaram. A questão é desafiá-las e, de preferência, acabar com elas.

Somos convidados a avaliar nossas crenças mais limitadoras e, embora me magoe admiti-lo, não tenho que pensar muito na minha. Com base em tudo que me aconteceu nos últimos anos, tenho medo de ficar sozinha para sempre. Tenho medo de encontrar minha "alma gêmea" (seja o que for que isso signifique), mas que não seja o meu "destino" (seja o que for que isso signifique) ficar com ela. Lembre-se de que estamos lidando com papo furado. Tenho uma maravilhosa e pequena crença limitadora: "Posso ficar sozinha para sempre". Vocês não estão felizes por não terem essa? Se tiverem – prestem atenção!

– Todas as crenças têm consequências. Quando você tem uma crença limitadora, automaticamente pensa no PIOR resultado dessa crença.

Por isso, agora temos que fechar os olhos e pensar nas consequências da crença mais limitadora que escolhemos. Isso não é legal. Robbins está nos impondo isso.

– Avance no tempo cinco anos e olhe para as consequências de ter se mantido nessa crença. O que ela faz para você?

Aqui estou eu, solitária, triste. Emily e outros amigos vivem em algum lugar com alegria, pessoas felizes, e eu em casa, preparando o jantar para uma pessoa.

– Quais são as consequências de manter essa crença para aqueles que amam você?

Oh, Deus, isso é doloroso. Vejo amigos lamentando por mim, e Emily se sentindo culpada quando pensa em mim. Em vez de ser a mãe inspiradora que poderia ser, sou uma criatura miserável, que ela nunca quer ver, e suas visitas são uma obrigação, e não um prazer. Os amigos não querem me convidar, e as pessoas não querem passar um tempo comigo. Quem quer passar um tempo com quem se sente miserável e se lamenta? É isso que manter uma crença como essa vai fazer comigo.

E ele continua: – Quais são as consequências para sua saúde e vitalidade?

Câncer, obviamente. Sabemos que, se somos infelizes o tempo todo, comprometemos nosso sistema imunológico e convidamos as doenças a se desenvolverem em nosso corpo.

Mas ele ainda não acabou. Agora pede que avancemos dez anos com essa crença furada. Eu penso: "Posso ficar sozinha para sempre" e me vejo com 50, 60, 70 anos indo ao cinema sozinha e voltando para uma casa vazia e triste todas as noites.

– Coloquem-se nesse lugar e sintam os resultados dessa crença em todo o seu corpo.

Deus! é uma agonia. Meu corpo se enrijece, falta-lhe circulação e flexibilidade, meus ombros estão levantados e tensos, meu pescoço dói, me sinto travada, seca, presa. Estou em pior estado que Ebenezer Scrooge.

– Agora aumentem a intensidade dessa experiência – ele insiste. – Vejam onde essa crença furada os levou. Aumentem a intensidade 100 por cento agora.

Na sala, algumas pessoas começaram a chorar, gemer e gritar. Faço um ruído estranho que não sei identificar. Parece o som do desespero.

– Agora levem essa crença mais adiante ainda. Aumentem a intensidade...

Ele segue em frente, sem piedade. Por quanto tempo? Não tenho ideia. Talvez vinte ou trinta minutos. É doloroso, mas não vou abandonar o exercício. E me forçarei a não me esquivar e a encarar as consequências de acreditar em papo furado.

Finalmente, quando ele nos levou ao máximo que podíamos aguentar, e um pouco além para alguns, ele nos tira desse estado.

– Balancem o corpo, tomem um copo d'água e voltem ao presente.

Em seguida, ele nos ensina um bem-estar sublime.

– A verdade é o oposto exato disso em que vocês acreditam. Pensem nisso.

A primeira coisa que percebi foi que, sem dúvida, não estou sozinha. Há 8.000 pessoas ao meu redor. Sozinha eu não estou. Isso me faz sorrir.

Além disso, será que alguma vez estamos realmente sós? Isso tudo não está na nossa cabeça? Mesmo estando fisicamente sozinhos, não levamos conosco todos os que amamos e todos os que nos amam? (Para não falar da perspectiva mais espiritual de que somos um.) Não existem sempre muitas pessoas prontas a nos amar e muitas que podemos amar, se quisermos? Assim como Scrooge descobriu? Mesmo se nunca estiver com o homem que eu teria escolhido, não é possível ter muitos outros namorados ou conhecer alguém com quem seja mais feliz do que se estivesse com aquele homem? Não posso viver com amigos? Não posso encontrar alguém que tenha uma família com mãe, pai, irmãos, irmãs e filhos? A verdade, como Robbins indica, é que sou profundamente amada e admirada por muitos, e as chances de ficar sozinha são realmente muito pequenas. Está tudo na minha cabeça, no que escolho acreditar.

– Escolha uma nova crença. Você pode ter certeza de que é o exato oposto do papo furado que você tinha antes. Você sabe que esta é a verdade.

Escolho "Nunca ficarei sozinha" e sorrio, olhando ao redor na sala. Em seguida, ele nos leva para a segunda viagem.

– Fechem os olhos e vejam como vocês estão com essa crença.

Fecho os olhos e penso em todas as pessoas que me amam. Penso em todos os que me dizem que me amam. Uma fileira de rostos amigos e de pessoas amadas se forma na minha mente. Sorrio e agradeço-lhes pelo amor que sinto por eles e pelo amor que sentem por mim.

Como Scrooge, olho para aqueles que me amaram no passado, aqueles que me amam agora e os que eu sei, sem sombra de dúvida, que vão me amar até o fim da vida e mais além, se for possível.

– Pensem como a vida será daqui a dez anos com essa crença.

Vejo muitas pessoas ao meu redor, quem sabe um novo companheiro, uma nova família além da minha filha, e quem sabe uma família para ela também. Talvez, nos feriados estejamos todos juntos.

– Pensem nas consequências dessa nova crença para aqueles que você ama.

Eles terão uma amiga que lhes é grata. Estarei permanentemente concentrada nas bênçãos que recebo. Gratidão e alegria permearão minha vida e transbordarão para as outras pessoas. Serei alguém com quem gostaria de conviver.

– Pensem nas consequências dessa crença para a sua saúde.

Eu me vejo dançando, fazendo ioga, andando de bicicleta, nadando, mergulhando, em melhor condição física do que tenho hoje. Sinto a tensão sendo drenada de cada músculo.

– E então? – ele pergunta. – Vocês querem manter a crença no papo furado? Querem lutar por ele? Vocês têm escolha! – Ele está gritando. – Vejam onde estão agora. Se pudessem devolver a carta que a vida lhes ofereceu e pegar outra, vocês pegariam uma carta diferente? – Eu não, penso. – Lembrem-se de quem vocês são!

Isso sempre me chamou a atenção. Mesmo com dúvidas, medo e hesitações, tenho certeza absoluta de que amo a humanidade e convicção de que posso melhorar a vida das pessoas. Todos nós podemos fazer a diferença.

– Vocês estão prontos para dar mais um passo?

– Sim! – gritamos.

Ele tem uma série poderosa de frases que devemos repetir como um cântico: "Agora eu sou a voz", ou "Eu sou o criador da minha vida". Elas são úteis para alguém que internalizou vozes negativas, que às vezes falam mais alto que nossa própria voz.

– Agora eu sou a voz.

Em coro, 8.000 pessoas repetem:

– Agora eu sou a voz.

– Vou liderar em vez de obedecer. – Não se trata de seguir Anthony Robbins, porque ele vai embora na terça-feira.

– Vou liderar em vez de obedecer.

– Vou acreditar em vez de duvidar.

– Vou acreditar em vez de duvidar.

– Vou criar em vez de destruir. – Amém para isso.

– Vou criar em vez de destruir.

– Sou uma força do bem. – São 8.000 pessoas sendo programadas para se tornar uma força do bem. Não é um pensamento excelente? Atitudes espontâneas de bondade vão se disseminar fora do Excel.

– Sou uma força do bem.

– Eu sou um líder. – Ele se refere a nós, claro. Em breve saberemos se outros querem seguir.

– Sou um líder.

Será que estou fazendo justiça a esta cena? Imaginem 8.000 pessoas gritando, com as mãos levantadas, e prometendo assumir a responsabilidade pela própria vida. Se algum de vocês é cínico, estará pensando que isso tudo é falatório, bobagem ou coisa pior, algo perigoso como Hitler, provocando entusiasmo e manipulando as massas. Bem, posso lhes fazer uma pergunta: será que as massas podem ser levadas a tomar boas decisões, e não só más? Será que as multidões podem ser inspiradas, e não sofrerem apenas uma "lavagem cerebral"? Ou será que esse tipo de trabalho é inerentemente suspeito? Bem, vocês têm que confiar em mim em relação a isso. Acho que não, não estou nem um pouco histérica. Tenho plena consciência da dinâmica da multidão e estou me divertindo.

– Arrisquem-se!

– Arrisquem-se! – grito com alegria, junto com os outros.

– Estabeleçam um novo padrão.

Gosto particularmente desta. Padrões de felicidade, saúde, amor, carinho, honestidade, ligação, alegria e todas as coisas boas costumam ser TÃO baixos! Um novo padrão é necessário. Mesmo que isso signifique pôr o relógio para despertar uma hora mais cedo.

– Estabeleçam um novo padrão.

– Deem mais um passo!

– Deem mais um passo!

– Mais um passo!

– Mais um passo!

– MAIS UM PASSO! – É como se ele estivesse dizendo: "Você quer dar mais um passo?" Nós queremos. Vocês podem gritar isso para si mesmos agora caso sintam-se inclinados a surpreender quem estiver ao alcance do grito.

– MAIS UM PASSO!

Temos um intervalo, mais dança e então ele me impressiona de novo. É como se esse fogo estivesse incendiando cada aspecto da minha vida. Agora o passado deve ser purificado.

Estamos de pé, com os olhos fechados. Ele nos convida a nos imaginarmos de pé numa linha do tempo. É uma linha onde o passado se estende numa direção e o futuro em outra. A maioria das pessoas vê o futuro à frente e o passado atrás. Por alguma razão, vejo o futuro numa diagonal à minha direita e à frente, e o passado numa diagonal à minha esquerda e atrás. Temos que nos imaginar numa pequena bolha voadora, que podemos acionar com diversas alavancas. Uma música divertida começa a tocar, e somos convidados a levar a bolha para um giro. Nunca voei de "helibolha", e é engraçado segurar a caixa de câmbio e fazer a bolha subir e descer, ir para a direita e esquerda ou girar em círculos. Um pouco de imaginação pode criar coisas engraçadas. Depois, quando terminamos de brincar, somos convidados a voltar com a bolha ao longo da linha do passado.

– À medida que vocês voltam no tempo, perceberão que algumas das memórias são nítidas e em cores, enquanto outras estão borradas e algumas têm uma cor negra. Provavelmente existem coisas que vocês não querem ver. Por isso, não se preocupem em olhar para elas. Percebam que existe uma seção de sucção, por onde vocês podem sugar para dentro da bolha todos os vídeos negros antigos. Façam isso agora. Certo. Agora os vídeos estão com vocês, mas vocês não têm que exibi-los. Apenas façam eles passarem por uma máquina especial que há na bolha, para que vocês possam recuperar tudo o que aprenderam nessas experiências, todas as lições positivas que tornaram vocês sábios e fortes.

Obedientemente, coloquei os vídeos na máquina – clique, cleque, clique, cleque.

– Agora vocês têm uma rampa, por onde todos os vídeos negros podem deslizar para fora da bolha. E agora vocês vão sair da bolha e queimá-los.

Meu cérebro para por um momento, fazendo uma objeção: "Um minuto. Não quero queimar as lembranças desagradáveis e esquecidas. Pelo contrário, quero abraçá-las, aceitá-las e integrá-las". Mas, como salvamos as lições aprendidas, sigo as instruções, escolho um maçarico e queimo todas elas. É engraçado. A música divertida continua tocando.

– Terminaram? Certo, agora voltem para a bolha. Quero que vocês continuem voltando na linha do tempo até a época em que eram muito jovens, talvez antes de terem nascido, e quero que olhem para uma memória que não está lá, mas vocês gostariam que ela estivesse em cores vivas. Inventem alguma coisa.

Hum. Muito bem, algo que não está lá e eu gostaria que estivesse. Quero ver minha mãe e meu pai se beijando quando se encontraram em Paris cerca de doze meses antes de eu nascer. Sim, isso parece divertido.

– Agora outra pessoa que vocês não veem, mas gostariam de ver. Vocês percebem que sobrou muito espaço depois que retiraram as lembranças antigas e negras. Portanto, pensem em alguma coisa para ocupar esse espaço.

Estou criando memórias? Não é estranho? Muito bem, sou um bebê sendo expulso do quarto principal.

– E outra.

Bem... mamãe e papai estão em casa, à noite, sem fazer nada. E vovó estaria lá também, com seu marido. Então o vovô estaria lá também.

– E outra.

Que tal um pai cuidando de minha mãe? Um pai que ajudasse a pintar a casa, aparar a grama, lavar o carro. Assim como nos velhos livros infantis. Coloquei essas memórias inventadas no lugar.

A música divertida continua tocando.

– Agora acrescentem mais coisas. Vocês têm muito espaço.

Olho para as novas memórias que criei e percebo que todas são lembranças de minha falecida mãe. E em todas ela está sendo bem cuidada.

Resolvo criar algumas para mim também. Meu pai está me levando ao zoo; numa terça-feira, ele está me levando para a escola no seu carro engraçado; agora estou andando na garupa dele; agora ele está me ouvindo com atenção porque tive um dia horrível na escola; agora ele está me ajudando a consertar a bicicleta; e lá vem ele para ver uma apresentação na escola e me aplaude porque dancei bem com as novas sapatilhas de ponta. Não é legal? Já que posso inventar o que quiser, vou fazê-lo me acordar no dia do meu aniversário. Minha mãe (os dois continuam carinhosos, claro) comprou um filhotinho de boxer com uma carinha de maluco. Sim, este é um bom jogo.

– Agora quero que vocês olhem para todas essas memórias, todas muito bem arrumadas no lugar, e as cubram com um brilho dourado. Salpiquem-nas com pó de ouro.

Posso fazer isso. Viva! Minha criança interior de 6 anos ainda está brincando quando ele diz:

– Agora quero que vocês tragam a bolha de volta para o presente e, olhando para todas essas memórias que ficaram para trás, se perguntem como se sentiriam agora se esse tivesse sido o passado de vocês?

Olhando para essa versão invisível do meu passado, meu queixo cai, literalmente. Se esse tivesse sido meu passado, eu me sentiria sensivelmente diferente. Não posso acreditar. Alguma coisa dentro de mim seria diferente, sutil, mas profunda. Podemos mudar o modo como nos sentimos reprogramando nosso passado? Ou, percebendo como certos fatos nos influenciaram, podemos imaginar outras versões de nós mesmos com experiências diferentes? Aqui estou eu experimentando a diferença que teria feito para mim ter alguém que cuidasse de minha mãe para que eu pudesse descansar. Todo o meu corpo se sente diferente, como se eu pudesse me livrar de algum fardo invisível. Subitamente, percebo não há nenhum sentimento de perda no passado. Como é que não entendi isso depois de mais de uma década de trabalho de conscientização.

Em algum canto do salão, Anthony diz:

– Agora levem sua bolha mais adiante.

Mas continuo parada, de olhos abertos, girando na diagonal à minha esquerda para olhar para as fitas invisíveis. Por que não entendi isso? Por que não vi o que faltava e o que essa falta fez comigo? Se esse fosse o meu passado, eu não teria acreditado no papo furado de que ficaria sozinha para sempre. Eu desenvolvi essa crença porque a perda estava lá, no passado. Se esse fosse o meu passado, eu não teria me esforçado tanto. Eu me tornei uma figura de desenho animado com pontos de exclamação pairando sobre minha cabeça. É inacreditável como não percebemos coisas óbvias sobre nós até sermos forçados a refletir sobre nossa vida!

Robbins está levando as pessoas para o futuro, mas não posso me juntar a elas... estou muito ocupada tentando alcançar o presente e localizar a mudança que ele causa em meu corpo. Não esperava isso de um seminário de Anthony Robbins. Motivação, sim, eu esperava. Imaginei que ele fosse me fazer levantar o traseiro do lugar, sair correndo e todas aquelas coisas sobre objetivos e estratégias. Sim, esperava tudo isso. Mas novas informações, algo que não percebera antes, mudança profunda, mas sutil? Em um seminário?

Ele traz as outras pessoas de volta do futuro em suas bolhas. E, quando as bolhas aterrissam, ele sorri.

– Gostaram? Lembrem-se do velho ditado: nunca é tarde para uma infância feliz.

E assim terminou mais um dia. Fiquei imaginando o que ele poderia nos ensinar na segunda-feira.

Em casa, Emily e Pierre estavam dormindo enrolados como se fossem pequenos coelhos, com todas as portas abertas para que eu pudesse vê-los e dizer "Ahhhh" para mim mesma. Para completar a cena, Smudge, o gato do vizinho, também estava enrolado na cama deles.

Estou exausta, mas feliz. Vou para o quarto e, pouco depois, estou enrolada e feliz na cama, contemplando todas as coisas belas, sábias e verdadeiras. E carinhas de filhotes de boxer.

O quarto passo

O elemento fogo se relaciona à energia, algo de que você vai precisar se está buscando seus objetivos. Assim sendo, a segunda-feira é um dia sobre saúde, dieta e exercício, menos extraordinário, mas intensamente prático e fácil de aplicar. O método de Anthony se baseia em toneladas de senso comum, fruto de sua experiência pessoal. Ele tem a própria equipe de pesquisa, que está constantemente pesquisando quais alimentos geram o máximo de vitalidade e por quê. Quando acha que está errado, ele diz. Em um de seus livros, ele recomendava não comer nada além de frutas até o meio-dia, mas agora não pensa mais assim.

Ele diz que, se você ler um livro escrito por um médico nutricionista muito qualificado, com todos os fatos "demonstrados cientificamente", pode ler outro, escrito por outro médico igualmente famoso, que vai chegar a conclusões contrárias. O que fazer? Você aprende experimentando e vendo o que funciona para você. Ele nos convida a experimentar suas sugestões por um período de dez dias.

– Ou trinta dias, se você estiver realmente interessado.

Claro que, no mesmo instante, eu me comprometo a seguir suas recomendações por trinta dias, mesmo antes de saber quais são.

Tony e seus auxiliares caminham enquanto falam. Eles parecem extremamente saudáveis, e Tony fica mais de dez horas por dia no palco. Essa energia certamente não vem de algo artificial. Por isso, quaisquer que sejam os vegetais que ele anda consumindo, quero um pouco deles para mim.

Como sempre, tudo é ensinado com humor: vídeos e histórias. Ele parte da premissa de que merecemos ser saudáveis. Se mantivermos nosso corpo com saúde e nosso sistema imunológico forte, a doença não vai nos destruir. Quando apanhamos uma gripe ou um resfriado? Quando ficamos sentados no sofá muito tempo, enchendo o organismo de comida que não nos faz bem, principalmente entre o Natal e o ano-novo, quando nos sentimos estressados, porque o Natal nunca é como "deveria" ser. Nessa época, bebemos e comemos demais, e não nos exercitamos. Ele nos diz que nos EUA é comum chamar as gripes de "Xangai A" ou "Hong Kong B", como se os comunistas fossem responsáveis por elas, e não porque os americanos não se levantam do sofá.

Ele tem uma enorme fé no oxigênio. Se você fuma, está destruindo sua saúde, sua energia, e cometendo um suicídio lento – resolvi citar isso caso você não leia o que está escrito nas embalagens de cigarro. O oxigênio é essencial para a saúde, e precisamos ter oxigênio suficiente para alimentar nossas células sanguíneas diariamente. Precisamos de exercícios aeróbios, e não de anaeróbios. Em outras palavras, se você está correndo tão rápido que não consegue conversar com a pessoa ao seu lado, suas células podem terminar com menos oxigênio quando você precisa de mais. Ele diz que "sem dor, não há ganho" é uma falácia. A dor em geral é sinal de que estamos fazendo algo errado, e ele recomenda que nos exercitemos de modo totalmente agradável. Viva!

Será que tenho que lembrar a vocês as consequências da falta de exercício? Acho que não. Mas, obviamente, baixa energia, insônia e apetite sexual diminuído, essas três coisas devem ser suficientes para nos fazer sair de casa. Uma amiga sofre de insônia há muitos anos, nunca se exercita e insiste em que uma coisa não tem nada a ver com a outra. Engraçado... ela pode estar certa, mas não a vejo treinando para um triatlo para testar sua teoria.

Ele também acredita em beber água, nos ácidos graxos essenciais corretos, em grama de trigo (eca!) e, basicamente, em uma dieta alcalina. Gosto disso; tentarei qualquer coisa para aumentar meus níveis de energia. O curioso em relação aos alimentos que se tornam alcalinos, e não ácidos, dentro do corpo é que eles contrariam nossa intuição. Suco de limão, por exemplo, que eu imaginaria ser ácido, na verdade se torna alcalino no corpo. O pão, um alimento que acreditaríamos ser alcalino, se torna ácido.

Ele nos dá listas de coisas que descobriu que funcionam: comer muitas verduras, tomar enzimas digestivas para auxiliar a assimilação dos nutrientes dos alimentos, ingerir lactobacilos acidófilos (os "germes" bons de que precisamos no intestino), antioxidantes e um bom multivitamínico uma vez ao dia, além de suplementos para condições específicas. Ele recomenda uma limpeza alimentar completa (conhecida como programa de "desintoxicação") pelo menos duas vezes por ano. Sinto uma certa culpa, pois nunca fiz um programa de desintoxicação na vida. Para ele, isso é como confessar nunca ter limpado a casa.

Ele sabe lidar com todos os resmungos, queixas e ceticismo. Anthony nos faz cruzar os braços, balançar a cabeça e dizer: "Eu não acho", algumas vezes. Então, mais uma vez, mas agora dizendo: "Eu não acho... espera aí, talvez eu possa aprender alguma coisa nova aqui".

Ele está dando este seminário junto com um colaborador, Joe McClendon, um rapaz negro dinâmico e bonitão que já fez várias aparições durante o fim de semana e, em breve, vai dirigir os próprios cursos no Reino Unido e na Europa. Quando eles terminam de dizer o que recomendam, começam a dizer o que não recomendam. Suspiros.

– Vocês não devem comer carne.

Ouvimos histórias sobre o que se põe na carne, que nos fazem encolher, gemer, rir e enjoar. Vocês sabem o que dá o sabor à carne? É o ácido úrico. Xixi, em outras palavras. Como sabemos disso? Porque a carne *kosher*, da qual, obedecendo leis religiosas, a urina é retirada junto com o sangue, não tem gosto. Vocês sabem o que torna a carne macia? O início da decomposição.

Ele acrescenta: – Se você tem que comer carne, tenha certeza, pelo menos, de conhecer a fonte, de que a carne venha da pecuária orgânica, criada sem antibióticos, de que seja *kosher* e local, e de que os animais sejam tratados de modo humano.

– E quanto às galinhas? – pergunta alguém. Ele exibe um vídeo que mostra como as galinhas são abatidas e preparadas para a venda: imagens que todos lembraremos se cairmos na tentação de comer galinha novamente.

Peixe? Bem, Anthony, diz:

– Durante toda a minha vida nunca comi nada que tivesse rosto, mas recentemente fui aconselhado a ser um pouco mais flexível. Se você tem que comer peixe, coma os menores, por causa dos níveis de poluição e de mercúrio presentes em peixes maiores, como o atum. Mais uma vez, informe-se sobre a fonte e se a pesca é sustentável. Alguns peixes podem fazer bem.

A lista de alimentos não recomendados continua a crescer: sem leite e seus derivados.

– Por que bebemos uma substância que serve para os bezerros? Quer dizer, não faz sentido. Pela proteína? Você sabe qual a porcentagem de proteína contida no leite humano?

Lembrem-se de que o leite materno serve para um período em que precisamos da quantidade máxima de proteína. Pensem um pouco e adivinhem. A resposta está no fim do capítulo, e vocês poderão ver se estão corretos.

O que importa é que concordei com trinta dias sem laticínios. Ele continua. Claro, sem nicotina. Como não sou fumante, isso não me perturba. Sem drogas, também, mas não tomo nem as que são vendidas em farmácias. Afinal, sou vegetariana. Mas a lista continua. Sem "refinados": pão branco, arroz branco, pizza, açúcar, batata. Por que não? Obviamente, todos esses alimentos têm alto teor de carboidratos e, portanto, "elevam" os níveis de açúcar no sangue. E ele ainda menciona mais um: vinagre. Vinagre contém ácido acético, que afeta o fígado tanto quanto o álcool; também engrossa o sangue e interfere na digestão do amido. Finalmente, o que eu temia: sem café.

– Que merda! – exclamei em voz alta.

– É apenas por dez ou trinta dias – fala o meu vizinho. Hum. É verdade, mas Robbins certamente espera que cada um de nós tente essas coisas, descubra que se sente melhor e continue. Isso, porém, é radical. Será que posso comer de 70 a 80 por cento de alimentos formadores de álcalis? Bem, posso tentar durante trinta dias.

E isso é tudo: dicas saudáveis e de energia durante o resto do dia e um livro de 152 páginas sobre energia vital para lermos em casa. O estranho, não, o extraordinário é que estou realmente ansiosa para chegar em casa e começar. Peguem o equipamento de escalada, estou quase saindo do buraco.

Sei o que todos os céticos estão pensando. Vocês estão pensando: "Mas isso funcionou? Quanto tempo? Foi chato?" Bem, enquanto escrevo este texto já se passaram nove dias do seminário. Fui abençoada com uma filha que, quando digo "Vou comer brócolis cozidos no vapor com suco de limão e azeite de oliva no café da manhã. Você quer um pouco?", ela responde com entusiasmo: "Sim, por favor". Não é normal, eu sei. Sempre fomos adeptas de "comida de coelho": muitas verduras, alface, espinafre, couve, repolho, tudo isso. Assim, não impus uma nova dieta maluca a ninguém. Apenas comecei a comprar muitos vegetais verdes e a comê-los no café da manhã, no almoço e no jantar.

As receitas recomendadas por Robbins incluem muito abacate, que eu adoro. Não costumava comer muito, porque acreditava que o teor de gordura era muito alto, mas, de acordo com esse regime particular, a gordura do abacate é boa. Ele também liberou *homus*, tabule, *falafel* e sopas fantásticas, e, para meu espanto, estou gostando. No outro dia, tive uma experiência única. Viajando para Bristol, cheguei um pouco cedo à estação de trem. Durante dez anos, tomei um café com um *croissant* antes da viagem, mas descobri um quiosque na estação de Paddington que vende sopa fresca! Radical, hein? Estou impressionada por descobrir que é mais gostosa que o café. Já comi uma imensa salada verde no café da manhã – e o resultado disso é que, depois de eliminar tanta coisa, estou comendo melhor que nos últimos anos.

Não gosto de tomar suco de grama de trigo (Robbins recomenda 56 gramas por dia), mas, se vocês a tomarem como uma injeção, seguida de um copo de suco de laranja fresco, podem consumir esse negócio sem ficar enjoados. Já tentaram? É uma bebida repulsiva. Na verdade, é horrível, mas aparentemente faz maravilhas: dos 102 minerais existentes na Terra, 92 são absorvidos pela grama de trigo. Isso sem mencionar os aminoácidos, as vitaminas, as enzimas e a clorofila que ela contém. Eu ainda a odeio, mas tomo sempre que posso. Estou ingerindo lactobacilos acidófilos, que realmente fazem maravilhas. Bem, não vou entrar em detalhes... apenas tente consumi-los. Eles têm que ser frescos e mantidos na geladeira. Se não estiverem na geladeira, não são os legítimos, portanto, vocês os encontram em lojas de produtos naturais, e não em farmácias. Ainda não comprei os ácidos graxos essenciais, mas chego lá. E vocês, têm tomado um comprimido de multivitamínico de boa qualidade? Por que não? Vocês acreditam que sua dieta é perfeita? Saiam, comprem um multivitamínico e comecem a fazer a dieta.

É mais fácil acordar cedo para correr. Comecei a tocar piano todos os dias e a fazer um pouco de ioga. Uma manhã cheguei a acordar às sete e meia e fui patinar em Battersea Park. Esse não é um comportamento normal para mim. Telefonei para amigos com quem não falava há muito tempo. E quase enlouqueci minha filha por dançar muito e cantar no chuveiro.

– Sinto muito. Eu avisei que poderia me tornar insuportável durante algumas semanas depois do curso.

– Sim, mas é razoável essa cantoria no chuveiro às sete da manhã? Não dá para tocar piano depois das oito e meia? – ela suspira, enquanto corto um pouco de espinafre. Mas, embora ela ria de mim, tenho uma leve suspeita de que gosta de mim assim. Quando voltei de Bristol, ao vê-la com saudade do namorado e carrancuda, perguntei: – Você quer sair?

– O quê?

– São oito e meia. Podemos pegar a sessão das nove. Você gostaria de ver algum filme?

– Bem, sim, mas você acabou de chegar. Não está cansada?

A verdade era que não estava nem um pouco cansada, embora não tivesse parado há mais de doze horas. Saímos. Na manhã seguinte, fui à casa de um amigo para ajudá-lo a tirar as coisas velhas de casa e trabalhamos durante doze horas com um intervalo de trinta minutos para o almoço. Ele estava cansado e eu não, mesmo tendo chegado à uma da manhã. Assim, até agora, está tudo indo bem. Pode ser que o efeito se perca, mas acho que não. Robbins disse tantas vezes: "A vida nunca mais será a mesma".

"E agora?", você deve estar se perguntando. Depois de sair do buraco e ter tomado muito suco de grama de trigo, guiada apenas pela crença na bondade, é tentador sair pulando pela rua como uma figura de desenho animado para "ajudar" a primeira pessoa perdida que aparecer, que talvez não precise nem queira minha ajuda. Agora, precisamos adquirir um pouco de sabedoria nova. E há modos antiquados de fazer isso. Já me ensinaram a importância de movimentar o corpo e pular. Agora tenho que aprender a ficar em silêncio.

P. S.: O leite materno tem apenas 2 por cento de proteína.

O terceiro elemento – Madeira

Abrigar a alma – controlar o julgamento –
o amanhecer – novo crescimento –
estratégia – dar direção à vida – olhos

Em silêncio – Retiro silencioso de dez dias

Um dia antes de viajar, eles me enviaram o programa. É o mesmo para todos os dias.

4h: Sino matinal para despertar
4h30-6h30: Meditação no salão ou no quarto
6h30-8h: Intervalo para o café da manhã
8h-9h: Meditação em grupo no salão
9h-11h: Meditação no salão ou no quarto, de acordo com as instruções do professor
11h-12h: Intervalo para o almoço
12h-13h: Descanso e entrevistas com o professor
13h-14h30: Meditação no salão ou no quarto
14h30-15h30: Meditação em grupo no salão
15h30-17h: Meditação no salão ou no quarto, de acordo com as instruções do professor
17h-18h: Intervalo para o chá
18h-19h: Meditação em grupo no salão

19h-20h15: Discurso do professor no salão
20h15-21h: Meditação em grupo no salão
21h-21h30: Perguntas e respostas no salão
21h30: Recolhimento ao quarto; apagar das luzes

Havia uma razão para eu acreditar que essa seria uma boa ideia, mas agora, ao ler o programa, simplesmente não consigo me lembrar de que razão era essa.

Movimentar-se, segundo me disseram, não é permitido. Essa é a técnica *vipassana,* e eu a escolhi por causa de um amigo que fez o curso e disse: "Eles não chateiam". Ele me disse que sentia uma forte dor por ficar sentado tanto tempo. Outra amiga comentou que, nesse curso, ela teve a primeira experiência "fora do corpo", que atribuiu ao desejo frenético de fugir da dor. Eu nem estou lá ainda e já quero me rebelar. "Qual o problema com o movimento?" É o mesmo movimento que Anthony Robbins diz ser tão importante para manter mente e corpo saudáveis. Nesse momento, estou amando Anthony Robbins... e queria fazer sexo com ele. E me mexer muito.

Claro, sexo é outra coisa que eles não permitem. Mas levam a questão mais adiante: não deve haver "contato físico entre pessoas do mesmo sexo ou de sexos opostos". Pergunto-me como um aperto de mãos pode ser erótico ou causar distração. Esperava buscar inspiração no crescimento flexível e delicado da madeira, e não me tornar um galho seco.

E ainda tem mais: devemos nos esforçar ao máximo para não distrair os outros ou sermos distraídos por eles. Isso significa ficar dez dias sem fazer alguém rir. Existem milhões de modos de fazer as pessoas rirem sem falar: inclinar a cabeça, levantar uma sobrancelha, posicionar o garfo de certa maneira. Terei que me controlar para não fazer essas bobagens. As instruções dizem: "Os estudantes devem cultivar o sentimento de que estão trabalhando em isolamento". Ótimo. Isolamento. Para uma escritora. É do que mais preciso.

Falando em ser escritora, a lista de coisas que não são permitidas no curso, que inclui agentes tóxicos, drogas, remédios para dormir, tranquilizantes, tabaco, computadores, tevê, rádio, música, câmeras, celulares ou *pagers*, alimentos trazidos de casa, objetos religiosos ou espirituais de qualquer tipo e livros, também inclui material de escrita. Eles estão tentando me tirar o único pedaço de madeira do qual sou realmente dependente... o lápis. Sendo uma escritora que vai tentar compartilhar minha experiência nesse curso com vocês, como vou me lembrar de dez dias de experiência? Normalmente, não lembro nem em que dia da semana estou, e nem o que fiz há oito dias. Terei que quebrar as regras. Eles não estão facilitando as coisas para mim.

Essa bobagem de imobilidade deve ter sido concebida por um homem. Nenhuma mulher com metade do cérebro e menstruações criaria uma disciplina espiritual que envolvesse ficar completamente imóvel por tanto tempo. Já sofremos o suficiente com nosso corpo, não é? Sim, essa deve ter sido uma ideia masculina maluca. Algum homem, preocupado com o fato de o pênis estar levando a melhor sobre ele, concebeu esse negócio como uma maneira de suprimir o órgão que lhe criava problemas. Faz sentido, não é? As mulheres sentem dor todos os meses, por que precisariam de mais? Não, elas sabem que a dor tem benefícios duvidosos. Faz a gente se sentir inútil e sem vontade de fazer as tarefas necessárias.

De acordo com as informações do curso, *vipassana* é uma das técnicas de meditação mais antigas. Há muito perdida, ela foi redescoberta por Gautama, o Buda, há mais de 2.500 anos. A palavra "*vipassana*" significa "ver as coisas como elas realmente são". É o processo de autopurificação pela auto-observação. Autopurificação? Não disse que isso era coisa de homens que não estavam satisfeitos com seus pênis? Eu queria saber o que a mãe de Buda diria sobre tudo isso. Quer dizer, enquanto ele estava debaixo de uma árvore se purificando, aposto que ela tinha uma prateleira que precisava ser consertada e lenha para recolher.

Por que quase todos os mestres espirituais são celibatários? Monges e freiras de todas as tradições têm obedecido à essa bobagem de "evitar o prazer" há muito tempo (na minha não tão humilde opinião). Já existe sofrimento demais na vida... por que não podemos desfrutar dos prazeres que a vida tem a oferecer? Isso tem a ver com equilíbrio?

E ouça isto: qualquer um que seja maluco o suficiente para retornar uma segunda vez não recebe uma "cama alta e luxuosa" (uma descrição muito generosa das camas comuns que eles dão para os que vão pela primeira vez) e lhe pedem que refreie qualquer "diversão sensual". Será que eles estão querendo dizer masturbação, ou simplesmente que roer as unhas dos pés e coçar as costas também está incluído? Subitamente, quero enrolar meu *futon* que está no chão e sair para comprar uma "cama alta e luxuosa". Fico irritada com essas coisas. Qual é o problema com um estrado de madeira e um colchão por cima? Tenho um amigo que participa do movimento Hare Krishna. Além de não fazer sexo, ele retirou o colchão da cama e dorme sobre uma tábua. Em minha observação, o resultado disso é que, além de conseguir algum benefício espiritual, ele atrasa ao máximo a ida para a cama, dorme mal e grita com a família. Posso não ser muito esclarecida, mas acho que um colchão de molas e uma boa trepada fariam muito bem a ele e aos que convivem com ele.

Quanto a não fazer contato visual com ninguém... que princípio de vida é esse? Não me importo de tirar os olhos do que me rodeia durante uma semana e olhar para o meu interior, mas nem em um retiro num convento anglicano rígido eu seria proibida de sorrir para as freiras. As coisas importantes na vida não se referem às relações com outras pessoas? Dar um valor exagerado a si mesmo não é seguir por um caminho errado?

Uma amiga da Califórnia telefonou ontem e admiti, taciturna:

– Eu preferia ficar fora dez dias com alguém que eu amasse.

– Mas você vai ficar com alguém que ama, não é?

Ela estava tentando me lembrar de que eu devia me amar. Eu já devia esperar essa resposta. Talvez eu não me ame o suficiente na Califórnia, mas acho que estou bem.

Outra coisa: as pessoas que vão, quarenta homens e quarenta mulheres, quem são essas pessoas? Nesse retiro, tenho que praticar a eliminação do desejo e da aversão. Isso significa que não posso pensar "Hum, ele tem uma energia incrível. Gostaria de me sentar perto dele" ou "Aquela mulher parece ansiosa. Vou ficar longe dela". Não. Não posso fazer amigos. Você acreditaria que existem oitenta pessoas no Reino Unido que querem se submeter a isso? Esse curso é reservado com meses de antecedência e acontece regularmente durante todo o ano, no mundo inteiro.

Todos os objetivos do curso parecem duvidosos. "Para erradicar o sofrimento." O que há de errado em sofrer? Posso abraçar o sofrimento como parte da vida. Talvez seja um pensamento particularmente feminino. Como somos obrigadas a aceitar o sofrimento todos os meses como parte da vida, e como amor e sofrimento parecem estar frequentemente juntos, eu preferiria ter os dois do que nenhum. Lembro-me daquele verso maravilhoso da canção *Didn't we almost have it all?* [Quase não tivemos tudo?] que diz: "*The ride with you was worth the fall*" [A corrida com você valeu a queda]. É assim que me sinto sobre as experiências dolorosas. O último homem... eu não trocaria nem um segundo que tive com ele para afastar o sofrimento. Não tenho necessidade de erradicar o sofrimento.

Sei o que vocês estão pensando: "Se você não concorda com o *ethos* do curso, não quer o que eles estão oferecendo, acha que será doloroso, que vai quebrar as regras, por que está indo?". Boa pergunta. Foi isso que me perguntei durante toda a manhã. Bem, a resposta é que, apesar de tudo o que foi dito até agora, acredito que posso aprender alguma coisa. Acho que dez dias de imobilidade pode ser bom para todos. Podemos aprender alguma coisa, só não sei o quê.

Primeira respiração (Dias 1 e 2)

Fui acordada por uma sineta às quatro da manhã, e, se não estivesse no chuveiro às quatro horas e três minutos, sabia que todos os chuveiros estariam ocupados. São quarenta mulheres perto de mim e nenhum homem. Mas não é a experiência alegre que a companhia feminina proporcionaria normalmente, porque elas estão em silêncio e mantêm os olhos fixos no chão. As árvores ao nosso redor transpiram uma energia sutil e delicada. As pessoas nem tanto.

Às quatro e meia, sentarei no chão, com as pernas cruzadas, durante duas horas. Recebi instruções sobre até onde meus pensamentos podem ou não ir. Não posso imaginar qualquer coisa de natureza espiritual; se sou católica-romana, não posso imaginar Maria ou Jesus; se sou muçulmana, não posso considerar a bondade do Profeta, não posso nem mesmo repetir mentalmente o mantra *Om* para ajudar minha mente a ficar parada. Não posso imaginar as árvores do lado de fora com as raízes na terra e as folhas voltadas para o céu. Não posso refletir sobre a razão de estar aqui ou para onde vou. Só me é permitido um único foco: a sensação do ar entrando e saindo de minhas narinas. É isso.

A mente e o corpo se rebelam. Sento durante dez minutos, me concentrando na respiração. Depois, ainda sentada com as pernas cruzadas e as costas retas, minha mente se distrai e eu adormeço. Pouco tempo depois (mas não tenho ideia desse pouco), acordo com o corpo gritando: "Mexa-se!" Mas sou encorajada por instruções gravadas a apenas manter meu foco no ar entrando e saindo de minhas narinas. Mais oito horas disso hoje. O silêncio total da mente e do corpo deve ser mantido pelos próximos nove dias. Você queria estar aqui?

Dependendo do seu ponto de vista, entrei em alguma seita extremamente controladora e me despi de todo prazer junto com minha humanidade, ou estou em um rigoroso curso de meditação que, para muitos, produz resultados capazes de mudar sua vida.

Não tenho a chance de decidir se isto é loucura e se devo correr para a porta. Um dos homens me deu carona, mas eles estão do outro lado do salão de meditação e não interagimos com eles. Não posso telefonar para ninguém porque tive que entregar meu celular quando cheguei, e ninguém vai devolvê-lo nos próximos dez dias. A única maneira de escapar seria aprontar uma confusão e dizer que mudei de ideia. Por isso estou observando minha respiração. Que entra e sai.

Vir até aqui foi engraçado. Conheci Tom, um jovem estudante de arte (20 anos e fazendo um curso assim?), e Justin, de pouco mais de 40, que tem seu próprio negócio, e rimos um bocado na viagem até aqui. Justin, carnívoro e viciado assumido em comer besteiras, sabendo que só comeria alimentos vegetarianos leves durante os próximos dez dias, decidiu parar em um supermercado. Comprou lombo de porco fatiado, bombas de chocolate, tortas, caramelos e balas de cores vivas tão artificiais que alguém engordaria só de olhar para elas.

– Espero emagrecer nesse curso – falou, enfiando tudo isso na boca, satisfeito.

Tom e eu rimos dele e o ajudamos com as bombas. Perguntei a Tom por que diabos uma pessoa incrivelmente ajuizada como ele faria um curso como aquele.

– Um amigo recomendou.

– E você, Justin?

– Sim, a mim também. – As pessoas têm amigos esquisitos.

Vi um filme sobre esse curso e os resultados que ele obteve com prisioneiros indianos. Eles pegam uma prisão inteira de segurança máxima – tanto os prisioneiros quanto os guardas – e os fazem passar por todo o processo. Os resultados são extraordinários. Em apenas dez minutos, os prisioneiros aprendem que a fonte de toda animosidade está dentro deles e saem prontos para assumir o compromisso de nunca machucar outra criatura viva e falar apenas palavras que trarão paz e harmonia aos outros. Decidi que poderia tolerar um pouco de dor para aprender o que eles estavam ensinando.

As regras são sacrossantas. Mas, como vocês estão vendo, estou quebrando uma delas. Trouxe clandestinamente meu material para escrever. Não devo escrever porque, embora vocês não estejam aqui, estou conversando com vocês. Mesmo sendo uma conversa unilateral, não estou exclusivamente com o meu eu interior. Bem, talvez, mas já pensei bastante sobre isso. Meu desafio é me livrar da distração, concentrar-me no curso e compartilhar isso com vocês. Se não me permitir ter uma caneta Lamy e algumas folhas de papel, ficarei mais ansiosa em memorizar do que estaria se escrevesse algumas notas curtas. Mas foi uma decisão difícil, que me obrigou a mentir, e isso não é uma coisa que eu faça com tranquilidade. Quando cheguei aqui, pediram que eu aceitasse as regras; eu disse que obedeceria a todas elas, mas trouxe clandestinamente meu caderno proibido na *nécessaire*.

Este curso é diferente dos outros do mesmo gênero porque é conduzido pelo sr. Goenka, um senhor idoso da Birmânia, que não está aqui. Todas as manhãs, assistimos a uma hora de seus discursos gravados em vídeo. Eles usam as mesmas fitas há muitos anos. Como essas mesmas fitas têm sido exibidas para os internos das prisões indianas, logo ouvimos, como se fosse um conceito radical, que roubar ou mentir não é uma boa ideia e assassinar ou estuprar está fora de questão.

Todas as instruções em áudio sobre como meditar também foram gravadas por Goenka. Vemos dois professores assistentes no salão, mas, na verdade, eles não ensinam nada. Duas vezes por dia, respondem a perguntas. Entre meio-dia e uma da tarde, o aluno pode se inscrever para uma sessão de dez minutos, ou, após a meditação final e antes de ir para a cama às nove da noite, pode fazer sua pergunta, mas isso vai atrasar a hora de dormir.

No primeiro dia, adorei me concentrar na respiração, mas parece que sou a única a ter problemas para ficar em pé no final, porque as pernas adormecem. Sei que deveria aprender a não me prender às coisas, mas já estou presa à ideia de me manter parada. Não é suficiente para o meu ego apenas aprender a meditar, quero meditar bem. Será que isso é absurdo?

À noite, estou começando a me desesperar. Continuo adormecendo depois de me tornar consciente de três respirações. Não somos encorajados a respirar de maneira particular, mas apenas a "observar o que é". Como um exercício especial, pode-se inspirar, algumas vezes, de forma mais profunda que o normal para evitar dormir. Isso não está funcionando, pois as inspirações mais profundas me fazem ficar mais relaxada, e apenas a dor me mantém acordada. Estamos meditando há sete horas e meia; devo ter dormido durante umas sete horas, talvez tenha conseguido ficar uns quinze minutos no estado corporal e mental exigido, e passei os outros quinze minutos esfregando as pernas que doíam.

Na manhã do segundo dia, uma garota começou a gritar histericamente, próximo à entrada do salão de meditação. Ela deve ter trazido alguma experiência negativa com ela; a meditação, de acordo com os ensinamentos, deve ter "trazido isso à tona". Os voluntários a rodeiam e delicadamente a persuadem a deixar o salão. Eu quase a invejo, não tenho emoções assim tão fortes vindo à tona.

Tento imaginar que estou aqui há muito tempo. Eu me tornei freira, e a tarefa do meu corpo é me sentar calmamente desse jeito sem ter dores agudas ou cair no sono. Tudo que tenho a fazer é sentar e tomar consciência da minha respiração. Será que isso é tão difícil? Percebo, às duas da tarde, que tudo que tenho para o resto do dia de hoje é uma maçã e uma pera, e começo a pensar em biscoitos digestivos. Não é aí que minha concentração deve estar. Concentre-se na respiração. A respiração.

Descubro que posso sentir dor ao gritar comigo mesma e ainda dormir. Como isso é possível? Não tenho ideia de onde vem essa dor. O que está acontecendo nessa parte ínfima do nosso corpo? O fígado? Um rim? Será que é o baço? E o que é que o baço faz? Não sei quase nada sobre o interior do meu corpo.

No fim do segundo dia, tudo isso parece bobagem. Como posso me concentrar na respiração quando estou preocupada com a dor no rim? Por que não devo me mover? Por que não sentar em uma cadeira? Será um teste de resistência? Mas fico feliz por não dividir minha negatividade com outros. Ame ou odeie o procedimento, tenho que manter os pensamentos para mim mesma. E me concentrar na respiração.

Eles têm a intenção de ser bastante sérios no curso, o que significa excluir toda leviandade das interações, mas ainda estou tentando divertir as outras pessoas. O homem que amo me ensinou a usar meias estranhas, pois elas sempre despertam um sorriso. Esse truque funciona muito bem aqui, porque todo mundo está sempre olhando para baixo. Hoje de manhã ouvi uma risada abafada às minhas costas quando me sentei num ângulo estranho e consegui cair da almofada de meditação. Mas eu estava me concentrando na respiração. Sério. A respiração. A respiração. A respiração.

Segunda respiração (Dias 3 e 4)

No terceiro dia, decidi que a página sobre "caronas" no *site* da organização é uma armação. Parece ser um sistema generoso e bem organizado, que encoraja os participantes a dar ou pegar uma carona para chegar aqui, mas, na verdade, é mais uma maneira de evitar fugas. Pelo menos, é assim que parece para mim às cinco e meia da manhã. A meditação das quatro e meia às seis e meia é uma tortura; o corpo está acostumado a dormir nessa hora, mas somos colocados em uma posição de meditação torturante e é uma agonia para a mente e o corpo.

Mas, oh, alegria, hoje deixamos de pensar na respiração para pensar na "sensação" na área das narinas. Portanto, sem me mover, você pergunta: O que é a coceira? Ela é seca, úmida, pulsante, transpirante ou o quê? É estranhamente fascinante. Descubro que, de modo súbito e inexplicável, uma narina parece maior que a outra, ou que há uma sensação curiosa de calor no lábio superior entre as narinas, ou, sim, uma coceira que você não é encorajado a coçar, mas deve observar de modo neutro até ela ir embora.

Tudo isso seria divertido não fosse pela dor excruciante nos rins. Será que os rins estão sentindo falta do café? Quando finalmente temos uma chance de fazer perguntas, resmungo sobre a dor, sem entender o que é nem por que está lá.

A professora-assistente – uma mulher chamada Frances Barnes, praticante desse método há muitos anos, que não recebe pagamento para ajudar durante esta semana – fala comigo muito tranquilamente: "Apenas ignore a dor. Ela vai passar. Concentre-se na sensação na região do nariz".

Percebo uma piscadela em seus olhos. Eu já imaginava que essa fosse a sua resposta, e ela parece saber disso. Então, só me resta voltar à meditação. A voz do sr. Goenka sai dos alto-falantes: "Recomecem. Recomecem. Comecem com uma mente calma e tranquila. Mente alerta e atenta. Prestem total atenção ao triângulo formado pelas narinas e a região do lábio superior. Perseverem com paciência e vocês estarão marcados para o sucesso. Marcados para o sucesso".

Fico imaginando assassinos em série em celas, na Índia, ouvindo isso e se marcando para o sucesso ao experimentar a sensação no lábio superior. Consigo fazer isso durante cinco minutos em uma sessão de duas horas. Depois, ou meus rins exigem minha atenção, ou eu adormeço.

Na hora do chá do terceiro dia, fiz contato visual com uma das outras participantes. Quando chegamos, tivemos algumas horas para conversar antes do "nobre silêncio" ser introduzido. Como garotas costumam falar sobre garotos, contei para uma delas, chamada Jo, que esta semana provavelmente eu me distrairia com um encontro que tive na véspera.

Não contei a vocês, não é? Sobre o meu encontro? Bem, no fim do ano passado, fiz uma palestra num congresso. Havia outro palestrante, um jamaicano de mais de 1,80 metro, absurdamente bonito, com uma preocupação apaixonada com os menos privilegiados, além de uma missão para combater os crimes de rua e um carisma absolutamente incrível. Depois da palestra, me aproximei e perguntei se ele gostaria de receber um comentário sobre sua apresentação. Ele modestamente disse que sim, que gostaria, e me inclinei e dei um beijo em sua bochecha. Sou tão tímida, eu sei.

Nove meses se passaram, talvez um ano, e me esqueci dele. Imaginei que um homem carismático como ele fosse casado e tivesse seis filhos. Mas ele viajou e leu um de meus livros e, há mais ou menos um mês, recebi um *e-mail* dele. "Você se lembra de mim? Eu sabia quando nos conhecemos que nos veríamos de novo, porque eu faria isso."

Uau! Um macho alfa proativo. Vocês podem imaginar uma coisa dessas, garotas? E ainda me convidou para jantar. Respondi perguntando seu estado civil. Nenhuma mulher solteira quer jantar com um casado atraente e interessante. Separado, ele me disse. Fiquei tentada a perguntar "Sua mulher sabe disso?", mas acabei pensando duas vezes. Ainda assim, insisti: "Então nenhuma outra mulher vai mandar um assassino de aluguel atrás de mim ao saber que saí com você?" Aparentemente, não. Então ele ganhou o jantar.

Ele era interessante. Sabia falar e ouvir. As mulheres devem estar pensando que enveredei para a ficção literária, mas não, juro, ele era assim mesmo. E parecia haver entre nós uma química que fazia as pessoas olharem quando caminhávamos juntos pela rua.

– Por que estão olhando para nós?

– Porque sou negro e você é branca.

– É isso?

– Eu diria que sim. – Pena. Meu ego imaginou que fosse porque ele era absurdamente bonito e eu estava radiante ao caminhar com ele.

– Isso não acontece sempre com você, não é?

– Não se eu estiver andando com uma mulher negra. Não é que as pessoas sejam necessariamente contra ou a favor, é apenas que elas estão tentando entender.

Bem, eu também estava tentando entender.

De todo modo, estou divagando na minha divagação. O que contei para Jo é que, no fim da noite, quando íamos nos separar, ele me deu dois beijinhos nos lábios e, bem, o homem tem lábios. Soube imediatamente que os lábios de Viv poderiam se tornar a principal distração do meu retiro. O retiro do "Eu não deveria estar pensando nos lábios de Viv". Ainda assim, pensei, eles eram dignos de contemplação, meditação e visualização.

Agora olho Jo nos olhos e ela sorri, e me lembro dessa conversa. Tenho que baixar os olhos rapidamente. Deixamos a cantina, e ela retribui o olhar, abafando risinhos. Isso é perigoso. Uma demonstração de leviandade espontânea, e toda a atmosfera de concentração que eles trabalharam tanto para construir vai desmoronar. Agora tenho que evitá-la por medo de sorrir. Mas parece que fiz uma nova amiga.

Durante a exibição do vídeo da noite, no terceiro dia, o sr. Goenka deu um golpe nas religiões mais importantes. Ele compara a observância da maior parte das religiões a uma pessoa doente que vai ao médico, elogia o médico e lê diariamente a receita, mas nunca toma o remédio. Toda prática espiritual, ensina ele, deve nos tornar pessoas melhores. Não faz sentido seguir o Deus do amor, observa, se não amamos em nosso comportamento diário. Isso pode parecer óbvio, mas, segundo ele, não é. Então o que ele está ensinando? Que devo ser amável? Hum, acho que já resolvemos isso com "minha religião é a bondade". Não preciso aprender mais nada, então? Excelente.

A tranquila Frances me chama e pergunta se estou bem, porque, ocasionalmente, mudo de lugar no salão de meditação para poder encostar na parede. Digo a ela que a dor está bastante forte, e ela sugere que algo espiritual pode estar acontecendo: "O corpo libera antigos *sankharas*". Um *sankhara*, aparentemente, é um trauma da mente/corpo, algo que podemos chamar de "problema", que fica armazenado no corpo. Como o curso trabalha com a mente inconsciente, a dor sugere algum progresso; não é apenas sofrimento sem sentido. Bem, é bom saber disso. Tenho que parar de escrever agora e ir para a cama. São dez da noite e estou sentada no banheiro, porque minha colega de quarto foi dormir às nove e meia. Nada como acordar antes das quatro da manhã, todos os dias, para dormir cedo.

O quarto dia é o dia do *vipassana*. Mais tarde, nos ensinaram do que se trata. Ainda estou em agonia e sou forçada a suportar as várias dores que meu corpo está criando para meu aperfeiçoamento. Temos que nos sentar de pernas cruzadas em almofadas. Por que alguém deveria experimentar tal tormento? Alguns dos meus colegas sofredores pegaram uma incrível quantidade de almofadas extras. Recebemos uma cada um, mas eles não parecem se importar que você use muitas, desde que se sente no chão e fique quieto. Apenas as pessoas acima de 70 anos e uma gestante imensa receberam cadeiras. Todos os outros se esforçam para ficar confortáveis. Alguns dos homens, vejo do outro lado do salão, se permitiram pegar quatro almofadas, que colocam umas em cima das outras. Nada flexíveis, os rapazes.

Tento ficar acordada durante toda a meditação das quatro e meia às seis e meia. É incrível a que o corpo pode se acostumar. Um dos homens surta na sessão das oito e meia. Muito decente da parte dele mostrar solidariedade com a mulher que surtou no segundo dia.

Tive uma experiência extraordinária em uma das sessões de meditação desta manhã: um breve momento sem dor. Não sentir dor é uma coisa maravilhosa, mas pouco apreciada. O monge budista vietnamita Thich Nhat Hanh tem uma maneira adorável de nos lembrar disso. Ele nos lembra de que, quando temos uma dor de dente, a única coisa que desejamos é que a dor suma. Entretanto, quando não temos dor de dente, nos esquecemos de agradecer por isso. Assim sendo, em sua tradição eles têm uma saudação: "Como vai o seu dia sem dor de dente?" Então, espero que, ao ler isto, vocês estejam aproveitando um dia sem dor nos rins, um dia sem dor nos joelhos e um dia sem dor nas pernas. Na verdade, espero que seu dia esteja e continue totalmente isento de qualquer uma das agonias que estou infligindo a mim mesma nesta tarde.

Enquanto isso, descubro que é possível trapacear na tentativa de se concentrar apenas nas sensações do lábio superior. Tenho tentado não pensar num certo homem. Se ligo os pensamentos que tenho dele à sensação no meu lábio superior, e, além disso, digo a mim mesma que, se parar de pensar no meu lábio superior terei que parar de pensar nele também, fica mais fácil, preocupantemente fácil, na verdade, não apenas me concentrar no lábio superior, mas me divertir ao fazer isso. Mas, claro, esse não é o exercício.

E encontrei um segundo modo de trapacear. Quando meu corpo sente muita dor, penso nos lábios de Viv e a dor parece dissipar-se. Isabel, sua malandra. Eles nos disseram para não usar truques como esse. Não devo pensar num homem cujo nome não vou mencionar e não devo lembrar do toque da boca de Viv na minha. Ainda assim, parece que, para o meu bem, não tenho força para manter a concentração, pois, assim que absorvo a força de um amor antigo, pareço fazer progresso instantâneo. Isso não é patético? Por outro lado, penso comigo mesma que só somos proibidos de imaginar imagens religiosas ou recitar mantras. Não me lembro de terem mencionado lábios. Eu poderia perguntar: "Bem, Frances, quando o sr. Goenka disse que não deveríamos imaginar coisas, você acha que ele se referia aos lábios de Viv?" E ela diria: "Nada de imagens, de jeito nenhum". Sem dar nem um sorriso. Suspiros.

A mente faz coisas estranhas durante o processo. Eles nos dizem que memórias há muito esquecidas podem vir à tona. Hoje de manhã, depois de sonhar acordada com o meu encontro, comecei a lembrar de uma cena da minha infância – minha mãe em seu leito de morte. Não é uma imagem da qual eu me lembre com frequência, pois acredito que ela preferiria que eu me lembrasse dela em momentos mais felizes. Mas, hoje de manhã, lá estava ela, frágil, inconsciente, prestes a dar o último suspiro. Olhei para a imagem e observei-a com "serenidade", como nos aconselharam a fazer, e, em seguida, forcei minha mente de macaco a se concentrar novamente na sensação bem abaixo das minhas narinas.

Após o almoço, o ausente sr. Goenka nos ensina a técnica *vipassana*. Ele pega o nosso ponto de concentração, que ajudou a aprimorar nos ensinando a manter a atenção no lábio superior, e nos faz movê-lo até o topo da cabeça. A partir daí, a técnica exige que você mova lentamente a atenção para baixo, observando, com o máximo de serenidade que puder reunir, cada sensação, em cada parte do seu corpo. Quando chega à ponta do dedão do pé, você recomeça. É simples assim, e é complexo.

Ele precisou de duas horas para nos conduzir através disso em uma meditação guiada, enquanto ficávamos totalmente imóveis. Eu me concentrei completamente durante a primeira hora, quando ele reorganizou toda a dor em nosso corpo em diferentes sensações – palpitação, pulsação, pressão, transpiração, secura, peso, puxão etc. Mas, depois de duas horas, estou disposta a matá-lo. Ou, pelo menos, desligá-lo. Posso perceber que essa técnica seria muito útil para pessoas que planejam passar por longos períodos de tortura. Está planejando trabalhar como espião? Corre risco de ser pego? Encontre o curso de *vipassana* mais próximo. Sei que não se deve fazer piada sobre tortura, mas eles são muito generosos ao ensinar níveis de dor. Sei que não sou a única a pensar assim, pois já vi rostos angustiados. Mas certamente ninguém pode reclamar ou confortar outras pessoas, nem mesmo com um olhar cético.

Percebo que, ao mover meu foco para uma área do corpo, tendo a não perceber a dor em outras áreas. Parece que isso tem a ver com a tomada de consciência do corpo, não com a falta dela. De qualquer modo, não tenho desejo de me torturar. Tudo o que Anthony Robbins diz sobre a importância de mexer o corpo faz essa imobilidade autoinfligida parecer ainda mais ridícula. Estou a milhares de quilômetros da serenidade.

Sei que eles têm as melhores intenções. Certamente, não querem o nosso dinheiro – não cobram pela comida nem pelo alojamento, e o pagamento do curso é voluntário, e só é aceito de quem completar os dez dias. É uma atitude generosa e impressionante. Mas há outra maneira de ver toda essa disciplina. Abrimos mão de nossa individualidade em nome de uma conquista espiritual, o que me faz lembrar das palavras de Richard Dawkins: "O inverso da obediência cega é a ingenuidade servil".

É como fazer parte de um experimento sociocientífico como a famosa pesquisa de Stanford nas prisões em 1971. Um grupo de universitários foi escolhido aleatoriamente para papéis de "prisioneiros" ou "guardas" num experimento que duraria duas semanas. Os estudantes não tinham histórico de problemas psicológicos, impedimentos médicos, crime ou abuso de drogas; eram apenas 24 estudantes universitários que queriam ganhar um dinheirinho para participar do experimento. Eles foram colocados na prisão simulada. Quem era prisioneiro começou a ficar deprimido e mostrar sinais de estresse agudo, já os que foram designados como guardas se tornaram genuinamente sádicos. O experimento teve que ser interrompido depois de apenas seis dias.

Não estou sugerindo que alguém esteja fazendo experimentos conosco, mas o modo como abrimos mão da liberdade e do poder é muito assustador. Minha colega de quarto parece bastante infeliz, e não posso nem escrever um bilhete para ela, porque, em primeiro lugar, seria uma interferência e, em segundo lugar, não deveria ter papel nem caneta. Se ela chorasse no meio da noite, eu não deveria confortá-la, pois isso poderia ser uma "liberação de *sankhara*". Parece coisa de George Orwell. Este pode ser o curso mais interessante que já fiz, mas, se tenho que me torturar para descobrir empiricamente os benefícios de não desejar e me desapegar, então parece que não estou desejando essa experiência de desapego o suficiente. Quero ir embora e dançar no bosque. Nua. De preferência.

Terceira respiração (Dias 5 e 6)

Então, tão rápido quanto querer ir embora, comecei a querer ficar. Não sei como, consegui uma hora de meditação em meu quarto, entre quatro e meia e cinco e meia, e depois cinquenta minutos no salão de meditação, sem precisar me encostar na parede. Já é um progresso considerável. Num dos primeiros discursos, o sr. Goenka citou o famoso imperativo do templo de Delfos – "Conhece-te a ti mesmo" –, e tenho certeza de que isso foi parte do que Apolo queria dizer; certamente, sentar e prestar plena atenção a todas as diferentes sensações no interior de seu corpo é uma maneira de se conhecer. É muito difícil fazer isso sem qualquer sensação de dor e sem ansiar pelo que ele chama de "bem-aventurança". Pessoalmente, ainda tenho que experimentar um pouco dessa última; meu corpo obviamente pensa que a primeira é uma professora melhor. Maldição. O mais perto que cheguei de bem-aventurança foi terminar a meditação e sair para ouvir os pássaros. Mas, lenta e seguramente, o corpo parece desistir de combater a dor. Sinto uma pontada estranha debaixo do braço, o que, claro, decidi que devia ser uma glândula linfática e, portanto, um sinal da irrupção de um câncer. Mas o que fazer com as dores e pontadas que todos temos? Pelo menos aqui, a resposta é simples: apenas observe.

Comparada a muita gente, não tenho estresse. Por ser escritora, não tenho que me deslocar diariamente e o tempo é meu. Mas aqui, posso ver como tenho sido estressada. A dor nos rins parece estar associada a alguma preocupação, pois, às vezes, desaparece completamente se minha mente está concentrada em outras coisas. Afinal, a literatura médica confirma que muitas doenças têm origem psicossomática. Certamente a dor é bastante real, e é por isso que o foco aqui está no corpo. O exercício constante da observação do próprio corpo e o exame repetido e constante da cabeça aos pés e dos pés à cabeça tem a ver com a realidade. Constantemente nos dizem para buscar as sensações que estão presentes, e não aquelas que queremos. Busque a sensação mais sutil e não use sua mente para inventar nada. Pena.

Tenho que confessar que trapaceei novamente numa das sessões de meditação. (Por favor, não me condene; lembre-se de que temos dez sessões diárias). Em vez de procurar alguma sensação perceptível no topo da cabeça, imaginei os lábios de Viv beijando-o e, em seguida, descendo para a minha testa, até as pontas dos dedos do pé e fazendo o percurso de volta. E assim por diante. Essa desobediência é um tiro no próprio pé, eu sei, mas torna uma hora de meditação mais divertida.

No quinto dia, na hora do almoço, recebemos a notícia: somos convidados a exigir de nós mesmos quatro horas diárias de "forte determinação". Isso pode ser bom em sânscrito, mas soa ridículo em nosso idioma. Temos que estar "fortemente determinados" a não abrir as mãos, os olhos ou as pernas pelo menos até o segundo intervalo. É difícil. Hoje de manhã, abri os olhos e o que vi foi mágico. Oitenta pessoas, quarenta homens de um lado do salão e quarenta mulheres do outro, todos sentados e enrolados em cobertores, de costas retas, como estátuas imóveis, com uma disciplina impecável. Mesmo se fôssemos uma comunidade de monges, que é o que parecemos durante os dez dias, não poderíamos ficar tão imóveis. Estou impressionada com o modo como a natureza controladora do curso trouxe isso à tona. Certamente, é um alto preço a pagar, mas qualquer um que tenha vindo até aqui esperando aprender a se sentar imóvel já conseguiu, e estamos apenas no quinto dia.

Uma amiga, a escritora americana Pamela Bloom, teve o privilégio de conversar sobre meditação com Sua Santidade Gyalwa Karmapa, líder da linhagem *kagyu* do budismo tibetano, no início dos anos 1980. Pamela reclamou que ela simplesmente não conseguia sentar e ficar parada, e, apesar de perceber a importância disso, ela odiava. Ela disse que ele a observou durante um longo tempo com profunda compaixão e depois disse, muito lentamente: "Acho que... se você continuar a praticar... em dez ou quinze anos... ficará... mais fácil". Quando Pamela conta essa história, ela acrescenta que ele estava certo. Já se passaram quinze anos e, com a prática diária, isso se tornou mais fácil para ela. Suspiro. Assim sendo, é melhor voltar a sentar imóvel.

Ocasionalmente, coisas estranhas acontecem. No momento em que estou fazendo o que devo fazer, uma luz branca começa a piscar em minha mente. Ela é brilhante e me ilumina por dentro e por fora. No mesmo instante, atribuo essa estranha experiência à falta de oxigênio (será que estou prendendo a respiração?), ao excesso de oxigênio (será que estou respirando fundo demais?) ou a algo do gênero. Pelo menos, aqui não há como atribuir a isso algum significado religioso ou considerar a experiência como bênção. Neste curso, os ensinamentos são claros – não há nenhum impacto externo sobre nós. Só existe a mente.

Novamente me comporto mal. Tomei uma xícara de café depois do almoço. E pisquei para Jo. Muito ruim. Mas então faço a meditação depois do almoço em meu quarto. Chego a 55 minutos e só a interrompo pouco antes do fim da sessão. Mais luz branca que pisca. Fico imaginando se é meu subconsciente tentando me dizer algo: "Ficou maluca? Mexa as pernas!" Sinto-me estranhamente confiante de que posso fazer os sessenta minutos na sessão das duas e meia da tarde. É estranho como certas coisas podem trazer a sensação de dever cumprido.

Mas, às duas e meia da tarde, consigo fazer apenas 45 minutos antes de abrir os olhos e olhar para o relógio. Antes de vir para cá, alguns amigos me provocaram, perguntando como eu faria para passar dez dias sem falar, já que sou tão sociável. Na verdade, essa foi a parte mais fácil. Ficar de boca fechada dói menos que ficar com o corpo e a mente imóveis.

A menos que eu me permita divagar completamente. Numa das sessões de hoje, dei asas à imaginação e voei para dar cem beijos no corpo do homem que amo. Fico imaginando se o pensamento realmente pudesse viajar e se, em sua mesa de trabalho, ele tivesse consciência de um estranho formigamento nos dedos ou na nuca. Uma centena de beijos depois, deixo-o trabalhando e voo para os lábios de Viv. Fico pensando se eles se sentiram beijados hoje, pois eles foram.

Foi apenas uma escapada rápida. O trabalho no curso continua. Que sensação sinto no couro cabeludo? (Ignore a dor nas costas.) Ah, tenho uma sensação no couro cabeludo... uma coceira... viva. Depois, que sensação tenho em meu rosto? Sim, sinto alguma tensão. (Como disse, ignore a dor nas costas.) Que sensação tenho no nariz? Ressecamento. E posso sentir os cabelos descendo sobre a orelha e – ai! Minhas costas estão doendo. Decido com mais firmeza ainda ignorar a dor nas costas. Que sensação tenho em meu pescoço? E assim por diante. Eles nos disseram para não pular nenhuma parte do corpo em nossa busca de sensações e, claro, a não rotular a sensação como boa ou ruim. Apenas observar. Observar. Como nosso mestre birmanês nos disse umas mil vezes. Não devemos preferir o toque cálido do mamilo na camiseta à rigidez quente do músculo da coxa tensionado.

Estou sozinha no quarto e novamente dou um jeito de pensar nos lábios de Viv para me ajudar a liberar a tensão do corpo. Rá-rá. Fico imaginando se quebrei as regras novamente. Não consigo lembrar que regras dizem que não deve haver contato ou atividade sexual. Ora. De qualquer modo, meu corpo está mais relaxado agora.

Isso me leva a mais uma hora estranha com a inexplicável luz branca piscando em minha mente. Dessa vez, ela simplesmente está lá e posso testar minha teoria de que se trata de falta de oxigênio. Tento respirar mais profundamente, mas as luzes piscando continuam lá. A única coisa que consigo é fazer a luz – ou seja lá o que for – descer até a altura dos ombros antes de se dissipar. Também estou sentindo muito calor no corpo durante as meditações. Quem ligou o aquecedor?

Sexto dia. A mente está tão indisciplinada. Digo "a" mente em vez de "minha" mente porque estou sendo encorajada a dar pouca importância à ideia do "eu". Em alegre obediência, decido que vou começar a escrever "eu" com letra minúscula, mas isso é impossível. No Ocidente, estamos tão cheios do "Eu" que quando digito isso, o computador não me permite essa pequena demonstração simbólica de humildade. Ele corrige todas as minhas tentativas. É inútil.* E, para completar, meu editor olha o texto escrito e diz: "Eu gostaria de ter sua opinião aqui". Pelo amor de Deus! Então eu não posso ter um ego, mas ainda devo ter opinião?

A meu ver, estamos tentando, com seriedade e comprometimento, nos livrar do sofrimento causado por nossas reações de prazer e dor. Claro, reagimos ansiando pelo prazer. Queremos cada vez mais prazer. E reagimos com aversão ao sofrimento. Percebemos as causas do sofrimento como externas, além de nós mesmos: um relacionamento que não podemos ter, uma oferta de trabalho que não acontece, a perda de alguém que amamos.

Claro, esclarecidos como sei que vocês são, vocês sabem, em teoria, que não são os acontecimentos, mas nossa reação a eles, que causam sofrimento ou alegria. Este curso não está, como fez o primeiro homem do

---

* Em inglês, o pronome *I* [eu] é sempre escrito em letra maiúscula, por isso muitos programas de edição de texto corrigem automaticamente quando o usuário digita a palavra em letra minúscula. (N. da E.)

Feng Shui, dizendo que causamos os acontecimentos externos. Está apenas despertando nossa consciência para a maneira como respondemos a cada estímulo, seja ele um pensamento ou uma dor causada por fonte externa. E aprendemos a entender isso no corpo. À medida que se aprende a ser objetivo, considerando a dor e o prazer como meros conjuntos de estímulos, é possível recuar ou mergulhar e ver as coisas como elas realmente são: apenas fenômenos que se modificam. A coceira passa rapidamente, a dor não vai demorar. Ontem, o sr. Goenka fez todos rirem ao descrever como alguém que pratica a meditação *vipassana* há muito tempo vai se aproximar da morte. Totalmente consciente, ele olhará para o corpo, pensando: "Ah, esta é uma sensação interessante". Todos sabemos que o material de que somos feitos um dia vai perecer. Finalmente, perderemos todos que amamos. Não estou dizendo isso para deprimi-los, mas é assim que as coisas são. Quanto mais serenidade adquirirmos diante dessa realidade, mais perceberemos que o desejo e a aversão são uma insensatez. Todo apego é inútil. Qual é a minha opinião sobre tudo isso? Bem, faz sentido, não é?

E onde ficam os lábios de Viv? Eles não são menos atraentes, mas talvez, se este curso realmente funcionar, eu possa me aproximar deles com um pouco mais do que nosso venerável mestre chama de "uma mente tranquila e equilibrada". Talvez eu ainda esteja feliz por acordar de manhã se decidir, ou se Viv decidir, que aqueles lábios não foram feitos para meus beijos.

Entendo que eles precisem se proteger contra qualquer possível distração. Em momentos em que a concentração é muito difícil ou muito dolorosa, a pessoa se concentra de qualquer modo, porque simplesmente não há mais nada a fazer. Mesmo exercícios como os da ioga são proibidos. Podemos caminhar nos campos próximos nos poucos momentos de intervalo e só. No meu caso, a dor se desloca um pouco, mas se recusa a deixar-me. O que é isso? Segundo os ensinamentos, é um apego profundo a alguma coisa, e, quando eu perceber a sensação com objetividade, ela pode simplesmente desaparecer.

Assim, continuamos. As pessoas aqui são tremendamente dedicadas. Às quatro e meia da manhã de hoje quase oitenta indivíduos se sentaram, como estátuas, interessados em aprender. Fico imaginando se algum deles está lidando com uma sensação que no mundo exterior seria chamada de "câncer". Aqui nos disseram especificamente para não atribuir causas às sensações ou aplicar rótulos, como "antigos machucados por causa do esporte" – todas são apenas sensações. Portanto, para alguém que tem um câncer, a sensação de um tumor crescendo é tão pouco importante quanto uma cãibra no pé: é mais um fenômeno mutável a ser observado, para nos lembrar da necessidade de nos manter "serenos". Goenka usa essa palavra cerca de cem vezes ao dia. É difícil não gostar dele, desse senhor idoso, cujo curso, que já tem vinte anos de existência, está nos fazendo passar por toda essa dor.

Pulo a sessão de uma da tarde para me deitar à luz do sol e ouvir os pássaros. Jo me vê e parece não ter certeza se deve sorrir ou lançar um olhar de reprovação. Seu rosto, para o qual eu não deveria olhar, revela sua indecisão. Mas então me sinto culpada por estar sem fazer nada e prometo fazer um esforço extra hoje à noite. Quando você se concentra em todas as sensações, movendo sua mente para cima e para baixo em seu corpo, você pode senti-las. Depois de fazer isso durante uma hora, eu me sinto tão quente que tiraria toda a roupa se não tivesse a ligeira impressão de que isso seria contra as regras.

Mais tarde, vejo Jo caminhando descalça pela grama. Isso não é contra as regras, pois ela obviamente está usando a grama para ajudá-la a se concentrar na sensação, mas ainda assim parece vergonhoso. Sinto-me uma freira idosa e severa, chocada por ver o pé de alguém.

Quarta respiração (Dia 7)

Hoje é o sétimo dia e faço toda a meditação das quatro e meia às seis e meia da manhã no salão, fortemente determinada a me manter alerta. Espero conseguir muitas coisas na minha vida, mas não acho que acordar às quatro da manhã todos os dias seja uma delas.

Parece que já estamos na reta final, especialmente porque o décimo dia inclui sorrisos, conversas e tempo livre – todos os conceitos radicais inimagináveis no sétimo dia. É fascinante o que se pode dizer às pessoas sem falar com elas. Uma estudante que já fez o curso tem um olhar de superioridade no rosto que chega a ser cômico. Uma das garotas parece terrivelmente aborrecida durante a semana. Uma terceira agora retribui meus sorrisos. Hoje fiz uma das pessoas rir alto ao tentar atravessar a porta com o guarda-chuva aberto. Ontem alguém me fez sinal com um assobio para olhar para alguns pardais que, felizes, tomavam um banho de areia. É fácil ver quem se deixa envolver pela vida dos pássaros e quem está alheio a ela. Sei que deveríamos estar olhando para o nosso interior e não para o exterior – mas será que nenhum dos santos mais sábios nos diria que, nos últimos tempos, é a mesma coisa? Certamente os pardais são parte do processo também, não é? Não somos todos pardais?

Olhar para o nosso interior, algumas vezes, pode parecer uma obsessão. Pode ser mais difícil para mim que para as outras pessoas: minha colega de quarto tem seguido as regras com tal fanatismo que me preocupo ao imaginar até onde ela pode chegar. Observando-a, me lembrei de outro estudo fascinante sobre nossa tendência à obediência.

No início dos anos 1960, Stanley Milgram conduziu uma pesquisa na qual indivíduos eram instruídos a sortear cartas que os designaria como "professor" ou "aluno". Na verdade, os voluntários eram sempre designados "professor" e o "aluno" era um ator, mas eles acreditavam que a seleção fora aleatória. O "aluno" ia para outra sala e lhe faziam uma série de perguntas. Para cada pergunta incorreta, o "professor" deveria administrar um choque elétrico ao "aluno" que estava na sala vizinha. Você está me acompanhando?

Quanto mais respostas erradas eram dadas, maior era a intensidade do choque. O "professor" ouvia o "aluno" chorando de dor (na verdade, o choro e os gritos vinham de um gravador) e, compreensivelmente, começava a manifestar desconforto.

Para que o "professor" continuasse a administrar os choques, as pessoas que conduziam o experimento (vestidas com jalecos brancos e parecendo cientistas importantes) podiam dizer estas quatro frases, nesta ordem, e nada mais:

1. Continue, por favor.
2. O experimento exige que o senhor continue.
3. O senhor deve continuar.
4. Não há outra opção; o senhor deve continuar.

Além disso, o ator que interpretava o "aluno" recebera instruções para mencionar um problema de coração, enquanto o "professor" recebia garantias de que não seria responsabilizado pelo experimento.

E agora vem a parte assustadora. Quantos "professores" você acha que continuaram aumentando o nível de choque até o máximo de 450 volts? Milgram havia feito uma pesquisa entre os estudantes que prognosticava que 1,2 por cento seria persuadido a obedecer as ordens até aquele ponto. Na verdade, 65 por cento continuaram a administrar os choques (ou assim pensavam) e infligir uma quantidade potencialmente fatal de energia elétrica a um estranho simplesmente porque alguém com autoridade lhe dissera para fazer isso.

Quando estava na universidade, eu era cética quando lia sobre esses experimentos. (Você pode ler tudo sobre eles e ver as imagens se não acreditar em mim, basta pesquisar por "Stanley Milgram"). Vejo agora como seria fácil repeti-los aqui. Somos treinados para não sentir aversão à dor, e todos concordamos em obedecer às instruções. Se esse experimento de Milgram tivesse sido realizado como parte do curso, imagino que o resultado teria alcançado 90 por cento. Até onde posso perceber, sou a única rebelde, a única que sorri e toma notas. E todos nós conhecemos as histórias terríveis de como jovens soldados no Vietnã destruíram aldeias inteiras de civis porque estavam "obedecendo ordens".

Minha colega de quarto decidiu ampliar a "forte determinação" que eles pediram em quatro sessões por dia para cumprir todas as regras. Ela tentou trabalhar "como se estivéssemos em total isolamento", a ponto de nunca levantar os olhos, embora estejamos dividindo um quarto minúsculo durante toda a semana. Ela trabalha com tal severidade que me assusta. Fomos instruídas a dizer apenas palavras de bondade e amor quando voltássemos a falar, no décimo dia. Fico imaginando que palavras posso dizer a ela. Só posso pensar em cumprimentá-la pela forte determinação. Eu não me preocuparia com isso, não fosse o fato de ela parecer terrivelmente infeliz. Sei que esse é o processo dela, não o meu, mas é difícil fingir que não vejo.

As pessoas que terminei admirando aqui são as que continuam sorrindo apesar das regras, são as que mostraram maior flexibilidade e, portanto, humanidade. Mas, continuo me lembrando, não é disso que se trata. Se eu mantiver a cabeça baixa e só me concentrar na sensação, como deveria fazer, não estaria pensando nos experimentos de Stanley Milgram.

A palestra de hoje de Goenka voltou a tratar deste tema: quando decidimos do que gostamos e do que não gostamos, isso nos leva ao desejo e à aversão, que, por sua vez, nos levam ao sofrimento. Percebo que deveria falar apenas por mim quando digo que "nós" podemos dizer do que gostamos e do que não gostamos. Talvez os outros não pensem como eu. Talvez as outras 79 pessoas estejam se dedicando inteiramente ao processo e não pensem em coisas como "espero que Jo queira ser minha amiga depois do curso, porque acredito que ela seja divertida" ou "aquela pessoa poderia ter sido um dos líderes do partido nazista, porque posso vê-la cometendo todo tipo de atrocidades se julgar que é por uma causa nobre".

Como posso pensar em coisas tão terríveis? Que tipo de pessoa eu sou? Se é verdade que o que vemos nos outros é um reflexo do que somos... será que sou realmente esse ser humano terrível? Hoje me peguei desejando que minha colega de quarto ficasse trancada no banheiro ou algo assim. Queria que ela se atrasasse para variar. Suponho que, com meus pensamentos, estou manifestando todo tipo de loucura que estamos aqui para eliminar. Enquanto isso, são onze da manhã e fiz apenas quatro horas de meditação hoje. O processo continua.

"Recomece. Recomece. Com a mente tranquila e silenciosa, alerta e atenta, equilibrada e serena, mova sua atenção do topo da cabeça para as pontas dos dedos do pé, cuidando para observar a mais sutil das sensações, bem como as sensações fortes e grosseiras, sabendo que todas elas se modificam. Essa é a lei do darma, a lei da natureza: não se apegar a sensações agradáveis ou sentir aversão por sensações desagradáveis. Simplesmente observar, sabendo que elas vão passar."

É difícil não se apegar a momentos de sucesso, assim como é difícil não sentir aversão à dor. Mas, em cada sessão, somos aconselhados a "recomeçar, com paciência e persistência". E assim, com paciência e persistência, eu recomeço.

Depois do almoço, tenho dez minutos com Frances. Pergunto a ela sobre preferências, ligações e aversões. Digo-lhe que, no almoço, desenvolvi uma preferência por crocante de maçã (excelente) e uma aversão quase imediata pelo molho *al pesto* (horrível). Com paciência e persistência, ela explica que não há nada de errado em ter preferências, desde que você não desenvolva desejo ou aversão, "perca a cabeça" e invada a cozinha gritando: "Quem foi o idiota que fez este molho *al pesto*?" Ah, então é assim que descobrimos quando temos um problema de apego ou aversão? Quando perdemos a cabeça? Ora bolas. Entendi. Há tanto tempo culpo meus hormônios por isso. Quantas vezes perdi a cabeça por amor sem o menor pudor? Podemos nos apaixonar sem perder a cabeça? Acho que não. Mas aqui nos voltamos para a realidade pela sensação de nossos corpos. Goenka nos obriga a voltar aos sentidos.

Ele nos lembra constantemente de observar o corpo como ele é, e não como gostaríamos que ele fosse. Reconheço isso em relação à minha vida também. Sou boa em ver como gostaria que a vida fosse, e em que gostaria que ela fosse diferente, em vez de observar como ela é. E com a vida dos outros também: estou preocupada que um amigo esteja destruindo sua saúde engordando tanto, sem nunca fazer exercícios; com outra amiga que briga com o marido o tempo todo; com outra que não para de fumar. Mesmo aqui, me aborreço porque minha colega de quarto obedece às regras com uma rigidez que considero obsessiva. Existe alguma esperança para mim. Mas esta semana só posso me concentrar na dor do meu corpo, que é minha realidade e minha mestra.

– Existe alguma evidência de que a dor no corpo vai "se elevar e desaparecer", como o sr. Goenka afirma tão poeticamente? – pergunto a Frances.

– Não estamos dizendo nada sobre a cura física, embora isso possa acontecer. – Ela sorri com serenidade. – Estamos treinando a mente. O resultado você verá quando voltar para casa e perceber como reage diante de coisas que normalmente tirariam você do sério. Antes você reagiria de uma certa maneira, e agora não reage com raiva, medo ou seja lá qual for o seu padrão. Você está serena.

Então trata-se de um treinamento para manter a mente calma, alerta e serena. Talvez mais dor ajude. Retiro a almofada e sento-me na posição de lótus simples. É meu ego assumindo o controle. Ninguém ficará impressionado: primeiro, porque ninguém está olhando e, em segundo lugar, mesmo se alguém visse a impressionante flexibilidade de meus membros inferiores, seria sábio o bastante para trabalhar "diligentemente" em sua própria prática.

Corto para uma cena de um longa-metragem. Interpreto a protagonista, claro. Estamos todas meditando quando alguém abre os olhos e me vê sentada na posição de lótus, humildemente, na fila de trás, levitando a 60 centímetros do chão. Lentamente as pessoas desrespeitam as regras e acotovelam-se para olhar, e suspiros silenciosos são ouvidos em todo o salão, até que todos observam, surpresos, a minha figura, de olhos fechados, suspensa em silêncio no ar. Então desço lentamente, abro os olhos e dou-lhes um sorriso vago. Afinal, eles não deveriam ver isso. Eles não deveriam abrir os olhos.

De volta para o mundo real, sem os efeitos especiais cinematográficos, não posso manter a posição de lótus por mais de dez minutos. Portanto, isso não funciona. Esse tipo de meditação é trabalho duro. Sério. TRABALHO DURO.

Para a sessão da "forte determinação" do início da noite, decido que não me moverei, não importa o que acontecer. Isso não vai me matar. É apenas dor. Descubro que não preciso gritar, mesmo que certas partes do meu corpo estejam gritando, e, não importa quanto doam minhas costas, ainda posso querer coçar o nariz. É bom saber que posso manter a mente calma e serena apesar da autotortura, mas tenho certeza de que deve haver maneiras menos dolorosas de aprender isso.

Quando um culto não é um culto? O sr. Goenka gosta de criticar as principais religiões porque elas não transformam as pessoas. Na palestra em vídeo, ele conta a história de um homem que foi até ele afirmando ser um seguidor de Jesus Cristo porque acreditava que Jesus era filho de Deus. O sr. Goenka explica que, se Deus é a verdade e Jesus está vivendo uma vida com 100 por cento de amor e compaixão, então certamente ele é filho de Deus. Mas, continua, não é bom intitular-se seguidor de Jesus e não fazer nada para desenvolver essas qualidades em si mesmo. Ninguém pode intitular-se seguidor de Jesus e evitar o vizinho.

Seus ataques não se limitam a cristãos, muçulmanos, judeus, hindus ou a qualquer outra das religiões que incluem um Deus ou deuses. Até os budistas são criticados. "Você não pode dizer 'Eu me refugio em Buda' três vezes e tirar o resto do dia de folga." Mas no primeiro dia eles nos pedem para repetir o mesmo voto budista três vezes. Eles dizem "Isto não é uma seita" uma centena de vezes, mas nos pedem para dizer essas palavras, que só costumam ser usadas se você quiser se tornar formalmente budista. O mestre nos diz que esta via "não é sectária", mas também o ouvi dizer que é "a verdade eterna", o que é engraçado, pois lembro que um católico me disse uma vez que o catolicismo romano era a única verdade eterna; lembro-me claramente de uma testemunha de Jeová ter dito a mesma coisa, e tenho certeza de que existem no mundo pessoas que acreditam que Alá é o único detentor da verdade. Saco.

Quinta respiração (Dias 8 e 9)

Agora estou reagindo a tudo isso com raiva, o que chega a ser uma ironia, pois tudo o que ele ensina é a não reagir. À lista de coisas que tornam tudo isto aqui muito parecido com uma seita, acrescento a manhã de hoje. Ou, pelo menos, coisas que qualquer um com algum conhecimento de cultos reconheceria. Goenka diz que não é líder de um culto porque não tem cabelos compridos, trajes esvoaçantes nem guirlandas ao redor do pescoço, parece um chefe de família comum. E daí? Ser um líder de culto não tem nada a ver com as roupas.

Os vídeos obviamente não foram editados. Não houve nenhuma tentativa de adequá-los ao público norte-americano. Por que não editar os vídeos? É porque eles consideram as palavras dele sagradas? Eles nos disseram durante toda a semana que o curso não exige "fé cega", mas é impossível discutir ou debater qualquer um dos seus ensinamentos. As perguntas para os professores-assistentes se limitam às instruções sobre o método, e parece que recebemos a resposta universal: "Concentre-se na sensação". Assim, em certo sentido, fé cega no método é justamente o que eles estão pedindo. Não se pode discutir com um vídeo.

Ao final de cada discurso e de cada sessão de meditação, nós nos inclinamos (e nem é para ele, mas para um vídeo dele) e, embora eles tenham se esforçado para explicar que isso é "meramente um sinal de respeito e gratidão", ainda nos curvamos. Pessoalmente, não tenho nada contra me curvar. Primeiro, porque estico as costas depois da meditação, o que é bom depois de ficar sentada durante uma hora, e, em segundo lugar, aprendi, em minhas viagens pelo budismo tibetano, que isso também é bom para nossa humildade. Mas não quero me inclinar diante dele hoje.

Também percebo com alguma surpresa que, embora tenha dito todos os dias que não se trata de um curso religioso, ele não deixa de nos abençoar no final do discurso. Levanta a mão com um gesto que um padre ou religioso de qualquer tradição usaria e nos abençoa. A intenção é pura, mas contradiz a afirmação de que ele não é líder de algum tipo de culto. Se eu fizer uma palestra e, no fim, levantar minha mão, fechar os olhos e disser para a audiência: "Que a felicidade esteja convosco", não me surpreenderia não ser convidada de novo e se circulasse um boato de que eu fora engolida pelo meu próprio ego.

Todas as noites, em sua benção, ele nos deseja "felicidade REAL e paz REAL", com ênfase no "real", como se qualquer felicidade e paz que pudéssemos ter experimentado até agora não fosse a coisa real, porque somente a sua via oferece a verdadeira liberação. Isso, ele afirma, é porque seu método é a verdadeira versão do que o próprio Buda ensinou. Então, os professores de Buda que não usam a dor como ferramenta, como Thich Nhat Hahn e Sua Santidade, o dalai-lama, não passam os ensinamentos de Buda?

E outra coisa que me fez ficar extremamente aborrecida ontem à noite foi que, para "superar seu sofrimento", você tem que "se comprometer com o caminho do darma". Uma maneira de fazer isso é voltar como auxiliar... Em outras palavras, dez dias de trabalho voluntário. Não porque "é bom fazer algum serviço" ou "porque é divertido", como Shelter costuma dizer àqueles que se oferecem para alimentar e cuidar dos sem-teto na época do Natal. Não, aqui você faz algum serviço porque esse é o único modo de "superar sua infelicidade". Por isso, se você sai daqui e ainda se sente infeliz, é porque não está praticando direito o método. Com base na soma total de miséria mundial e na tendência humana de se culpar, não admira que seus cursos estejam lotados com vários meses de antecedência. Será que pareço mal-humorada hoje de manhã?

Em meio a tudo isso, existe muita coisa boa também. Eles nos dão uma cama, nos alimentam e nos oferecem a oportunidade de meditar o dia inteiro. E isso não é pouco. Hoje, eles nos pediram para continuar tomando consciência da sensação ao comer, caminhar e em todos os atos que fazemos em dias normais. Essa é uma prática com a qual estou familiarizada no budismo vietnamita e é uma experiência de bem-aventurança. Por isso, pratico a tomada de consciência da sensação durante o dia inteiro com alegria, mas sem me forçar a ficar parada. Meus joelhos ainda estão doendo por causa de ontem.

Hoje, sento-me relaxada e perfeitamente imóvel durante uma hora inteira, imóvel como uma estátua, de pernas cruzadas e costas retas, movendo minha consciência para cima e para baixo do corpo, procurando cada sensação, mas, ao mesmo tempo, tentando fazer meu cérebro percorrer toda a história do filme *Um sonho de liberdade*. Lembro-me de como Morgan Freeman se fortaleceu para passar duas semanas na solitária pela alegria de ouvir três minutos da ópera *As bodas de Fígaro*, de Mozart, no sistema de alto-falantes e sinto que adquiri uma nova compreensão do filme agora. (Você pode assistir a cena digitando "Shawshank Redemption – Excerpt" no YouTube.)

A adesão fanática de minha colega de quarto às regras já me incomoda menos. Apenas sinto pena dela. Ela parece ter entendido mal a instrução de "praticar continuamente", que trata da constante tomada de consciência da sensação. Ela acordou às quatro da manhã e sentou-se imediatamente, assumindo a mesma expressão que teve durante toda a semana. Quando as horas de "forte determinação" terminam e todos acordam, ela ainda está lá sentada, tensa e triste. Espero sinceramente que ela tenha tido alguma experiência interior sublime, porque, mesmo que isso tenha acontecido, como nos recorda nosso venerável mestre, ela ainda está em perigo. Se ela se apegar a alguma sensação boa, desenvolverá um "novo *sankhara*", uma ligação que fica armazenada no corpo, e isso causará uma "profunda infelicidade". Goenka sempre repete isso, alongando a letra "u": "profuuuunda infelicidade".

Uma garota que ontem estava chorando ainda parece muito triste hoje. Gostaria de poder passar um bilhete para ela, dizendo: "Está tudo bem. Lá fora ainda existe chocolate". Mas como ela pode estar "liberando um *sankhara*" ou superando uma desordem alimentar, é bom que eu não possa fazer isso.

Ainda não estou muito segura. Grande parte de mim acredita que são esses pequenos toques de bondade humana que nos impedem de querer morrer ao sentir dor. Sei por experiência própria que, quando passei momentos difíceis, foi a visita de um amigo, que bancava o idiota e me fazia rir, que me fez lembrar que, apesar de tudo, vale a pena viver. Pode ser que ela esteja aqui tentando superar algum trauma; pode ter sido atacada ou algo assim. Durante esta semana de isolamento, pode estar dizendo para si mesma que não deve pensar na dor com aversão, mas apenas observá-la. Se isso der errado e ela não compreender o processo corretamente, ela vai ter dois problemas: a dor inicial e a culpa de ter criado uma aversão, o que aumentará sua "profunda infelicidade". Sempre digo às pessoas que o sofrimento já é ruim o bastante sem culpa.

Se isso não der errado, e ela entender corretamente os ensinamentos, ela observará e perceberá que pode estar criando uma aversão e vai deixá-la passar "com uma mente calma, silenciosa e serena", sem reagir à dor do passado e estando plenamente no presente, consciente da natureza inconstante de todos os fenômenos. Mais ou menos isso.

Nesse meio tempo, ainda estou aqui, na meditação, consciente da sensação e examinando meu corpo. Algumas vezes, percebo leves sensações e formigamentos; outras vezes, juro que não consigo perceber sensação nenhuma. Hoje, minha tentativa de concentrar a atenção no meu corpo parece ter emperrado em algum lugar: o exame simplesmente não está progredindo. Nessas ocasiões, somos aconselhados a "simplesmente observar com uma mente calma e serena". Estou sendo muito repetitiva? Para transmitir alguma coisa deste curso a vocês, terei que pedir que escrevam na porta da geladeira e leiam todos os dias o seguinte: "Recomece. Recomece. Comece com uma mente calma e silenciosa, alerta e atenta, equilibrada e serena..."

Bem, tenho que parar de escrever e voltar para o salão de meditação. Algumas vezes, tenho medo de ser pega e ter meu caderno confiscado. Será que existe um alarme de fumaça nos banheiros, ou uma câmera? E então me pego pensando: Isto aqui pode até parecer uma prisão, mas tenho certeza de que há um alarme de fumaça.

Nem os lábios de Viv, nem minha filha, nem o gato do vizinho parecem reais agora. A única realidade é interior, mas não sei ao certo se isso é bom ou ruim.

Hora do chá. Eu bem podia estar meditando, mas passei mais uma hora dormindo. Parece cruel e preguiçoso. Sou uma pessoa má. E descobri por que senti calores no corpo no início da semana. Aparentemente foi o picles que acrescentei à comida na hora do almoço. Por incrível que pareça, há picles picantes entre os condimentos disponíveis, provavelmente por causa do alto percentual de indianos nesses treinamentos. Mas Goenka diz, em uma de suas palestras noturnas, que se alguém experimentar muito calor no corpo, provavelmente é por causa do picles. Nada de experiências místicas.

A garota que chorou ontem está agora batendo as cadeiras e parecendo bastante aborrecida. E há também uma jovem indiana que é tão calma e graciosa que dá a impressão de que medita a centenas de anos. Hoje de manhã, a jovem indiana olhou com tanta compaixão para a garota aborrecida que foi realmente bonito. Pena que a garota aborrecida não viu esse olhar, pois não levantou os olhos. Apenas eu vi, porque ergui os olhos quando não deveria fazê-lo.

A esta altura, quase todas as quarenta mulheres estão fazendo contato visual e sorrindo. Apenas minha colega de quarto mantém os olhos firmes no chão. Que ironia para ela ter uma pessoa cujo apelido é "Tigresa" como colega de quarto. Sei que é maldade minha, mas comecei a pensar em modos de distraí-la. Hoje lavei duas calcinhas bem pequenas e as pendurei no varal do lado de fora do quarto. Sou má? E trouxe um patinho amarelo de banheira comigo (tive a sensação de que o curso poderia precisar de alguns absurdos surreais) e o coloquei na janela, assim ela não poderia deixar de vê-lo. O patinho amarelo é tão incongruente que apela para o meu senso de ridículo, mas pode não apelar para o dela. Sou má, eu sei.

À noite, tenho mais uma hora de total imobilidade e fico satisfeita, mas não deixo de pensar na capacidade de nossos corpos proporcionarem dor. Eu me aproximo de Frances e pergunto: "Como posso evitar uma aversão à dor? Dói tanto!" Ela é muito delicada e me diz para observá-la com neutralidade e analisá-la: "É pior aqui ou aqui? Onde está o centro dessa sensação? Onde ela parece terminar?" Estudo Frances à maneira dos instrutores de PNL, que aconselham quem tem medo de aranhas a estudar as criaturas objetivamente, procurando informações. Frances é um bom exemplo dos ensinamentos. Ela é serena. Mas sua postura é terrível. Vocês estão vendo como sou má?

Chegamos à noite do oitavo dia e, finalmente, o senhor idoso está dizendo coisas em sua palestra que começam a fazer sentido. Explica novamente que, se vejo alguma coisa no mundo exterior de que gosto ou não gosto, isso pode me levar a criar um desejo ou uma aversão. Isso nós já sabemos, não é? Agora ele explica que, sem discernir o que é desejo do que é aversão, o corpo leva a sensação para a mente inconsciente, e nos viciamos com a *sensação* de desejo ou aversão. Ao treinar a mente para simplesmente observar, sabendo que "isso também vai passar", chegamos a saber e, mais importante, a SENTIR do que se trata. O que realmente é. No presente. Precisamos nos liberar do vício de sensações de desejo e aversão. Precisamos saber em nosso corpo, e não apenas em nossa mente, que prazer e dor passarão. Sabendo disso de verdade, quando algo no mundo ameaça roubar nossa serenidade, ou, mais precisamente, quando nos percebemos permitindo que uma pessoa ou fato exterior nos roube a serenidade, saberemos reconhecer a sensação e não nos deixaremos enganar. Acho que é isso.

Treinar novamente a mente inconsciente? Então é disso que o curso trata. Talvez ele tenha esperado deliberadamente até a noite do oitavo dia para começar a dizer isso com todas as letras, pois queria que, primeiro, tivéssemos a experiência.

Nono dia e perdi a meditação das quatro e meia às seis e meia da manhã e voltei a dormir até às cinco e meia. Apenas me dei conta disso quando percebi que era a única das quarenta mulheres a usar o chuveiro quando deveria estar meditando. Parece que sou a única pessoa má por aqui.

Os ensinamentos da manhã foram novamente fascinantes. Como sabemos, somos constituídos de mente e matéria. Em nível atômico, o corpo é apenas um conjunto de vibrações de alta frequência. Tenho certeza de que não estou explicando com precisão científica, mas vocês entenderam o que quero dizer. Somos compostos de partículas subatômicas, certo? Somos energia. Então...

Imagine uma esponja em formato de ursinho. Se o urso é novo e você joga água na cabeça dele, a água vai fluir livremente da cabeça para os pés. A mesma coisa acontece quando tentamos fazer a mente fluir pelo corpo. Um livre fluxo de energia sutil é criado quando a mente se move livremente através do corpo.

Se vocês nunca fizeram algo parecido, deixem-me tentar explicar. Ponham a mão que não está segurando o livro no colo, na mesa ou onde for. Agora tomem consciência da sensação das pontas dos dedos tocando a superfície. Tentem captar alguma sensação na região entre as pontas e as juntas dos dedos. Em seguida, entre as juntas e os nós. Depois, mova lentamente sua atenção pela mão, tomando consciência de qualquer sensação mínima, sutil, até alcançar o pulso. Tudo bem?

Agora, vamos voltar ao urso. Seu corpo, como o meu, não está livre das complicações, assim como a esponja de ursinho. Portanto, quando vocês deslocam a energia pelo corpo, ela pode acabar emperrada. Por exemplo, posso me concentrar no topo da cabeça, mas, à medida que desço, percebo que minha testa não me permite sentir nenhuma sensação, a menos que eu pare de relaxar a tensão nas vias nasais. Aqui eles ensinam que não devemos tentar mudar a situação.

Não devemos relaxar deliberadamente os músculos, mas observar (repitam comigo) "com a mente calma e serena". Somos constantemente lembrados de não reagir a nenhuma sensação negativa com aversão ou positiva com desejo: "apenas observem a realidade como ela é e, finalmente, a sensação passará". Tudo passa, tanto as coisas boas quanto as ruins. Por isso o mestre nos ensina a tomada de consciência e a serenidade. Essas duas coisas são, ele explica, "como as asas de um pássaro ou as rodas de uma carroça": ambas são igualmente importantes.

Todo o processo está começando, finalmente, a fazer sentido. Agora acredito que entendo um pouco melhor do que o budismo trata quando diz que: 1) a vida é sofrimento; e 2) existe um caminho para fora do sofrimento. Segundo o sr. Goenka, é disso que se trata.

Como isso se aplica no mundo real? Acredito que amanhã, ao recebermos nossos telefones de volta, descobriremos o que aconteceu lá fora, para o bem ou para o mal. Será que ficaremos surpreendentemente calmos ao saber que alguém morreu, alguém nasceu ou o chocolate foi proibido?

Por falar nisso... parece que, quando todas as "sensações grosseiras ou bloqueadas" (ou seja, a dor) e as "áreas cegas" (ou seja, sem sensação) desaparecem e podemos sentir o fluxo livre de sensações sutis em cada parte do corpo, dentro e fora... a experiência é extraordinária. Vocês devem estar pensando: "Parece ótimo. Será que eu vou querer experimentar isso?" Se sua resposta for sim, ótimo: apresentei a vocês um possível início de desejo. Ou vocês se apresentaram a ele.

De volta à meditação... não quero perder um segundo para voltar a meditar. Somos tão limitados aqui... temos apenas dez horas por dia para praticar.

Noite. Posso ficar sentada durante uma hora sem me mover, sem dormir e sem aversão à dor. Viva! Quando examino a dor, tentando descobrir onde é o seu centro e quais são os limites dela, como Frances sugeriu, parece que ela diminui e, algumas vezes, desaparece completamente. É muito misterioso. Hoje eu estava totalmente concentrada. Perto do fim, minha perna direita ficou dormente e pensei: "Dormente? Ah, percebo que essa sensação é uma mistura de 'quente' e 'pesado'. Que interessante!" E nem pensei em me mover.

Em seu discurso da última noite, o mestre nos conta duas histórias... Uma eu conheço e a outra, não. Vale a pena contar as duas. Por favor, façam uma marca na margem desta página para encontrá-la depois.

Prontos? Na primeira história, um grupo de homens chega para ver Buda. Um o acusa de ser um charlatão, outro lhe diz que ele é um deus, o terceiro o ameaça e o quarto o bajula e lisonjeia. Buda sorri para todos (serenamente, suponho) e lhes agradece, mas diz que, como não pode aceitar seus presentes, eles continuam a ser propriedade de quem os trouxe. Lembrem-se dessa história da próxima vez que alguém atacar vocês com xingamentos ou bajulá-los com elogios desnecessários e inoportunos. Sabemos que os presentes pertencem a quem os deu porque dez pessoas nos verão de dez modos distintos. Alguns acreditam que somos santos, e alguns nos veem como pecadores. Algumas pessoas me consideram uma escritora talentosa, mas meu ex-marido acha que sou louca; muitas pessoas me acham sábia, mas minha filha muitas vezes julga minhas ações grande tolice. Onde está a verdade? A verdade deve ser manter a serenidade e repetir comigo: "Por favor, leve seus presentes ao sair".

A segunda história é sobre um artista louco. O homem pinta um quadro de uma mulher muito bonita. Ele a pinta com todos os atributos externos de que mais gosta e lhe dá uma expressão que mostra todas as qualidades interiores que ele gostaria que ela tivesse. Então o homem se senta, chora e se lamenta por não poder estar com essa mulher. Ele não será confortado, e ninguém dirá a ele que é apenas um quadro. Rá-rá. Nunca fizemos isso, não é?

Ele pinta um segundo quadro de uma mulher feia. Exagera cada traço que mais abomina e a pinta zangada, desequilibrada e louca. Então não sabe o que fazer, pois não quer que ela fique em sua casa e não pode fugir da pintura com a rapidez necessária. Rá-rá. Isso está além de nossa experiência também, certo?

Sexta respiração (Dia 10)

O último dia, finalmente. Sinto-me estranhamente ansiosa em ter meu telefone de volta. Ficarei aliviada de falar com minha filha, ver as mensagens e descobrir como está a situação internacional depois de dez dias. Será que alguém morreu? Aqui nos lembram de que todas as coisas, e todas as pessoas, passarão. Talvez eu tenha aprendido algo... Pelo menos, estou percebendo meu apego à esperança de que nada nem ninguém tenha morrido.

Mas, quando o silêncio finalmente cessa, ignoro meu telefone e prefiro caminhar com uma das participantes, uma garota negra, bela e alta que se chama Helen. Pergunto:

– Então, o que você tirou disso tudo?

Ela ri. – Quer caminhar um pouco?

– Sim. – Gosto de ouvir Helen, que fez o curso NOVE vezes. Tem gente de todo tipo.

– A questão é que tenho muitas objeções ao curso, muitas objeções à filosofia, e tenho objeções a praticamente tudo. – Ela sorri. – A primeira vez que vim, odiei tanto que jamais imaginei que voltaria. Mas ele me ajudou e continua a ajudar. Por isso, eu volto.

Subitamente, tenho receio de que, ao retornar para Londres, o curso se mostre útil e eu termine querendo voltar.

– Tenho uma objeção à ausência de alegria – reclamo. – Por que aprender sobre a felicidade tem que ser tão sofrido? Nenhum sorriso durante dez dias?

– Se você olhar a seu redor hoje, verá que todos estão sorrindo. Todos estão felizes.

– Sim. Porque acabou.

Helen ri da minha indignação. – Não importa de onde as pessoas venham, elas se comprometem a ser felizes quando voltarem para casa.

– Em comparação com este nível de infelicidade e ausência de risos, este nível de miséria profunda, tudo fica melhor.

– É um trabalho interior sério, Isabel, e é apenas por dez dias.

Enquanto andamos pelo jardim, tranquiliza-me saber que uma das alunas "antigas" também não concorda com muita coisa.

– Desconfio da afirmação de que esta é a "verdadeira" interpretação do budismo – Helen diz.

Pensamento livre, que alívio!

Passamos por uma garota que parecia furiosa durante toda a semana. Ela sorri agora.

– Você parecia tão aborrecida durante toda a semana – arrisco-me a lhe dizer com honestidade.

– Sim. Eu estava zangada. Tinha que resolver algumas coisas. Mas acho que já está resolvido agora.

Voltamos para a cantina e descobrimos que estão servindo *chai* e bolo caseiro, e todos estão conversando como se quisessem recuperar o tempo perdido. Sons de risadas enchem o salão... Maravilhosas gargalhadas humanas. E a mágica é que somente se vê boa vontade e simpatia. Assim como deve haver entre os assassinos e os guardas, quando Goenka conclui seus ensinamentos.

Uma das garotas comenta:

– Vocês estão sabendo que depois haverá um debate? Será que o romance de Brad e Angelina vai durar?

Agora há um espaço onde homens e mulheres podem conversar, mas ninguém se moveu. Em vez disso, começamos a fazer justamente o que fomos aconselhados a não fazer: comparar experiências. Parece que muitos experimentaram algo que comecei a sentir: o surgimento e posterior desaparecimento dos *sankharas*, assim como memórias enterradas se libertando.

Uma das garotas confidencia:

– Fiquei apavorada com o que vi nas meditações. Vi cobras e aranhas subindo e saindo pela boca, pelo nariz, pelos ouvidos, e apenas continuei imóvel e me lembrei de ser serena.

– É um alívio ouvir isso – comentou outra. – Vi uma estranha imagem de formigas rastejando e, em seguida, desaparecendo. Acredito que deve ter sido um sonho.

Uma terceira garota relata uma experiência de "pus saindo e entrando em mim". E uma quarta comenta:

–Também tive pus.

Ouço todas essas histórias com espanto.

Uma senhora muito magra conta sua história.

– Perto do fim de uma das meditações, eu estava quase me levantando quando tive uma sensação extraordinária, como se um tijolo tivesse surgido de algum lugar bem profundo e se alojado bem abaixo do diafragma. A sensação era tão real que temi não poder respirar. Assim, simplesmente sentei-me e fiz tudo o que podia para continuar serena. Respirei suavemente e observei, como ele nos disse para fazer, mas não me movi. Continuei sentada e observando. Pude perceber que quase todos tinham ido embora para o intervalo, mas não ousava me mover; permaneci sentada, meditando com a mente mais calma que consegui. As pessoas começaram a voltar e se preparar para a próxima hora de meditação. Eu dizia para mim mesma para não ter medo, nem me agitar ou coisa assim. Simplesmente continuei respirando superficialmente, pois sentia que não podia respirar fundo com um tijolo dentro de mim. Uma hora se passou e, finalmente, senti aquela sensação sumir.

O silêncio dominou a mesa.

– O que você acha que era? – perguntei, finalmente.

– Acredito que fosse algo com o meu casamento. Durante mais de vinte anos, vivi um casamento infeliz. Guardei muita coisa dentro de mim. Guardava diariamente. Acho que algumas dessas "coisas" estavam saindo.

Então todas essas mulheres não estavam apenas "sendo"; estavam sentadas "fazendo algo", liberando o *sankhara*?

Lamentei que meu inconsciente não me tenha oferecido imagens tão ricas como formigas, cobras ou pus. Tudo o que senti foi dor.

E uma luz branca. Descartei aquilo como o sofrimento de meu cérebro com a falta de cafeína. Ah, e muito calor algumas vezes, mas ele acabou quando parei de comer picles no almoço.

As garotas pareciam achar meus comentários bastante críveis. Eu também comentei:

– Estou surpresa de que todos tenham obedecido às regras.

– Eu não – observa alguém. – Ontem subi numa árvore.

– Mas não há regras contra subir em árvores.

– Oh, não, acho que não.

– Sarah enviou mensagens de texto para o namorado durante toda a semana – diz outra das participantes.

– Sério? – Até eu fiquei chocada. – Mas isso significa que você não ficou em isolamento, Sarah.

Ela está bastante desanimada.

– Sei. Para ser honesta, me arrependo disso. No começo da semana, quando eles disseram que tínhamos que entregar os telefones, achei que fosse um teste ou uma piada e continuei com o meu. E quando ele me mandou um texto e perguntou "Está tudo bem?", fui burra o bastante para responder. Daí para a frente, ele sempre queria um comentário atualizado. Percebo agora que deveria ter entregado o celular.

Confesso que fiz algumas anotações. Elas me perguntam se senti que a experiência foi menos rica do que poderia ter sido se eu não tivesse conversado com vocês.

– Não sei. Talvez sim. Talvez não – respondi.

Quero ver Jo, mas ela foi embora na véspera. Os estudantes "antigos" podem fazer apenas parte do curso. Vou até uma das garotas que me parecia bastante lúcida. Seria alguém com quem eu poderia cavar um túnel, se estivéssemos em *Um sonho de liberdade*.

– Gosto de você – falei. – Parece que você fez todo o processo e ainda preserva uma certa perspectiva sobre tudo. Você até retribuiu o sorriso quando sorri para você.

– Não é verdade que eu tenha uma certa perspectiva. Acontece que eu me distraio muito facilmente – diz ela.

E é verdade, ela parece encantadoramente esquisita quando fala. As impressões que criei sobre as pessoas estão todas erradas. São apenas quadros que pintei.

À noite, organizo uma festa do pijama em um dos quartos. Apenas para as garotas, claro. Os alojamentos dos meninos ainda estavam fora dos limites. Mas encontrei Justin no jardim e lhe pedi para me trazer os chocolates que ainda estavam no carro. Assim me torno muito popular, levando caramelos de chocolate após uma semana de abstinência de açúcar.

Contamos piadas ridículas até tarde da noite, ou seja, onze horas. Mesmo o absurdo mais simples é hilário.

– Vocês conhecem a piada do trator mágico? Ele desce pela viela e a transforma num campo. – Rimos durante dez minutos.

Fiz questão de convidar minha colega de quarto. Mas, mesmo falando, ela é muito séria. Depois, quando voltamos para o quarto, conversamos até as duas da manhã.

Confesso que achei sua "determinação" quase assustadora.

– Eu só estava muito, muito concentrada – diz ela.

– E você sempre era a última a levantar depois da meditação.

– Eu levava muito tempo para voltar à Terra.

– E você não ergueu os olhos para mim durante toda a semana.

– Sim, mas foi muito difícil. Você é muito engraçada. Um dia, tive que sair correndo do quarto para não cair na gargalhada.

Para não cair na gargalhada?!

– Por que você não quis rir?

– Devíamos ficar em silêncio, não é?

Então ela gostou de mim desde o início. Todas aquelas imagens que eu tinha, como o homem que pintou o quadro e não poderia viver com ele, estavam dentro de mim. Não é uma percepção reconfortante.

No dia seguinte, partimos e nunca me senti tão feliz de entrar num carro e partir de um lugar tão bonito. Estou pegando uma carona com os mesmos dois companheiros de viagem.

– Você parece mais magro, Justin. – Eu estava querendo dizer isso há muitos dias. – Então, como foi para você?

– Já fui até o Polo Sul. Não vimos nada, além de neve, durante 61 dias, exceto pelo dia em que vimos um pássaro. Cada dia era mais terrível, porque tínhamos que empurrar um trenó, e todas as partes do corpo doíam. Aqui foi assim. Mas acabei me divertindo.

– Tom?

Ele fez uma pausa muito longa e então falou: – Estou feliz por ter vindo. E você, Isabel?

Demoro algum tempo para responder. Já se passaram dois meses. Não acho que esteja mais serena; não que eu perceba, mas tomei gosto pela viagem interior da meditação. O curso me transformou numa viajante meditativa. Continuo me sentando imóvel, não durante uma hora de manhã e uma hora à noite, como o sr. Goenka recomenda, mas apenas durante trinta minutos todas as manhãs. Agora, consigo me sentar e não me mover. É um começo. Para meditar em qualquer tradição, é disso que você precisa.

E Emily tem um belo Buda de madeira que atualmente se senta em meditação em nossa cozinha. Olho para ele e penso que ele realmente abriga, em sua pequena alma de madeira, tudo que o elemento madeira deve trazer para mim e para o lugar em que ele se encontra. Ele não faz nada; simplesmente é.

Se eu consigo imitá-lo e me sentar imóvel todas as manhãs, então a estratégia e o bom julgamento crescerão em mim, tenho certeza. De modo invisível, imperceptível, assim como a madeira cresce, vou adquirir um senso de direção. Posso até me lembrar de ser serena na maior parte do tempo. A menos que alguém que amo acenda um cigarro, pois, nesse caso, não peço desculpas por perder a cabeça. Algumas vezes, não ser serena também é importante, não é?

O Buda, porém, continua sentado, perfeitamente calmo... e eu o admiro. Da próxima vez que fizer um curso de meditação, escolherei um caminho diferente, uma compreensão diferente do caminho. Existem muitos cursos de meditação em todo o mundo. Aprender simplesmente a sentar, me acalmar e respirar deve ser uma das maneiras mais importantes de pôr em prática minha religião da bondade. Não importa o clima. Não importa o que a vida nos ofereceu ou tirou. Fico serenamente animada com o fato de que, por conseguir me sentar imóvel, devo ter feito um pequeno progresso.

O quarto elemento – Água

Jornada de vida – expressão – poder imenso e bondade imensa – sustenta a vida apenas sendo o que é – vence sem fazer – ouvidos

Quem é você, afinal?

Então, no momento errado da jornada, um mestre espiritual aparece em minha vida. Eu esperava levar Viv e seus lábios para passear e satisfazer a natureza viciante do desejo, mas tudo está caminhando na direção contrária. Será que estou convidando Viv para um encontro espiritual? Essa não é uma maneira de afastar qualquer homem de um potencial relacionamento? Três encontros e pareço uma dessas malucas excêntricas da Nova Era. Bem, tudo o que posso dizer em minha defesa é que não saí por aí procurando repouso para a alma; ele simplesmente chegou na minha caixa de entrada. Literalmente, no Facebook.

Eu estava pensando sobre o elemento seguinte: água; sobre poder e bondade, e como uma coisa tão leve pode furar uma rocha. A ridícula "característica de água" que eu trouxe depois das consultas de *Feng Shui* me lembra de todas essas coisas. Ela cria o som de água todos os dias, evita que o ar fique muito seco e faz minha alma deixar de fazer para apenas ser. Lembro-me de que Jesus disse uma vez para o mar revolto: "Acalme-se", e as ondas acalmaram-se.

Não acredito que as coisas aconteçam no momento em que precisamos delas. Mas, algumas vezes, percebo que os fatos parecem sugerir uma certa sincronicidade, quer eu acredite ou não nisso. Recebi uma mensagem de uma leitora no Facebook. Como quem já está familiarizado com o Facebook sabe, ele se chama assim porque as mensagens chegam com uma foto do rosto do remetente. A foto ocupava poucos centímetros da tela. Em um lado do retrato estava a sorridente leitora, Hannah, e, do outro, um homem de ótima aparência com olhos que pareciam oceanos: cheios de amor infinito, calor, dor, jovialidade e determinação, tudo ao mesmo tempo. Olhei para aquele retrato minúsculo. Seu rosto tinha o tamanho da ponta do dedo mindinho.

"Quem é esse homem tão interessante?", escrevi imediatamente para ela. "É seu marido? Namorado? Ele parece um homem incrível."

Ela respondeu em seguida. "Não, não é meu marido. É meu guru."

Guru? Será que ela estava falando sério? As pessoas ainda têm gurus? Nunca tive o menor interesse por gurus, mas alguma coisa nos olhos daquele homem me interessou.

"Será que eu posso conhecê-lo?"

"Sim. Ele mora em Londres. Brixton."

"Um guru em Brixton? Você deve estar brincando." Brixton é uma região conhecida pela boa música e pela maconha.

"Ele faz palestras em todo o mundo, principalmente nos Estados Unidos, Irlanda, Alemanha, Itália e Índia, mas mora em Brixton. Mas..." Ela hesitou. Sabendo que sou escritora, subitamente parecia querer protegê-lo. "Posso perguntar por que você quer conhecê-lo?"

Pensei nisso por um segundo. "Quero conhecê-lo, Hannah, porque ele parece íntegro. Ele parece um oceano, e não conheci muitas pessoas que parecem oceanos. Não importa o que ele ensine, quero aprender."

"Muito bem", ela escreveu. "Você passou no teste. Dê uma olhada no *site* dele – www.mooji.org – e poderá ouvir algumas gravações e muitos trechos no YouTube."

Hannah me falou que, nessa tradição, os encontros eram chamados *satsangas* (de uma palavra que, em sânscrito, significa "ligar-se à verdade") e são abertos ao público, mas em breve haverá uma sessão privada para seus seguidores mais íntimos. Esse encontro seria no dia da festa de aniversário de um amigo meu que mora naquele bairro de Londres. Então, eu me diverti na festa e depois chamei um táxi, mas todas as empresas de táxi previam uma espera de 45 minutos. Saí da festa, tirei os sapatos e corri até a rua em busca de um táxi. Eu não podia e não devia chegar atrasada. Estava descalça, me desviando do trânsito, concentrada e determinada a encontrar um táxi.

Por que eu estava tão determinada? Não acredito em gurus. Acredito que as pessoas podem perder seu poder vendo no mestre a fonte de sabedoria, quando deviam se alimentar diretamente dessa fonte. Mas, de todo modo, eu estava correndo. Talvez apenas quisesse estar na presença de um homem que parece um oceano. Talvez um pouco de sua sabedoria jorrasse sobre mim.

Quando cheguei, eram seis horas e 57 minutos, e o encontro deveria começar às sete. Todos os outros já estavam sentados, aguardando-o, e havia apenas um espaço minúsculo à esquerda, na sala principal da casa dele, literalmente a seus pés. Apontam-me esse lugar e eu me sento, agradecida. Oferecem-me um pouco de água. Este é, obviamente, o lugar certo.

A sala está pintada de cores agradáveis e vibrantes, com grandes fotos de mestres espirituais hindus nas paredes. Quase todas as pessoas são brancas, mas há alguns asiáticos; quase todas são mulheres, e alguns são homens com o que chamo de "um lado feminino muito desenvolvido".

Pouco depois, Mooji entra. Não sei o que vocês pensam ao ouvir a palavra "guru". Mas, não importa o que vocês estejam imaginando, posso garantir que Mooji não é nada disso. Imagino que ele esteja na casa dos 50 anos. É jamaicano, absurdamente bonito, jovial e engraçado. Usa até *dreadlocks*.

– Então, que 'cês acham? – ele pergunta, com um sotaque que me faz rir e um timbre bastante grave que me faz ronronar.

Fez-se um breve silêncio e, em seguida, ele pergunta jovialmente:

– Alguém tem ideia do que tratam esses encontros? Alguns de vocês vêm há muito tempo. Mas alguns rostos são novos para mim.

Aqueles que costumam frequentar os encontros há um longo tempo se calam e, portanto, já que não sou um passarinho tímido, resolvo diverti-lo dizendo:

– Bem, nunca estive aqui, mas acho que posso adivinhar do que os encontros tratam.

– É mesmo? – Seus olhos brilham com uma alegria infantil.

– Acho que podemos estar no planeta para aprender o amor incondicional e acredito que você sabe alguma coisa sobre isso. Por isso a sala está tão cheia. Nunca o vi antes, mas diria que as pessoas estão aqui para aprender isso com você.

Ele ouve, faz uma pausa de alguns segundos e então responde:

– Amor incondicional, você diz? E você fala uma coisa sobre a qual nada sei. Você diz que sei como fazer isso. Mas sinto que não sei.

– Mas você deve saber mais que nós, não é?

– O amor é uma coisa "que se sabe"? Tem a ver com "saber" algo?

Hum. Talvez não. Silêncio. Sempre um bom sinal.

– Não quero tratar do uso das palavras – continua ele. – Não sei se é algo que se possa fazer. Algumas religiões ensinam que é bom praticar o amor, mostrar amor e tudo o mais porque a humanidade precisa disso. Mas também existe um lugar do qual o amor flui de você passivamente, sem que seja necessário qualquer prática. Você vai até um lugar de reconhecimento, de compreensão, no seu interior e o amor simplesmente flui passivamente. Não apenas o amor, seu ser se torna passivo. Acho que isso é amor. Não há pressão quando há passividade. E por quê? Porque não há ninguém que possa fazer algo passivamente. Sua mente apenas pode imitar a passividade. Portanto, já existe algo passivo em nós. E o *satsanga* é uma oportunidade para reconhecer e descobrir isso.

Agora sei por que corri até aqui. Um estado de passividade a partir do qual o amor flui? Sim, por favor.

Ele continua:

– Não criar. Não imaginar. Mas estar diretamente em... eu ia dizer "em contato", mas essa palavra também não é boa, porque contato significa uma coisa perto de outra, e é algo mais íntimo que o contato, mais íntimo que a própria intimidade: ser um com seu ser original. Desse estado alguma coisa flui. E nós a chamamos de amor. Passivo e incondicional.

– Incondicional?

– Sim, porque não há expectativa. Não se trata de troca ou barganha. Não existe algo como "Amo você, se...". Não existem condições. Apenas aceitação. Mas, como "fazer" isso, eu não sei. E essa é a felicidade. Porque, se soubesse, então poderia alegar ter algo especial. Minha sensação é de que somos esse amor, plena e completamente.

– Mas então por que o mundo está desse jeito?

– Esse amor ou esse estado de ser parece obscurecido pelo fascínio pelas coisas exteriores. Intenção, ideal, objetivo, pensamento parecem ocultá-los. E estamos investindo uma energia tremenda em pensamentos, esforços e projeções. Por isso, devemos percebê-los e, de alguma maneira, eliminá-los. Não sei se "eliminar" é a palavra certa... talvez "abandonar" ou "ignorar", pois não há nada mais poderoso que você possa oferecer de si mesmo que sua atenção. A atenção é o que você pode dar. Mas, se você dá sua atenção a muitas coisas, a tantas intenções, fragmenta seu poder.

Continuamos sentados imóveis, tentando digerir tudo isso.

Ele sorri para nós passivamente. Depois de algum tempo, pergunta:

– Quem é "eu"? Como "sabemos"?

Sento-me em silêncio, tentando sentir o que é "eu". Fico feliz por não ter feito uma pergunta, porque, em vez de nos dar respostas, ele faz outras perguntas. Quem é que sabe? É nossa mente que sabe? Se perdermos a memória, ainda seremos nós mesmos? Quem é que observa nossos pensamentos? Vocês podem responder a alguma dessas perguntas?

Depois de algum tempo, continuo perdida. O próprio "eu" começa a se desintegrar com essas perguntas e eu me sinto serena e estranhamente bem-aventurada. Não tem a ver com as palavras, as perguntas, o tom de voz ou o rosto desse homem. É sua presença. É como se ele tivesse passado tanto tempo meditando nesse lugar mais profundamente pacífico, o qual Cristo chama de "reino de Deus interior", que tivesse trazido esse reino, esse estado de ser, consigo. Como se ele pudesse estar ao mesmo tempo lá e aqui na sala.

De algum modo, nesta sala há dois Moojis: um jamaicano insolente e jovial de Brixton, que sem dúvida já fumou maconha como qualquer um nessa área de Londres, famosa pelo consumo de drogas, e outro Mooji, uma presença fora do tempo e do espaço, que se transformou nele ou na qual ele se transformou. Ele realmente parece um oceano. A diferença é que ele fala e pergunta o tipo de coisa que o oceano poderia perguntar se tivesse voz: "Quem é você?" A resposta não pode se referir ao pensamento, à emoção ou ao corpo. Quem sou eu? Descubro que não sei a resposta.

Algumas pessoas respondem, algumas fazem perguntas. Em certo sentido, não estou realmente prestando atenção. Ele poderia estar ensinando em árabe ou chinês e não faria diferença para mim. Fico feliz por estar aqui. Mas o que isso significa? Certamente não faço parte dessas pessoas espiritualizadas, mas a presença dele é como estar em casa.

No fim das duas horas de sessão, ele estende a mão para me cumprimentar. Sou a primeira porque sou nova ali e falei primeiro, eu acho; em segundo lugar, porque estou sentada aos pés dele. Mas sinto que, apesar de todos os outros seres na sala, ele percebe a mistura única de energia e consciência que se chama "Isabel". Não que eu queira ser especial: obviamente todos são especiais. Mas imagino que minha personalidade ou meu ego queira que ele perceba como sou especial, entre todas as pessoas especiais com as quais ele está mais familiarizado.

Em seguida, todos se levantam e caminham para cumprimentá-lo. Um de cada vez: alguns o abraçam, outros apenas seguram suas mãos por alguns minutos enquanto olham em seus olhos. Ninguém fala nada. Eu apenas observo. É incrível observar o nível de intimidade de cada comunicação. Não é como uma noite de domingo comum em Brixton. Nem como uma noite no Ritzy ou na sala de concertos da Brixton Academy.

Isso foi há um mês. Neste fim de semana ele oferecerá um curso intensivo e eu voltarei lá. Quero voltar e descobrir do que ele está falando. Quero ouvir e aprender. Cristo fala do reino de Deus dentro de nós. Mooji parece estar falando disso também, mas como ele o encontrou? Quem somos nós, afinal? Mooji sabe todas as respostas.

A PRIMEIRA ONDA

Num sábado, levo uma amiga às duas sessões de *satsanga* num curso intensivo de fim de semana. Fiona, uma antiga colega de colégio, diz, com a suspeita natural que aprendi a gostar nela: "Não é uma religião, é? Ele não vai tentar me converter, vai?" Convido Viv também, mas ele olha para as imagens do *website* e diz: "Isso é o que chamo de ricos e famosos. E não há negros entre eles". A condenação antes do julgamento o impede, e a muitos de nós, muitas vezes, de explorar novas ideias e maravilhas que podem desafiar ou modificar nossas perspectivas. Assim sendo, Fiona e eu chegamos a Brixton e encontramos um belo salão comunitário ricamente decorado, já quase lotado, com todos os grupos raciais e, de modo surpreendente, com tantos homens quanto mulheres.

Mooki entra, movendo-se lenta e cuidadosamente, e ocupa seu lugar na frente. Em teoria, ele é apenas um jamaicano de meia-idade com uma bela face e um belo sorriso, e ainda há alguma coisa em sua presença que só senti na presença de Sua Santidade, o dalai-lama. Percebendo a semelhança, lembro-me de que a palavra "dalai", na verdade significa "oceano" em mongol. Um lama é um mestre espiritual.

Portanto, dalai-lama, na verdade, significa "mestre espiritual cujo entendimento é profundo como o oceano".

A presença do dalai-lama é extraordinária, uma sensação de espaço infinito que existe nele e dele emana. Como descrevi na época, era como se ele olhasse para mim com binóculos em posição invertida; ele olhava para todas as coisas de uma perspectiva que fazia eu me sentir uma formiga. Em sua graça e infinito amor, o dalai-lama olhava com compaixão esta formiga curiosa, que fazia perguntas ridículas e gaguejava, mas eu sentia que não podia me elevar à sua perspectiva, mas podia trazer seu ponto de vista até mim. Ele era como uma girafa sendo entrevistada por uma formiga. E eu sentia essa incompatibilidade, mesmo quando ele apertou a minha mão.

Mas Mooji é diferente. A distância ainda existe. Mooji também está acima de mim, mas, de alguma forma, ele a elimina. É uma altura diferente, um oceano diferente, mas a mesma sensação de espaço, de um horizonte quase infinito. Aqui, em sua presença, o infinito se manifesta neste homem jovial com *dreadlocks*. É mais fácil vê-lo que ver o dalai-lama. Se vocês forem a Brixton, no sul de Londres, poderão vê-lo e senti-lo pessoalmente. E se vocês procurarem "Mooji" no YouTube, poderão ouvi-lo falar sobre muitos temas diferentes.

Como ele conseguiu ensinar assim? O *website* de Mooji explica que, em 1987, ele teve um encontro que mudou sua vida: um místico cristão o levou, por meio de oração, à experiência do divino em seu interior. A biografia do *website* nos conta: "uma grande paz invadiu seu ser e, desde então, ele permaneceu assim". Depois Mooji viajou para a Índia com a intenção de visitar a casa de Sri Ramakrishna em Calcutá, mas, em vez disso, encontrou-se com Sri Harilal Poonja, conhecido por muitos de seus devotos como Papaji. Mooji descobriu que Papaji era um "Buda vivo", um mestre plenamente iluminado. A biografia de Mooji nos ensina que, "por meio do poder e da graça da presença de seu mestre, sua mente fundiu-se de modo irreversível com sua fonte".

"Como assim?", vocês podem estar se perguntando. "Será que nossa mente apenas se mistura com sua fonte na morte?" Pelo jeito, não, pois Mooji está bem vivo.

Desde 1999, o próprio Mooji tem respondido às perguntas de muitas pessoas que vão até ele em retiros, encontros formalizados chamados *satsangas* e mesmo em conversas por Skype com pessoas do mundo inteiro. Papaji e agora Mooji são mestres da tradição *advaita*, que é simplesmente o conhecimento do "ser imutável". (Que coisa é essa? Continue lendo.) Esse conceito nos é transmitido sobretudo por meio das perguntas do mestre, que nos permite experimentar as perguntas em vez de buscar respostas. Isso soa como conversa mole? Bem, é. Devemos encontrar aqui a libertação da ansiedade, mas vocês vão ter que prestar atenção.

Mooji faz uma mesura e nos cumprimenta com uma mistura de "*namaste*" (que significa "Saúdo seu Deus interior", para aqueles que estão meio enferrujados em sânscrito) e um "bom-dia e sejam bem-vindos ao *satsanga*". O formato é simples: qualquer um que "busca a verdade" e tem uma pergunta a fazer é convidado a se apresentar e fazê-la.

– Então? – Ele sorri. – Alguém para a cadeira elétrica?

Uma mão imediatamente se ergue, e uma mulher que imagino estar na casa dos 30 anos praticamente corre até a frente.

– Gostaria de fazer uma pergunta sobre uma experiência que tive há cerca de quatro anos e que nunca me abandonou. Eu estava lendo *I am that I am* [Eu sou aquilo que sou] e os elogios de Stephen Wolinsky para... Ah, um homem cujo nome não sei pronunciar.

– Sri Nisargadatta Maharaj? – sugere Mooji.

– Esse mesmo. Eu estava meditando profundamente nas palavras dele e tive a experiência mais incrível. O que eu achava ser eu desintegrou-se. Minha mente se abriu e o mundo que pensei estar fora de mim penetrou em mim como se estivesse tentando preencher um vácuo, e eu comecei a rir a partir da barriga.

– Sim.

– Eu estava rindo porque percebi que a maneira como eu experimentava a realidade estava errada. Eu sabia que aquilo não duraria e que precisaria dar o máximo enquanto estivesse lá. Eu me perguntava: "Onde estou agora? Quem sou eu?" Não havia nada onde o "eu" estivera. Tudo o que restara era compaixão. E pensei: "Não tenho os atributos que tinha antes, não tenho poderes mágicos, não posso dirigir um carro ou fazer qualquer coisa que podia fazer antes". Nada foi acrescentado, mas a sensação de quem eu era desaparecera, e subitamente o mundo se tornara certo. E então eu voltei. Eu? Eu nem sei quem é que está lhe fazendo esta pergunta, porque, depois da experiência...

Sua voz sumiu, parecia que ela estava confusa.

– Muito bem – ele falou, dirigindo sua resposta não apenas a ela, mas também a nós. – Muitas pessoas têm experiências como essa, minha cara. – (Eu adoro o sotaque dos jamaicanos.) – Elas podem variar nos detalhes, mas, em essência, são semelhantes. As pessoas dizem: "Isso aconteceu comigo há seis meses, há seis anos". E em quase todos os casos essa frase é seguida de "E então...". Acho que um dia vou chamar um livro de *E então,* porque muitas pessoas têm experiências de despertar que duram horas, minutos, semanas ou meses e depois dizem: "Foi assim... e então".

– Então?

– Vamos direto para o "e então" e começar a partir dele. Todas as experiências passam, elas aparecem, têm uma duração e chegam ao fim. Assim, permita-me perguntar-lhe: quem é que tem a experiência?

Ela olha para ele sem saber o que responder. Ele tenta uma abordagem diferente.

– Muito bem. E então...?

– O "eu" retornou. – Agora ela parece não ter certeza disso.

– Você sentiu que a mente retornou e encobriu a experiência? Mas havia um "eu" separado dessa experiência?

Ela olha para Mooji. Parece acompanhar o raciocínio. Espero que vocês também estejam. O olhar da jovem está a meio caminho entre divertido e confuso.

– Você não tem que ter uma resposta – ele diz, voltando-se para nós. – Alguns de vocês também já tiveram essas "experiências". Quando elas ocorreram e o pequeno "você" desapareceu, ainda restou um "você" maior?

Mooji se vira para ela.

– O que foi tão diferente nessa experiência que você teve há cinco anos e nunca a abandonou? Foi o fato de você não estar lá?

– Sim. Eu não estava lá e havia apenas uma sensação bela.

– Esse "eu", você sabe o que é?

– O "eu" que acho que sou?

– O que desapareceu foi sua ideia de si mesma. O "eu" que é sinônimo da mente não estava lá.

– Sim, minha mente não estava lá.

– E quando a mente está ausente, o que resta? Diga-me, por favor.

Sem doutrina, apenas perguntas sobre a experiência dela. Adoro isso.

Ela se senta em silêncio, sem saber o que responder. Mooji responde por ela.

– Paz? Alegria? Espaço? Coragem? Eternidade? Existência espontânea. É isso que ocorre e todos amamos essa sensação porque ela não exige esforço.

– Sim. E então...

– Como foi que o "e então" a tirou desse belo "estado"? O que testemunhou o retorno do "eu"?

Ele a observa cuidadosamente enquanto faz a pergunta. Ela ainda está em silêncio.

– Acalme-se. Embora ela não tenha respondido nada, ele continua fazendo variações da mesma pergunta. – O que testemunha o retorno da mente? Você já pensou nisso?

Ela ri.

– Não parei de pensar nisso durante cinco anos.

– E então? O que observa o retorno da mente?

– Eu diria: "A própria mente", mas...

– A mente é o pensamento. A mente não é uma coisa, o cérebro é uma coisa – esta couve-flor dentro de nossa cabeça. Quando você diz: "A mente retornou", você quer dizer "a atividade de pensamento retornou", não é?

– Sim.

– E o que observa isso?

– Não faço ideia.

– Você diz que o ego, o tempo, o contexto, a relação, tudo foi embora e, ainda assim, algo permaneceu, porque, na ausência de tudo isso, havia paz. Se você alcançar o botão que estou apertando, tudo ficará claro para você. Você só precisa perceber.

– Talvez seja melhor contemplar isso.

– Quem é que percebe? Contemple isso e o "e então" se tornará insignificante. O "e então" é apenas um pensamento.

– Eu ainda estou aqui. – Ela olha ao redor da sala para todos os rostos que a fitam.

– O que está aqui?

– Eu estou. Meus pensamentos. Parece um hábito.

– Sim. É nossa herança nos medirmos constantemente pela atividade de nossa mente.

– Parece que é assim.

– Sim, e acreditamos no pensamento de que precisamos nos concentrar para descobrir quem é "eu". Mas esse pensamento só tem poder se acreditamos que ele existe.

– Sim. Entendo. Obrigada. – Finalmente satisfeita, ela se levanta, faz uma mesura e volta para o seu lugar.

O que Mooji parece estar dizendo é que o "lugar" que ela experimentou durante os momentos de transcendência da identificação consigo mesma está sempre presente e disponível, não apenas para nós, mas "como" nós. Como nossa própria natureza. Interessante, não é?

Fiona está tomando nota. Antes que eu tivesse tempo de pensar, ou tempo de não pensar, no que ele estava dizendo, mais uma pessoa se apresentou: um homem magro, calvo e de barba, que parecia confuso.

– Eu tenho experimentado uma dualidade entre momentos de questionamento e momentos de mera tolerância – diz ele.

Uma tradução grosseira dessa situação feita pelo Ursinho Pooh seria: "Algumas vezes, eu me sento e penso, e, algumas vezes, eu apenas me sento".

Mooji pergunta:

– Quem é que está consciente de ambos os estados?

O homem calvo inspira, preparando-se para responder.

– Cuidado – adverte Mooji. – A mente é traiçoeira. Não use sua mente para responder ou criará um terceiro estado.

Nós rimos, e ele luta para não pensar.

Mooji sorri.

– Se eu perguntar: "Quem sou eu?", o que acontece à luz dessa pergunta?

Paramos para voltar nossos olhos para nosso interior e experimentar a pergunta diretamente. Juntem-se a mim, por favor.

– É muito sutil – diz o homem.

– Quem observa essa sutileza? Você tem raça ou gênero?

Vocês estão me acompanhando? Isso é MUITO importante. Tem a ver com nosso ser verdadeiro quando paramos de pensar. Tem a ver com quem somos além de nosso corpo, nossas emoções e até nossos pensamentos. O observador, essa parte de nós, tem raça e gênero?

O homem calvo responde por nós:

– Não.

– Quem você pode ser?

Ele fecha os olhos, tentando responder. Mas Mooji diz:

– Não estou forçando uma resposta porque a resposta é um conceito. Estou tentando ver o que acontece com você.

O homem abre os olhos, parecendo mais tranquilo.

Mooji continua a perguntar:

– Este lugar... vá até lá. Como ele é? Será que ele muda?

O homem começa a falar.

– Acho que há...

Mooji pergunta:

– Você quer pensar sobre isso agora?

Adoro o sotaque dele. Dá a tudo isto mais dignidade.

– Não. Não quero pensar sobre isso. Apenas quero ficar neste lugar.

– Você teme perdê-lo, mas não pode fugir.

– Sim. Apenas a mente é o problema.

– A maior parte do mundo está sofrendo de excesso de pensamento.

O homem magro volta para seu lugar e me faz pensar em apenas ser. Recentemente, visitei uma velha amiga ainda jovem que recebeu o diagnóstico de esclerose múltipla. À medida que seu corpo está levando a melhor sobre sua vontade, ela se sente cada vez mais inútil. "Não posso fazer mais nada pela minha família", ela me disse. Lembro-me de que, na época, pensei que seu papel era "ser" para a família, descansar e lhe permitir desfrutar de sua presença. Na verdade, ela não tem outra opção. Mas continuei em silêncio. Não queria dar a impressão de não estar prestando atenção à sua frustração, e não sei como me sentiria se não pudesse mais andar.

Nossa sociedade parece obcecada pelo fazer. Mas todos conhecemos pessoas com as quais basta "estar". Por todos os meus pensamentos a respeito de tocar os lábios de Viv com meus lábios, o que eu mais queria era justamente estar com ele. Ou "ser" com ele. Mas Viv tem dificuldade para apenas "estar" consigo mesmo. Ele é um fazedor. Um milhão de encontros importantes por dia... sempre ocupado. Muito ocupado ajudando os outros a ter tempo para alguém. E ele não está aqui. Ele está viajando para fazer algo verdadeiramente importante em algum lugar, lutando por justiça e mantendo a paz. Nenhuma dessas coisas que as pessoas chamam de "olhar para o próprio umbigo" servem para ele. Ainda assim, as pessoas aqui são pacíficas. Pode imaginar alguém querer criar paz e justiça no mundo exterior antes de ter tempo para conhecer a paz? Nenhum de nós jamais fez isso, não é? Rá-rá.

Outro homem magro e de barba está falando sobre sua identificação com o "eu", mas, perdida em meus pensamentos, não estou ouvindo. Existe algo na presença de Mooji do qual novamente me dou conta. Da primeira vez em que estive em sua casa, pensei que ele poderia falar em árabe que não faria a menor diferença. Eu ainda ia querer estar aqui. Estranho.

– Existe um saber tão profundo que não pode ser ensinado, mas somente percebido – diz ele.

Pego meu caderno. Não pode ser ensinado, apenas percebido? Hum. Estou em apuros com esta pilha de papel tentando comunicar isso a vocês, não é? Como comunicar um estado alterado do ser com palavras? Por que você não fica com as tarefas fáceis, Isabel. Por quê?

Uma mulher sentada na frente dele está dizendo:

– Acho difícil abandonar isso.

– Então não abandone.

Ela sorri.

– A tomada de consciência não está esperando que você a abandone. Você está 100 por cento consciente, não tem escolha.

– Quando tento agarrá-la, entro em pânico.

Ela sente pânico de chegar à tomada de consciência universal? Você conduz as pessoas para a paz e elas têm medo? "Ai, vou ter que abandonar a ansiedade." Isso não é loucura? Mas Mooji diz:

– Você pode observar a mente que está em pânico. Ponha sua atenção na testemunha.

– Um momento – diz ela. – Tenho que me concentrar.

– Eu sou – diz ele –, mas não estou consciente disso. É o ponto cego.

E ela começa a sorrir.

– O próprio Deus fala. Ouça, querida. Você está em casa.

Por alguns segundos, ela parece apenas repousar no ser.

– Sua jornada de pessoa contemplativa vai em direção ao vazio.

– Sim.

– Apenas ouça, confie, não pense: "Como posso usar isso?" Preste atenção à testemunha e seja uma só com ela.

– Sim.

Ela se senta, parecendo novamente um pouco confusa. Na verdade, é engraçado que todas essas pessoas venham para aprender como ser quem já são. Quem nós somos.

– Vamos nos sentar durante cinco minutos em silêncio – diz Mooji.

Nós nos sentamos, e tento ficar sem pensar durante cinco minutos. É tranquilizador. Mais ainda que a tomada de consciência do corpo. Tentem.

E quanto aos pensamentos? Quem precisa deles?

A SEGUNDA ONDA

Após cinco minutos, uma garota pega o microfone para nos informar de que o intervalo será daqui a uma hora. Mooji não responderá perguntas durante o intervalo, e devemos ficar em silêncio na sala, "embora não haja problema em conversar em voz baixa sobre questões práticas". Eles oferecem sanduíches, bolos caseiros e "bolas energéticas" de nozes que algum voluntário acordou muito cedo de manhã para preparar. Algumas pessoas têm poderes sobrenaturais extraordinários como esse. Fiona e eu pegamos água e comida, saímos para a luz do sol e nos sentamos na grama. Fiona ainda não passou boa parte da vida, como eu, em reuniões estranhas; por isso, estou curiosa para ouvir suas impressões.

– E aí? – pergunto.

– É estranho. Gosto dele. Há algo que me agrada no comportamento dele; ele é muito etéreo. Não gosto das pessoas ao redor dele. Elas parecem tratá-lo como se ele fosse um deus. E não gosto da organização.

– Que organização?

– Essa história de "falar em voz baixa na sala" me deixa muito limitada. Fiquei preocupada de ter falado muito alto quando pedi o bolo de cenoura.

Rio da indignação dela.

– Não, sério – diz ela. – O que é isso?

– Esse é um fim de semana intensivo de espiritualidade, Fiona. Eles apenas estão tentando garantir que a atmosfera contemplativa de respeito pelo trabalho seja mantida, que as pessoas não comecem a fofocar e falar sobre o programa de ontem à noite na tevê assim que a sessão terminar. No último curso que fiz, não era permitido nem fazer contato visual.

– E por que isso?

– Para olharmos para dentro de nós. Passamos muito tempo envolvidos com nossos problemas mundanos. Alguns dias fora disso e com um pouco de silêncio não é algo tão ruim assim, certo?

– Acho que não. Mas é um papo muito cabeça para mim. E isso tudo soa como um culto.

Tenho que rir. Isto é o oposto de um papo cabeça. O papo cabeça tem a ver com usar o cérebro, e isto tem a ver com ir além do pensamento. Mas é verdade que Mooji precisa de palavras para falar com as pessoas. Quanto a parecer um culto, ainda bem que não convidei Fiona para o curso de *vipassana*.

– Por que soa como um culto?

– Bem, não acho que seja um problema dele. Acho que são as pessoas ao redor dele. Um dos homens tinha um olhar messiânico depois que Mooji respondeu a ele. Os olhos dele começaram a brilhar.

Não tenho ideia de quem ela estava falando.

– Ele ficava perguntando "E então?", e tinha sensação de não sair do lugar.

– Foi a primeira garota, a que teve uma experiência espiritual, "e então" ela desapareceu. Mooji simplesmente falou que não há um "e então" eterno.

– Eu ainda não sei onde isso vai dar.

– Quem é "eu"? – perguntei, provocando.

– Ah, não comece.

– Então você não ficou impressionada, não é? Mas você parece estar segurando o livro dele. Você voltaria?

Faz-se uma longa pausa, e Fiona observa o céu.

– Não – diz ela, finalmente. – Isso soa como um culto para mim. – Outra longa pausa enquanto como meu bolo de cenoura de culto. – A menos que eu mude de ideia.

– Então você não pensa em voltar, a menos que mude de ideia? Isso é que é ter mente aberta.

– É. Acho que sim. Verei como me sinto depois de ler o livro dele.

Fiona estava pensando, e não simplesmente olhando em seu interior. O que Mooji está oferecendo não é difícil, mas é preciso ouvir as perguntas e ir pessoalmente aos lugares. Não é um conceito. É uma experiência.

Assim, estou sozinha em minha admiração autêntica. Sinto-me fantasticamente em paz em sua presença. Pouco me importa se não tenho experiências espirituais, sensações de ser absorvida na unidade universal ou coisa parecida. Fico feliz por simplesmente estar aqui.

Despeço-me de Fiona com um beijo e volto para a segunda sessão. Mais 10 libras, mas isso ainda é apenas uma pequena doação comparada com o outro trabalho que eu fiz. Ninguém acha que alguém como Paul McKenna seja um mestre iluminado... mas tente vê-lo por 10 libras.

Quero me sentar lá na frente, no tapete. Pessoas com desejos mais modestos ficam satisfeitas de se sentar nas cadeiras. Deve haver mais de cem pessoas nesta segunda sessão. Todos parecem normais e amigáveis, exceto alguns homens de aparência séria, que também estão sentados no tapete – um vestido todo de branco e outro que usa uma saia e um turbante, no estilo "sou alguém espiritualizado".

O primeiro a fazer uma pergunta durante a tarde é outro homem magro, calvo e de barba. O que é isso? Será que homens magros estão mais inclinados a ter uma vida espiritual, ou homens com uma vida espiritual emagrecem? Juro que não há um único homem na sala com um grama extra de gordura. Exceto Mooji, que, para os atuais padrões da sociedade, assim como os budas gordinhos, está acima do peso. Como ele considera que o corpo não é importante, obviamente prefere alimentá-lo sempre que necessário sem que a mente o impeça. Não acho que ele gaste dinheiro em alguma academia de ginástica.

Mas o homem magro está ansioso.

– Tudo o que pensei que estava lá fora está aqui dentro – diz, muito sério, apontando para si mesmo.

– Incluindo tudo lá fora. – Mooji sorri.

– Tenho medo daquilo lá.

Tanto medo. Por que estes homens magros sentem tanto medo?

– Perdi uma ilusão – explica o homem.

– De quê?

– De separação. E então experimentei uma aflição ao perder a ilusão de separação.

Ora, tenha dó! Começo a ficar irritada. Será que esse homem quer saber se ele é uma parte do infinito ou não? Evidentemente, não. Então seria melhor ir até um bar e assistir a uma partida de futebol.

Mooji continua com seus ensinamentos pacientemente.

– Mas isso também não é testemunhado?

Ele faz um esforço para responder, e Mooji fita-o.

– O que importa são as perguntas, não são as respostas. As perguntas é que são reveladoras.

Ele inclui o restante do público no que está dizendo, ao falar para todos nós.

– O que os grandes sábios conhecem não é conhecido com o conhecimento convencional, mas com a intuição.

O homem magro cambaleia, tentando formular uma resposta. Mooji sorri novamente para ele.

– Não quero uma resposta.

Eu quero. Eu quero uma resposta.

– Se você tiver uma resposta, terá novamente um conceito. O que observa? Veja.

– Alguma coisa em mim quer correr. Resiste a olhar.

– Para onde você vai quando não está?

– Quero lhe responder.

– Respostas são para o jardim de infância. Atenha-se às perguntas. O que acontece na introspecção? Você ainda está aqui.

Alô, leitor, você está acompanhando? Como disse, não vale a pena ler apenas este pedacinho. Para fazer valer o seu dinheiro, você tem que fazer isso. Deixe-me ajudá-lo um pouquinho. Deixaremos Mooji e o homem magro por um minuto apenas para ter certeza de que você está me acompanhando. Ao ler isto, gostaria que você fizesse um rápido teste de tomada de consciência do próprio corpo, como no *vipassana*. Sente alguma dor ou pontada hoje? Tensão no pescoço? Nos ombros? Dor de barriga, de cabeça, de dente? Alguma dor? Se há ou não, pouco importa. Apenas observe.

Em seguida, como você se sente emocionalmente hoje? Feliz, triste, ansioso, com raiva, tranquilo ou o quê? Que emoções vêm até você quando olha para as coisas? Não se preocupe com isso, apenas observe. Agora vamos nos voltar para o que você está pensando: "Este capítulo está muito esquisito", "Eu queria que ela participasse de um seminário sobre sexo, porque isto é difícil", "O que vou fazer para o jantar hoje?" Apenas observe os pensamentos que passam por essa grande tela que você chama de mente.

É isso que importa. Veja quem está observando. Onde está "você" em tudo isso? Você sabe que não é o seu corpo, certo? Porque aqueles que não podem se mover do pescoço para baixo continuam sendo eles. Você sabe que não são suas emoções, porque elas vão e vêm, e você também sabe que não são seus pensamentos que vão e vêm. Nós acompanhamos alguns e ignoramos outros. E quanto à sua memória. Você não pode ser isso porque, como Mooji diz, pode falar da memória como uma coisa boa ou ruim. Mas esse *observador* que parece imperturbável, imutável, eterno, ilimitado, além de conceitos de raça ou sexo, quem é ele? Como Mooji diz, não busque uma resposta, apenas observe e deixe a pergunta ativa. Onde a pergunta o conduz?

Se vocês acabam de ler isso e não fizeram nada, podem pular para o próximo capítulo. Mas é algo crucial. Centenas de livros sobre espiritualidade foram escritos sobre isso, e estou tentando levar vocês até a questão neste capítulo. Portanto, fiquem sentados, por favor.

– Como você vive a vida? – É o que Mooji está perguntando. – Você está sendo vivido como vida. Você é um efeito da consciência, não a causa. Você está sendo respirado, mas também está consciente da respiração antes da própria respiração. Quem observa a respiração? É você?

Essas perguntas fazem sua cabeça girar, não é? Você está sendo vivido como vida. Você não é a causa. Será que vocês podem começar a entender isso? Continuem, por favor.

– Somos condicionados a sentir que temos que forçar a vida. Fazer, fazer, fazer... sempre forçando a barra. Pare e veja se seu coração vai parar. Quem está agindo e reagindo a seus pensamentos? Quem está olhando através desses olhos?

– Eu estou – diz alguém da primeira fileira.

– Atrás de quem vê há uma visão profunda.

– Por que estamos aqui sendo vividos? – pergunta o homem à frente de Mooji.

– Bem, não é apenas para pagar o aluguel. Quem somos nós? Esta é a única pergunta para você. Quem sou eu? – Novamente, ele olha para todos nós. – Não vale a pena descobrir quem é "eu"?

– O "eu" não reside na memória? – pergunta a versão de "eu" na primeira fila.

– Aquele que vê é anterior à memória. Quem observa a memória?

– Eu sou meu condicionamento, então?

– Algo sabe que você é condicionado.

– Sim, entendo. – Finalmente, o homem está sorrindo.

– Esse é seu trabalho. Essa é a nossa oportunidade. Mas é um trabalho interno. Ninguém pode fazer isso por você. Apenas faça as perguntas certas.

– Obrigado. – O homem se inclina e deixa seu lugar vago.

Eu mudo de posição e me sento no chão com as pernas cruzadas. Para meu espanto, não tenho problemas para sentar depois do *vipassana*. A mente, à qual, segundo Mooji, não devemos prestar atenção, está agradecida por ter algo com que se envolver, além da sensação no lábio superior. As pessoas bebem água e sorriem umas para as outras. É como se, sentados aqui, ouvindo Mooji, todos começássemos a entender que nossos pensamentos, a sala, nossos próprios "eus" são uma ilusão, e a sentir a verdade naquilo que os budistas dizem – que a realidade é uma projeção da mente. Que somos parte de tudo, ondas individuais que fazem parte do mesmo oceano imenso. Vocês e eu. A mesma coisa.

Mooji fala, não para uma pessoa à sua frente, mas para todos nós. E, graças à Microsoft e aos meus editores, a vocês.

– Não há um limite para você. Alguns sentem isso. Você pode sentir: "Onde estou exatamente?", e a mente pode entrar em pânico. Mas quero que fique claro que isso não é você. Você é o observador da mente em pânico. Não há nada para recordar, curar, modificar ou aperfeiçoar.

Vocês estão me acompanhando? Será que as palavras dele estão chegando até vocês por meio destas páginas?

Ele se senta e sorri para nós.

– Estou apenas abrindo as cortinas. Só isso. Vocês estão aqui. Ninguém pode lhes dar o seu ser. Nós estamos reagindo ao ruído da mente. Mas vocês só podem ser perturbados por aquilo que tem significado para vocês.

Uma mulher do público pergunta:

– Você está dizendo que isso é tudo? Você sabe quanto tempo levei para chegar a este nível do problema, e agora você diz que "não é nada"?

Não surpreende que ela não possa entender uma simplicidade tão radical.

– Apenas peço que vocês examinem: são ou não são pensamentos? E quem está testemunhando? Deem atenção à testemunha e vejam o que encontram, o que experimentam. Agora.

Se vocês leram o livro amplamente admirado de Eckhart Tolle, *O poder do agora*, reconhecerão esse "estar" no momento presente. Ainda assim Mooji vai além. Ele está falando de ser sem esforço, muito além da mente.

– Apenas permitam-se ver. Não comecem a pensar: "Como posso aplicar isso? Como posso usar isso?" Apenas permitam-se conhecer, e esse reconhecimento automaticamente vai abençoar todos os aspectos do seu ser.

Vocês ouviram isso? Reconhecer vai abençoar todos os aspectos do seu ser. Vocês não esperavam por isso quando compraram este livro, não é?

– Essa é a existência da qual sentimos falta por estarmos tão ocupados. Como se fosse necessário forçar a barra. Permitam-se ver que a coisa mais poderosa ocorre dentro de vocês espontaneamente. A mudança vai ocorrer onde for necessário, espontaneamente, e despertar para isso gera uma gratidão imensa e a compreensão de como a existência é bela quando toma forma humana.

Sim, sinto-me grata e estou maravilhada com a beleza da forma humana. Mas... também me observo cuidadosamente. Não devo me sentir grata por esta forma humana em particular, e, quando Mooji fala da beleza da existência, não está falando de si. Será que me distraí, para variar, com um homem atraente? Não obstante a sabedoria de seus ensinamentos, por que me sinto tão afetada, enquanto Fiona permanece visivelmente inabalada? Será que me sinto atraída por ele? Sou tão óbvia assim?

A TERCEIRA ONDA

Muito bem. Um pouco de crueldade é necessário. Sim, Mooji é excepcional, e sinto a presença do divino nele mais forte do que já senti em qualquer outra pessoa. Mas o que exatamente é o divino? O que diriam os céticos sobre minha sensação intuitiva de estar na presença de um verdadeiro mestre?

Pode entrar, doutor Freud.

– Ah, *senhorrita* Losada. – Com seu terno bastante amassado, Freud senta-se e ajeita os óculos. – Não me surpreende que *o senhorrita* esteja *atrraída* por este homem, porque, em algum nível profundo, ele representa uma fantasia do pai que *o senhorrita* não teve e gostaria de ter tido. Isto é *transferrência*.

– Como é que é?

– *O senhorrita* projetou nele todos os sentimentos que imaginou que um pai perfeito teria.

– Oh, Deus...

– Exato.

Freud é TÃO convencido! Eu tinha a sensação desagradável de que ele diria tudo isso.

– *O senhorrita* tem certeza de que não sente atração sexual por ele também?

Eu sabia que ele ia dizer isso também. Volto a olhar para Mooji. Para o sorriso lindo, para a voz de veludo grave.

– Bem, para ser sincera, não posso garantir que a atração seja inteiramente espiritual.

– Imaginei que não poderia – diz Freud, e sorri de modo indulgente.

– Mas, mas... sem dúvida, este sentimento de admiração poderia ter algo a ver com Mooji? Ele tem um rosto lindo. Cheio de amor, alegria e compaixão.

– Mas você conhece esse homem, não?

– Para falar a verdade, não.

– Quando escolhemos alguém para amar, escolhemos alguém que nos lembre do genitor do sexo oposto.

– Mas eu não tive um genitor do sexo oposto.

– Exatamente. Como você não sabe como seu pai é, cria uma versão idealizada dele.

Ora, vá à merda, Freud!

Ele ignora minha irritação.

– Então você não tem certeza de que não seja uma transferência?

– Tenho certeza de que essas boas qualidades estão nele e não em mim.

– Esta é a natureza da transferência, Isabel.

– Então você está dizendo que o que estou experimentando como a presença do divino é, basicamente, apenas desejo sexual?

– Acho que provavelmente é isso, sim.

Bem, ele diria isso mesmo, não é? Afinal, ele é Freud.

Para o bem da humanidade, vamos falar com um terapeuta um pouco mais esclarecido espiritualmente. Chamo Carl Gustav Jung.

– Doutor Jung, o senhor pode me ajudar a analisar por que estou tão atraída por esse mestre? Percebo que muitas pessoas se sentem como eu. Ainda assim, a amiga que trouxe hoje se manteve inabalável diante dele. O problema sou eu, então?

Jung também parece desalinhado, a bem da verdade, e não penteou o cabelo hoje.

– Bem, muitas culturas valorizam o arquétipo do sábio que intercede por nós junto ao divino, e ele é, para você, essa pessoa: o místico. Ele fala sobre o inconsciente coletivo que buscamos.

Acho que começo a entender.

– Também a *anima*.

Agora não entendi.

– Lamento, estou perdida.

– A alma feminina com que o *animus*, o masculino, quer se unir. O feminino em você quer se unir ao arquétipo masculino. Se isso fosse um sonho, os elementos do sonho representariam elementos do sonhador. Portanto, Mooji representa um aspecto de Isabel. Que aspecto seria?

– Minha sabedoria, acho.

– E o elemento do sonho representado por Isabel seria?

– Aquela que busca.

– Ambos os aspectos estão em você e buscam unificar-se. Por isso você se sente atraída.

Sério? Não estou convencida. Sentado a poucos passos, Mooji não parece uma invenção da minha transferência hiperativa, e sei que não estou sonhando com a paz que sinto em sua presença, não importa o que minha sabedoria interior e minha buscadora interior possam ter acordado. Quem se importa se ele me atrai ou se representa um arquétipo? Prefiro a versão dos fatos de Mooji: que Freud e Jung e tudo o que eles representam são sistemas de crenças. Dispenso as duas figuras essenciais da cultura ocidental e, com um aceno de mão astral, as mando passar a roupa. A única realidade que temos, na verdade, é o momento presente. Estou feliz sentada aqui neste momento – e posso aprender alguma coisa e ser capaz de explicá-la um pouco.

Voltemos a Brixton.

– E quanto à frustração e à dor? – pergunta uma garota a Mooji.

Talvez ela também sinta falta da figura paterna, não é? Ou talvez eu deva apenas calar minha mente hiperativa, como sugere Mooji, e ouvir seus ensinamentos. Se ficar quieta, posso aprender o que este sábio tem a dizer sobre o sofrimento. E Mooji é maravilhoso, não importa quantas imperfeições eu possa ter.

– O sofrimento é uma atitude com a qual você enfrenta sua experiência – diz ele. – A dor não precisa ser sofrimento.

Ainda ontem li uma entrevista na qual Haruki Murakami cita a frase anônima "A dor é inevitável, o sofrimento, opcional" para descrever corridas de longa distância. É uma distinção clara, mas difícil de aplicar quando a dor aparece.

Mooji, porém, não está falando teoricamente; ele perdeu o filho mais velho de pneumonia. Dizem que não há dor maior que perder um filho.

– Vocês não estão experimentando o sofrimento – diz ele.

Não estamos?

– Vocês estão sofrendo a experiência. Quando a dor vier, digam: "Muito bem, dê o seu melhor golpe". Talvez a dor chegue como uma amiga para ajudá-los a ir além de si mesmos. A identificação com o "eu" é a raiz do sofrimento. Este "eu" é o ego: eu gosto, eu não gosto. Essa experiência do "eu" causa dor a si mesmo e aos "outros". Quando vocês tentam escolher o que deveriam experimentar, vocês sofrem. Quando vocês ficam constantemente interpretando como as coisas deveriam ser, o que vocês merecem, vocês sofrem. Sempre que há orgulho, apego, juízos e desejos, há sofrimento. Quando acordamos para a nossa verdadeira natureza, o sofrimento está ausente.

Estou meio confusa, tentando me decidir de que lado estou nessa história. E quanto à dor física? A mulher que está sentada na cadeira à frente dele tem a pergunta na ponta da língua.

– Mas uma grande dor física, Mooji, lateja!

– A dor é inevitável, e quando há identificação psicológica e física, o sofrimento é maior. Mas você não é esse corpo. Você tem consciência disso. Quando você apenas deixa o "eu sou" ser, a alegria e o espaço imediatamente prevalecem.

– Sim – diz ela delicadamente. – Consigo entender isso.

– Não é um ensinamento, percebe?

– Sim.

– É uma experiência interior.

– Sim.

– Permaneça aí.

E todos nos sentamos lá durante cerca de cinco minutos, em silêncio, cada um em paz com sua solidão interior. E, nesses momentos, toda a eternidade está presente.

No fim do dia, ligo o telefone. Nenhuma mensagem de Viv, apenas uma de minha amiga Sarah, perguntando como foi o dia. Como não tinha planejado nada, volto para casa e tento refletir mais profundamente sobre as coisas. Mas estou fracassando, acho, em refletir profundamente sobre qualquer coisa. Por isso, entro no Facebook. Como se costuma fazer. Como qualquer um que já entrou no *site* saberá. É absurdamente viciante e, para aqueles que foram tolos o bastante para sucumbir ao vício, é sempre a primeira coisa que você faz ao ligar o computador. Mas não é mais o império de adolescentes de 14 anos que querem bater papo com os colegas da escola a tarde toda, enquanto os pais suspiram, cansados, desejando que eles desligassem essa porcaria e fizessem a lição de casa. Nada disso, muitos adultos usam também.

Aposto, por exemplo, que você não imaginava que tenho um amigo no Facebook que é monge em uma comunidade franciscana na Irlanda. Ele leu meus livros e se inscreveu para receber minha mala direta. Por isso, quando anunciei no meu *site* que estava entrando no Facebook, chegou um convite para eu o "adicionar como amigo". A palavra "amigo" tem uma definição muito frouxa no Facebook, pois, frequentemente, inclui pessoas com quem nunca me encontrei. Mas as amizades podem ser deliciosas, como sempre foi a minha correspondência com o irmão Richard. Sento-me e escrevo: "O que você pensa sobre gurus, irmão Richard? Sobre aqueles que falam em seu próprio nome ou representam uma comunidade?" Mooji nunca disse que é um guru, mas muitas pessoas que vão aos encontros o consideram um deles.

Mais tarde, naquela noite, depois de jantar e enquanto ainda estou refletindo sobre todas as palavras de Mooji, chega a resposta completa e profunda que eu esperava do irmão Richard. Ele me emociona imediatamente, pois nunca outro homem me chamou de "irmã".

"Querida irmã Isabel,

Na tradição hindu (e na maioria das tradições budistas também), o mestre guru é alguém em quem o discípulo percebe a presença da realização de Deus. O mestre e Deus são um, e assim o discípulo pode ter absoluta confiança no guru e dever obediência a ele, de modo a ser conduzido à realização divina. Entretanto, há alguns perigos nisso, como sabem as próprias tradições. O problema mais óbvio é entrar em contato com falsos gurus... ou com aqueles que acreditam que são esclarecidos, quando na verdade não são, ou outros, que usam a condição de guru para se aproveitar da riqueza ou da sexualidade dos discípulos. Acredita-se que, se o guru é verdadeiro, o discípulo não deve julgar seu comportamento, pois as regras comuns não se aplicam a ele. Acredito que este seja o principal problema que nós, no Ocidente, temos com a ideia de um guru. O próprio dalai-lama disse que, para ter certeza sobre um guru, seria necessário passar cada momento com ele por pelo menos sete anos, observando-o desapaixonadamente e avaliando sua virtude antes de associar-se a ele. É um ensinamento difícil, que poderia proteger tanto os gurus quanto os discípulos.

Na tradição cristã, o equivalente disso é o *gerontas*, um termo grego que significa 'ancião'. Essa pessoa pode ser um homem ou uma mulher, que em geral tem ligação com alguma ordem monástica, embora não seja necessariamente um padre. São pessoas que já trilharam o caminho do discipulado e alcançaram o início da *theosis*, o estado em que todo o nosso ser se tornou um com o divino e não há mais nenhum obstáculo entre nós e Deus. Nós não nos tornamos Deus, mas estaremos o mais próximo possível de sermos como ele, caminhando para níveis mais profundos de amor, sabedoria e perfeição. O papel deles é conduzir o discípulo para um relacionamento mais profundo com Deus, até que o *gerontas* não seja mais necessário.

No cristianismo, o eu interior só se entrega diretamente a Deus e nunca a outro ser. Por isso, se você está considerando a questão da orientação espiritual para si mesma e para outros, pergunte a si mesma se ele está treinando os discípulos para que se libertem e não precisem mais dele, ou conduzindo-os a dependência deles. O verdadeiro mestre busca apenas a liberação dos discípulos.

Para viver em união com Deus, nosso egocentrismo, orgulho e egoísmo têm que ser transformados e curados, e um mestre pode nos ajudar a ver essas coisas. Mas o mais importante, querida, é rezar, e não quero dizer com isso recitar orações, mas deixar o Espírito rezar em seu interior. Feche os olhos, respire e, como costuma dizer um de nossos irmãos mais velhos, deixe o caminho livre para Deus.

Se precisar de mais explicações, avise-me.

Paz, amor e alegria, sempre.

Irmão Richard"

O irmão Richard não é adorável? Você pode encontrá-lo no Facebook também. (Atenção, irmão Richard: mais 100.000 solicitações de amizade estão a caminho.) Adoro que ele seja capaz de ver o equivalente do guru na tradição cristã, em vez de simplesmente dispensá-lo, como alguns cristãos menos eruditos podem estar tentados a fazer. "Deixe o caminho livre para Deus" parece estar muito próximo das instruções de Mooji sobre não pensar. Que resposta deliciosamente reflexiva.

Meu monge parece ter a impressão de que posso estar procurando um guru formal, mas certamente não tenho intenção de confiar minha vida ou parte dela a Mooji. Mas ele parece o oceano, não importa o que Freud e Jung possam ter dito sobre meu juízo. Fiona parecia pensar que as pessoas que iam até ele aparentavam obediência, mas Mooji nunca ofereceu nenhum conselho – e certamente nenhum conselho de caráter prático: "Deixe seu marido e siga-me". Ele ensina a questionar, e sua presença está cheia de amor. Descubro que sou facilmente tocada pelo amor – meu coração se enternece facilmente com Mooji e com a bondade de um monge na Irlanda. Meu coração está tocado, mas minha mente e meus pensamentos, que Mooji passou o dia me encorajando a ignorar, giram em meu cansado cérebro de couve-flor. Quem é "eu"?

A QUARTA ONDA

Na manhã seguinte, o segundo dia do curso intensivo, tenho um convidado diferente. Meu querido amigo Chris é um dos jovens mais sábios que conheço. Ele acaba de se formar em História, mas o estudo da história certamente não explica o fato de ele parecer ter adquirido sabedoria de muitas vidas. Sabe quando você conhece alguém com quem poderia entrar satisfeita em um carro e dirigir de Land's End até John O'Groats e não ficar entediada nem por um segundo, nem querer que a viagem acabe?* Chris é uma dessas pessoas em minha vida. Ele tem 20 anos.

Chego no domingo de manhã e o encontro sentado, com uma modéstia que esta narradora não conhece, na última fila do salão, folheando um livro de Mooji.

– Você não quer ir até a frente e sentar-se no tapete? É uma experiência mais intensa se você ficar bem perto dele e puder ver o rosto das pessoas que perguntam.

* A viagem entre Land's End e John O'Groats é o percurso de maior extensão da Grã-Bretanha. Equivale a dizer, no Brasil, "do Oiapoque ao Chuí". (N. da T.)

– Não, obrigado – diz ele, totalmente imune à minha sugestão. – Estou bem aqui.

Ocupo confortavelmente meu lugar no tapete próximo a Mooji. Prefiro me sentar no chão. Se sentarmos muito em cadeiras, disse-me uma vez uma senhora indiana de mais de 80 anos, vai chegar o dia em que não seremos mais capazes de nos sentar no chão.

Mooji entra, faz uma mesura para todos no "*namaste*" que aprendi a amar e ocupa seu lugar.

Uma mulher ergue a mão imediatamente com uma pergunta. Ela está na casa dos 30 anos e parece ansiosa. Quer saber sobre ajudar os outros.

– Quando você começa a ver o que está acontecendo em seu interior, também começa a ver o que está acontecendo com outras pessoas. É quase como se as pessoas estivessem gritando e pedindo ajuda. Como ajudá-las sem lhes dar um conceito?

– Você precisa tomar cuidado. O que você pensa que está vendo no interior deles pode ser apenas o que está acontecendo dentro de você. Existe um ditado: "Não vejo o mundo como ele é. Vejo o mundo como eu sou". Portanto, tentar ajudar os outros é muito complicado. Primeiro, você tem que entender como sua mente funciona. Como resultado do estado de consciência, chega-se a um adorável espaço de neutralidade e, em consequência dele, chega-se... bem, chamo isso de "percepção da vida como existência espontânea".

– O que isso significa?

– Você pode conhecer as coisas espontaneamente, sem preparação. Você as conhece como elas são. Você simplesmente está presente e vazia. Assim, sua consciência encontra facilmente uma suave afinidade com os outros, porque você não está pensando: "Posso ver como as pessoas são".

Isso me parece um belo modo de dizer: "Não dê conselhos sem que lhe peçam".

– Aquela pessoa que você acha que está sofrendo... bem, nunca se pode ter certeza do que está lá. Cada vez que encontra alguém, você é completamente nova. Não tem que vir do passado. Quando você está vazia, cria junto.

Ele expira com um suspiro e inspira, para enfatizar o momento. Expire. Inspire.

– Caso contrário, seremos campos de energia do que absorvemos através de nosso condicionamento. Aquilo a que você está ligada, o que você projeta... tudo isso cria seu campo de energia. Outras pessoas também são campos de energia, e você reage a elas afastando-as ou sugando-as e, às vezes, você tem um encontro agradável e pensa: "Arrá!"

Ele diz isso de modo galanteador, como se "gostasse dessa química", e todas as mulheres na sala que estão buscando um arquétipo ficam coradas. Ele continua.

– Mas antes você nunca foi o que é agora. Você não pode criar um verdadeiro estado de ser intencionalmente. Ele se desdobra a cada instante espontaneamente.

Em outras palavras, não tente fazê-los parecer melhor para que você pareça melhor.

– Vocês são como o espaço movendo-se através do espaço. Quem está vivendo aqui? Nada. Vazio. Ainda há algum condicionamento, mas não é significativo. Sempre que você encontrar alguém e vier do passado, você perde uma nova possibilidade.

Oh, meu Deus! Posso sair pulando e gritando "Aleluia"? Por que não podemos fazer isso uns pelos outros? No Novo Testamento, o belo trecho da Primeira Epístola de São Paulo aos Coríntios sobre o amor, que as pessoas costumam ler em casamentos, diz: "O amor não mantém nenhum registro dos erros". Imagine isso. Podíamos simplesmente rasgar os erros, nossos e dos outros, e conhecer o que encontrarmos e o que somos no momento presente. Por que não fazemos isso? Em minha experiência, mesmo quando conhecemos pessoas novas, trazemos muitas coisas do passado conosco e queremos saber sobre o passado delas. Mesmo Viv, que admiro tanto, quer saber sobre o meu passado, enquanto faço o possível para simplesmente lidar com o que ele está me oferecendo no momento.

Mooji nos encara.

– Muitas pessoas ainda não conseguem simplesmente estar presentes. Algumas ainda estão na semana passada; outras, seis anos atrás. Em algumas coisas, você está no dia de ontem e, em outras, está dez anos antes. Onde fica o ponto em que você simplesmente está no agora? Quando você está vazio? A mente não confia no vazio; ela gosta de imaginar que, quando você está vazio, está entorpecido ou inerte. "Como você pode funcionar sem personalidade e sem passado?", pergunta a mente. E a resposta é "Muito bem, muito bem".

A mulher que fez a pergunta senta-se e olha para ele. Esta é a resposta mais interessante para a questão "Como posso ajudar os outros?" que já ouvi.

Uma vez me fizeram uma pergunta semelhante, mas a forma era diferente. Eu estava dando uma palestra sobre meu livro *For Tibet, with love: a beginner's guide to changing the world* [Do Tibete com amor: um guia para iniciantes de como mudar o mundo]. No fim, um jovem levantou-se para descrever o trabalho que fazia na Cisjordânia entre os palestinos. Falou sobre os órfãos que encontrou, a pobreza chocante que testemunhou, suas tentativas, algumas vezes bem-sucedidas, outras não, de abrir escolas, de pressionar quem quer que fosse para melhorar as condições de vida. Falou sobre os ferimentos terríveis que vira, o massacre e o desespero. Sua pergunta durou dez minutos, e, quando ele terminou, acredito que não havia ninguém de olhos secos na plateia. No fim, ele se virou para mim e perguntou:

– O que posso fazer?

Então, de alguma parte, me veio uma resposta. Pude dar a minha contribuição.

– Senhoras e senhores – falei –, vamos dar a este cavalheiro uma salva de palmas.

As pessoas começaram a aplaudir, alguém ficou de pé, e outros começaram a aplaudir de pé, até que ele finalmente olhou ao redor e toda a sala o aplaudia com uma generosa e afetuosa ovação, e alguns gritos de viva para completar a mensagem. Ele começou a sorrir.

– Entendeu? – perguntei-lhe quando ele me encarou, depois que os aplausos cessaram. – Você está conseguindo – falei –, basta continuar. – E agradeci a ele.

Foi essa a minha resposta. Bem diferente da de Mooji. Ele está no ser; eu, no fazer. Porém, há algo na resposta de Mooji de que gosto cada vez mais. Tem a ver com apenas estar no presente e ouvir de um ponto de neutralidade. Posso fazer isso com qualquer um, acho, menos com minha filha. Estou muito ligada a ela. Ela é minha maior mestra, claro. Talvez eu também seja a dela.

Uma mulher se levanta e diz a Mooji que está à beira de um ataque de nervos. Outra vez, sorrio quando ele a encoraja a sorrir. Ele lembra que o medo de ter um ataque de nervos frequentemente, para não dizer sempre, é pior que o próprio ataque de nervos.

– Se você vive sozinha – diz ele –, tem uma oportunidade maravilhosa de ter um ataque de nervos sempre que quiser, ou será que alguns de vocês preferem ter um ataque com alguém por perto?

Eu não sei. Uma mulher de Nova York voltou para casa após uma *satsanga* e disse: "Sinto como se fosse ter um ataque de nervos". O marido consultou o calendário e lhe respondeu: "Não, você não pode ter um ataque de nervos neste mês porque estamos muito ocupados. Que tal no próximo?"

Há alguns anos tive um ataque de nervos, e recentemente percebi que, muitas vezes, tenho um ataque uma vez por mês durante o ciclo menstrual. Aparentemente, coisas fortuitas me fazem chorar durante dias: uma música, uma entrevista que ouço no rádio. Então, quando estou convencida de que a melhor coisa para mim e para todos os que estão ao meu redor seria me jogar no Tâmisa, os dias passam e tudo volta ao normal. Acho graça e fico imaginando por que levei a sério esses sentimentos. Quer dizer, será que não sei que tenho hormônios que aumentam e diminuem? Por que acredito em minha mente e meus sentimentos? E a perspectiva é restaurada. Até o mês seguinte. Em alguns meses, quando estou correndo diariamente, consigo evitar tudo isso, mas em outros me esqueço e tenho um ataque. Assim como Mooji permitiu, e parece até ter recomendado. Acho que, depois de ter esses ataques de nervos algumas vezes, a gente aprende a não se incomodar mais com eles. Fortalecemos nossos pensamentos, conceitos e sentimentos ao acreditar neles.

Algumas perguntas são interessantes, mas outras são irritantes. Algumas são muito genéricas: "Por que estamos aqui?" Outras são muito emotivas: "Como permanecer no 'ser' quando as coisas estão feias em casa?" E há alguém que se sente totalmente em paz em meio às árvores, mas tem medo e fica na defensiva em relação aos seres humanos. Mooji responde a todas as perguntas com graça e humor, advertindo que as pessoas não são, afinal, tão diferentes das árvores.

São tantas palavras, e no entanto ele se senta e diz que não se trata de palavras. Ele olha para nós com grande brandura ao encerrar a sessão da manhã.

– Se você sente que faz algum esforço para entender estas palavras, não se preocupe. Confie em sua audição. Nem tudo tem que ser explicado. Deixe alguns prados no interior de seu próprio espaço. Muitas pessoas que não falam inglês vêm até aqui e, de algum modo, têm uma visão profunda.

Então, subitamente, estamos fora da eternidade e voltamos no tempo. É hora do almoço. Abro caminho até o fundo da sala para pegar uns sanduíches, encontrar Chris e caminhar ao sol.

– E então, garoto? – pergunto, quando nos sentamos num banco coberto de grama fora do salão da igreja com nosso chá.

– As pessoas que fazem perguntas parecem confusas.

– Talvez as pessoas só questionem as coisas quando a vida delas não está como elas querem. Quer dizer, é preciso acordar cedo no domingo para vir até aqui.

– Ele quase não dá nenhum conselho prático. E quando ele dá, como eles sabem que é o conselho certo?

– O que você está querendo dizer?

– Bem, minha namorada acha excelente aquele apresentador chinês da tevê, Gok Wan, de *How to Look Good Naked*,* mas, para ter algum impacto duradouro, ele tem que olhar para como as pessoas são por dentro, e não apenas mandar usar um espartilho apertado, não é?

– Concordo com você, Chris.

– Minha opinião é que Gok está aconselhando mal, mas algumas mulheres o consideram maravilhoso. Por isso, hoje mulheres e homens olham para Mooji e se apegam às suas palavras, mas como sabem que o que ele diz é verdade?

– Você está comparando Gok Wan com Mooji?

– Não, só não tenho certeza se é uma boa ideia receber conselhos de alguém, e certamente não é uma boa ideia ficar dependente dos conselhos de alguém.

– Foi o que disse meu amigo monge na Irlanda. Mas certamente Mooji está apenas pedindo às pessoas que explorem o interior da mente, não é? Ele não está aconselhando ninguém. Está apenas fazendo perguntas.

– Sim. É por isso que comprei o livro de Mooji e não tenho nenhuma intenção de comprar um livro de Gok Wan escrito por um jornalista contratado para isso.

– Então você não vai ficar para a próxima sessão, não é?

– Não. Vou me encontrar com minha namorada hoje à tarde. Mas lerei o livro de Mooji. Você vai lhe perguntar alguma coisa?

---

* Título de um livro e de um programa de tevê do jovem consultor britânico de origem chinesa Gok Wan, que encoraja todas as mulheres a se despirem e amarem seu corpo do jeito que ele é. (N. da T.)

– Para qualquer pergunta que comece com "Eu gostaria de perguntar", ele vai perguntar: "Quem é 'eu'?"

– Mas você tem ou não uma pergunta?

Não respondo. Talvez ele tenha uma pergunta para mim.

Volto para dentro, ainda pensando se vou falar ou apenas ouvir. Mooji pergunta às pessoas na sala:

– Existe alguma coisa fazendo vocês não serem quem são neste momento?

Um homem responde:

– Apenas a velha preocupação com as coisas que podem acontecer amanhã.

Mooji provoca:

– Você está falando sobre coisas que podem ocorrer amanhã. Existe alguma coisa no universo capaz de remover o seu ser? Não apenas neste momento, mas para sempre?

– Não – responde o homem.

– A ênfase aqui é permitir-se compreender sem a intrusão da mente.

Adoro isso. A ideia de fazer alguma coisa sem a intervenção da mente me agrada.

Mais perguntas para todos nós:

– Quando você está unido ao seu eu, esse é um lugar de atividade ou de repouso? Você pode olhar para você? Ou está olhando a partir de você?

Vocês captaram todas as perguntas? Tentaram respondê-las? Quando confrontada com uma delas, use a mente e analise-as.

Uma mulher se levanta e parece prestes a ter um ataque.

– Li em *I am that I am* que a compreensão é como uma explosão.

– Sim, mas não como você pensa. Não é uma explosão do tipo "bang!" É o tipo de explosão que você teria se fosse ao médico e ele lhe dissesse que encontrou um tumor. Você esqueceria essas palavras?

– Não.

– Não; e, quando compreendesse que você não é o que achava que era, o que acontece? Durante toda a sua vida lhe disseram que você era apenas esse monte de ossos e carne, e, quando você chega à compreensão "eu não sou isso", o impacto pode ser profundo. Talvez o que foi esclarecido aqui detone mais tarde, quando você estiver no ônibus ou no banheiro.

Ele não é um amor?

– De um momento para outro, percebe-se que nada disso sou eu.

– Não pode haver muitas ondas?

– Oh, sim, e essa é a versão que prefiro, porque muitas pessoas esperam pelo *big bang*, mas pode haver muitas ondas pequenas. Sua mente é como um pequeno pedaço de gelo em um copo de água morna, em que ocorre um leve derretimento.

Quero me levantar e me sentar na cadeira elétrica. Deixo algumas pessoas fazerem perguntas e, depois, me ponho de pé, nervosa. Reúno coragem, o que é necessário, pois não quero ser tola. Ou quero não ser tola. Espero que alguma sabedoria adquirida ao longo dos anos possa ser evidente. O que vou dizer? Esta pessoa com quem eu me identifico, esta "Isabel", realmente não tem perguntas.

– *Namaste*, Mooji – digo, fazendo uma mesura.

– *Namaste*.

Sento-me na cadeira, de frente para ele, e pego o microfone.

– Isabel não tem nenhuma pergunta.

– Como?

– Isabel, este é meu nome, não tem nenhuma pergunta...

Ele repete, sorrindo:

– Não tem nenhuma pergunta.

– ... mas quer saber se o senhor tem uma para ela.

– Quem é Isabel? – pergunta ele. Risos da plateia. Tudo isso por causa de minha tentativa de evitar a pergunta "Quem é 'eu'?"

Respiro fundo para responder, mas então vejo o beco sem saída e rio, consciente da situação, momentaneamente perdida.

– Oh, não tenho que responder, não é?

– Quem diz? A pergunta foi feita, não é?

– Eu diria que Isabel é esse... qual foi a expressão que o senhor usou? Monte de ossos e carne com que me identifico – e me dou tapinhas carinhosos.

– "Eu" sendo o quê?

– "Eu" sendo isso que observa.

– Muito bem. Então agora apenas observe.

– Apenas observe? Você quer dizer sair completamente daquela com a qual me identifico? – pergunta a identificação de Isabel.

– Apenas observe. Você não tem que "sair" de lugar nenhum. Você não está "dentro".

– Não – diz a identificação de Isabel.

– Parece haver uma saída, mas, quando observo, fica claro que nada ocorreu realmente. Simplesmente estou aqui.

– Sim.

– O poder de observar está presente. Não ativei isso. Ele está acontecendo por si só.

Estou em silêncio e mudo minha perspectiva para a do observador. Agora vocês podem fazer o mesmo, espero.

Mooji diz:

– Parece que tenho o poder de deslocar minha atenção e apontá-la numa direção diferente, e o que quer que minha atenção toque é a minha experiência. Mas não me identifico com a experiência; ela não deixa rastros, nem registro.

Entenderam?

– Você consegue ver sem pegar? Sem recolher?

Por que ele está me perguntando isso? De onde vem isso? Será que estou tentando recolhê-lo? Suponho que sim. Certamente eu o percebi mais do que percebi as pessoas no trem a caminho daqui.

– Não entendo.

– Alguns relacionamentos simplesmente acontecem. Eles aparecem. Colocam-se em cena. E outros são forçados a ser. Eles têm origem na intenção, no desejo. E, quando eles se originam desse lugar, lutam, pois não são realmente um dom.

Não sei por que ele está me dizendo isso.

– A consciência pode ser um pouco assim também. Durante algum tempo, será um pouco agressiva; será exigente.

Credo! Ele está me sentindo como exigente? Pensei que estava apenas em meu lugar, vendo o que ele queria me perguntar. Ou minha consciência está exigindo agressivamente uma experiência do ser – de vocês também?

– É preciso aprender a simplesmente deixar acontecer. Esta é a oportunidade. Apenas ver o que acontece. Há um movimento na vida que está apenas acontecendo. Como sua respiração está acontecendo.

– Então a vida se desenvolverá por si mesma? – Minha experiência é que, a menos que eu faça as coisas acontecerem, elas não se desenvolvem por si mesmas. Olho para ele. Ele faz outra pergunta.

– Se você tivesse o poder de criar a vida que gostaria de viver hoje, será que ela seria comparável à vida que se desenvolve por si mesma?

Se eu tivesse o poder de criar a vida que eu quisesse? Assim como Anthony Robbins me diz que eu tenho? E de preparar um caminho a ser seguido com alegria e vigor?

– Sim! – começo, entusiasticamente. – Meu ego é grande o bastante para pensar "Sim!" Eu poderia criar uma vida melhor do que a que o universo me proporcionou. Posso detalhar a vida que eu gostaria de criar e dar muitos exemplos.

A plateia ri com minha exasperação.

– Então por que não faz isso? – pergunta Mooji.

– Porque o universo não quer que eu faça isso. – Rio para mim mesma, começando a divertir o público. – Faço meus pedidos de modo perfeitamente claro, peço, rezo, e o universo me dá o oposto. – Mais risos. Obviamente, há algum tempo eles não veem uma arrogância tão absurda.

– Então quem foi que entendeu errado? – pergunta Mooji.

– O universo! – respondo, cheia de convicção.

– Diga-me por quê.

– Em minha experiência, o universo tem me decepcionado com frequência. Tem feito o oposto do que meu coração pede. Parece não ter compaixão, não apenas por mim, mas pelos que amo também. – Paro por um segundo para reformular minha pergunta. – Em sua experiência, Mooji, o universo ou a consciência de que nós falamos é uma consciência amorosa? Se de alguma forma somos guiados, se tudo o que nos acontece é para nosso crescimento, então essa consciência é uma consciência amorosa?

– Muito bem. Sim. Você me pegou nessa. Preciso de um tempinho para lhe falar sobre isso. Posso?

– Por favor. – Dou uma risada quando ele me pede licença.

– Há alguns anos tenho achado confuso que, como dizem os cristãos e as outras pessoas, o "universo" ou "Deus" seja realmente uma consciência amorosa, quando vemos evidências do contrário diariamente. Qualquer luz que você possa lançar sobre o assunto seria muito bem-vinda.

– De certo modo, posso dizer que a consciência não é apenas amorosa, pelo menos no que diz respeito à humanidade. Do jeito que examinamos a questão, às vezes a consciência cria verdadeiras bombas de fedor.

– Já percebi – interrompo, para ter o prazer de conseguir um riso fácil do público.

– Não é apenas um cara legal; muita crueldade pode se manifestar também. Não é?

– Sim.

– Eles vêm de fontes diferentes? Será que o bem vem de um lugar e o mal de outro? Ou eles vêm da mesma fonte? Você pode saber o que é bom sem ter provado o que é mal?

– Acho que não.

– Como eu disse antes, os seres humanos são o efeito da consciência, e não sua causa ou seus controladores. Será que você está entendendo o que isso significa?

Tenho certeza de que não estou entendendo o que isso significa.

– O que você faz como ser humano tem origem na consciência, não no agente pessoal, individual. É por isso que você não pode decidir. Você tem o poder e a liberdade de sonhar, mas não tem o poder de tornar o sonho realidade.

– Hum. Realização dos sonhos é uma área interessante.

– Você tem o poder de sonhar, mas não de obrigar os sonhos a se tornarem realidade.

Ah, anotem isso, leitores de *O segredo* ou de qualquer desses livros do tipo diga-o-que-você-quer-do-universo.

– E você está frustrada com isso... porque sente que poderia fazer melhor?

– Isso! – concordei, e ouvi mais risos.

– Mas você pode isolar sua vida e modificá-la sem alterar a totalidade?

– Não. Mas não estou certa de estar acompanhando o que você diz.

– Você já pensou que cada onda no oceano tem um oceano inteiro debaixo dela? Uma onda não pode decidir: "Pessoal, não estou com vontade de seguir por aqui hoje; vou por ali". A pessoa tem realmente livre-arbítrio? Um pouco. Mas você poderia mudar o quadro, que inclui a mim, de modo que isso me satisfaça? Você pode mudar seu mundo, que inclui outros seres, e satisfazê-los? Ou você quer se isolar e ter uma doce vida sozinha?

– Não.

– Então você faz planos e pode incluir qualquer um em sua fantasia. Mas, se você quer tornar essa fantasia real, significa que você tem que se tornar uma ditadora. Você está dizendo: "Eu tenho este mundo. Ei, pessoal, é realmente lindo! Vocês querem morar no meu mundo? Mas vocês têm que pensar como eu quero que pensem e se mover como eu quero que se movam". Isso é autonomia apenas para você. Você poderia viver em um mundo como esse?

Inferno! Vocês estão acompanhando? Ele está simplesmente dizendo que não podemos ter o que queremos, que todo o princípio e os pensamentos de *O segredo* não podem funcionar porque não podemos controlar as outras pessoas. Já percebi isso. A ausência de Viv é um lembrete. Uma pessoa conhece outra e a convida para jogar. Algumas vezes elas estão na mesma frequência e outras não. Encaro Mooji.

– Não quero que ninguém faça o que quero que elas façam. Quero que as pessoas façam o que quiserem. Mas há pessoas que eu não gostaria que sofressem, acho.

– Hoje em dia todos os seres se alimentam justamente do que precisam para se alimentar, mesmo que essa coisa pareça horrível e nojenta. Você precisa experimentar isso para o próximo passo que precisa dar.

– Fico feliz que isso esteja sendo gravado, porque terei que ouvi-lo de novo mais tarde.

Mais risos, e agora percebo que tenho perguntas, embora esteja tão confusa que só consigo acompanhar suas palavras pela metade. Minha mente se reencontra e pergunta:

– O senhor pode honestamente me dizer, em sua experiência, que tudo o que experimentamos é para o nosso crescimento?

– Sim – diz ele, sem hesitação. Então, para que eu não seja tentada a duvidar, ele acrescenta: – Não sinto que este universo seja vingativo; ele é corretivo. Ele lhe oferece inúmeras oportunidades de chegar a um ponto mais alto. Mesmo quando parece haver castigo, ainda assim é uma ação de graça, que no momento não apreciamos. Muitas vezes, você diz obrigado ao cara errado. Muitas vezes, você se sente grata pelo que no momento lhe parece carinho. Você se sente grata pelos momentos com sabor de chocolate. Mas algumas coisas são ásperas e machucam. Você não se sente grata por elas, mas elas modificam o seu ser de tal modo que lhe trazem sabedoria. Raramente somos gratos a essas coisas.

Fico em silêncio, o que não é habitual. Emily comenta, depois, quando vê a fita: "Salve, Mooji! Mamãe não está falando". Não, estou ouvindo.

Mooji olha para mim.

– Quando estive na Espanha há pouco tempo, um homem me pediu: "O senhor pode me dar um mantra, Mooji?"

– E por que ele queria um mantra? Eu não quero um mantra.

– Não, não, espere, espere – ele ri. – Eu disse a ele: "Vou lhe dizer qual o melhor mantra, o mantra universal que qualquer ser pode dizer, não apenas os indianos, um mantra para todos os seres. Seu mantra é... – Ele faz uma pausa para criar suspense. – Obrigado. Diga apenas obrigado". Não explique, não reclame, diga apenas obrigado. Diga obrigado pela existência.

– Muito bem. – Na verdade, o mantra não me convenceu, mas vou tentar.

– Diga apenas obrigada. Obrigada, obrigada, obrigada a todos os seres, todos os que entram em sua vida. Mesmo que você não entenda o que eles trazem, ainda pode dizer obrigada. Você não tem que justificar e, de algum modo, você se enche de vida. Eles chutam você. Você pode não agradecer imediatamente, mas, de alguma parte em seu interior, você agradece. Simples assim. Veja o que acontece.

– Obrigada, Mooji. – A plateia ri. Faço uma mesura e volto para meu lugar no chão. Tento me lembrar de quem eu sou sem pensar.

Depois outra mulher se senta na cadeira e diz:

– Eu sou aquela cujo medo está aflorando em...

O próprio Mooji parece confuso. – Eu sou aquela em quem o medo aflora? É isso que você está dizendo?

– Eu sou, e o medo está aflorando – diz ela. Acho que ela está tentando evitar dizer: "Estou com medo".

É medo demais. Não quero ouvir mais nada.

– Medo junto com todas as outras coisas? – pergunta ele. – Talvez elas venham em sequência? Agora medo, agora alegria, agora esperança, repouso, depois isso e aquilo...

E é assim que as coisas são, não é? No entanto, alguma coisa em nós é constante por baixo de toda essa experiência passageira. Mooji está nos convidando a olhar para isso. Quero continuar sendo uma "fazedora". Sempre gostei de fazer as coisas acontecerem, mudar o mundo ou, de alguma forma, fazer tudo o que estiver ao meu alcance para tornar o mundo melhor. Seu mantra de "obrigados" é sensato. Obviamente faz sentido sentir-se assim em relação à vida; por outro lado, existem os conflitos em Darfur, no Tibete, no Oriente Médio, a indústria do cigarro e, como Viv gostaria de me lembrar, existem crimes nas ruas. Não adiante nos sentirmos gratos por nossa vida e a alegria que existe nela, se ignorarmos a realidade e o sofrimento ao nosso redor. É fácil sentir culpa pela visão seletiva, de que Viv acusa muitos de meus amigos de classe média: de estarem cegos ao sofrimento de crianças que são levadas ao crime porque a única coisa que conhecem é a violência dos pais viciados e infelizes, que, por sua vez, vivem sem esperança.

Sinto-me inspirada pela concepção de vida de Anthony Robbins: fazer planos e então fazê-los acontecer. É um modo emocionante de viver, mesmo que, como diz Mooji, seja impossível incluir outras pessoas em nossos planos. Eu tinha esperança de que Viv viesse e ouvisse Mooji, pois pensei que ouvir esta perspectiva seria um conforto para ele no trabalho difícil que realiza combatendo o crime nas ruas. Tinha certeza de que Mooji ia gostar de Viv... mas, como Mooji me recorda, não posso fazer acontecer algo que inclua outras pessoas. Tudo o que podemos fazer é sonhar e esperar que, algumas vezes, as pessoas compartilhem nossos sonhos. Claro, estabelecer metas e ter sonhos pode ter um preço alto: fracasso e decepção são parte desse caminho, bem como satisfação pelos sucessos. Mas continuo querendo fazer planos e assumir riscos. Mesmo que essa estratégia otimista me mantenha humilde, com decepções regulares para me lembrar de que não estou no comando.

Ainda assim, Mooji parece estar falando de um lugar de paz além de tudo isso, um lugar acessível a todos; de nosso relacionamento com o lugar que muitos chamam "Deus" e de como chegamos lá. Ou não. Ele disse, não disse?, que não precisamos fazer nada para chegar lá, exceto perceber que já estamos lá. Dessa perspectiva, tudo fica mais claro. De onde Mooji fala, parece haver um claro conhecimento do que é ilusão e do que realmente é importante. Não há medo da morte, e há uma vívida e intensa apreciação da vida. Qualquer coisa que crie uma fonte de gratidão pela vida, eu quero. Estou ouvindo.

Mas estou inclinada a tentar e a trapacear. Em vez de meditar e contemplar as questões profundamente, como Mooji recomenda, estou tentada a tomar um atalho para melhorar um pouco a experiência de observar de minha mente. Há um modo testado e aprovado de aprender sobre a consciência: os xamãs o utilizam há séculos. Eles tomam o que consideram um remédio sagrado. O que ele faz, segundo me dizem, é oferecer uma pequena ajuda ao processo do qual o irmão Richard fala quando diz que precisamos "sair do nosso caminho", ou do que Mooji fala quando diz que não devemos prestar atenção a nossos pensamentos.

Desejando mostrar que o mundo espiritual é uma realidade, os xamãs não perdem muito tempo: dizem "Beba isto", recostam-se e cuidam de seu corpo enquanto você observa a própria mente em 3D.

Posso estar levando essa ideia longe demais, e isso é muito grave, eu sei. Normalmente, não pensaria em usar drogas. O mais próximo que cheguei de consumir uma substância capaz de alterar a mente foi tomar café demais. Álcool, só bebo com moderação. Sempre considerei o uso de toda e qualquer droga desnecessário e tolo. Mas num contexto espiritual, com um xamã que passou a vida inteira fazendo esse trabalho? Acho que assim é diferente.

Estou muito em paz após passar um tempo com Mooji. Sinto-me revigorada, como se tivesse me banhado naquele grande oceano e isso tivesse restaurado minha perspectiva. Voltei a colocar o quadro da grande onda que estava na parede do meu quarto em um lugar que me parece adequado. Quando o vejo, lembro-me de Mooji dizendo que, quando nos livramos da mente, podemos viver com a consciência passiva de que não somos apenas uma onda, mas o próprio oceano.

Portanto, sinto-me pronta para testar tudo isso; penetrar a natureza, explorar a terra. Quero encontrar um xamã de verdade, e, para isso, tenho que penetrar na selva. Para isso, preciso encontrar um ocidental que tenha permissão para visitar tribos que tenham pouco ou nenhum contato com o mundo exterior. Gostaria de encontrar um antropólogo que fosse até a floresta sem explorá-la ou perturbar as pessoas. Teria que ser alguém que estivesse tentando proteger o modo de vida da tribo. Teria que ser alguém que trabalhasse com uma instituição de caridade ou fosse autorizado pela Survival International. Teria que ser alguém que conhecesse o xamanismo e respeitasse a tradição xamânica. Teria que ser alguém que estivesse dando uma contribuição verdadeira e cujo trabalho, caso eu fosse até lá, eu pudesse apoiar.

Para minha sorte, conheço alguém que conhece alguém que conhece alguém.

O quinto elemento – Terra

O útero – a mãe – transformação – estômago – harmonia – foco – alimento para o corpo – boca

A Floresta Amazônica, xamãs e alucinógenos

Adoro acordar em um lugar qualquer – bem longe de minha rua. Às vezes, é necessário reunir coragem e simplesmente ir. E esta não é qualquer viagem, mas uma aventura espiritual.

Estou sentada numa pequena lanchonete, tomando café como sempre. Mas, você pode gostar de saber, a Starbucks ainda não chegou a Satipo, uma pequena cidade na fronteira da selva amazônica, no Peru. Portanto, é café preto de coador. Ele é tão forte que é impossível chegar ao fundo da xícara. Hoje, eu e meus três acompanhantes – Dilwyn, antropólogo (que escreveu *Rough Guide Peru*, entre outros livros); Alex, estudante e viajante; e Jeremy, botânico aposentado – partiremos para a selva. Dilwyn está nos levando para conhecer uma velha amiga, Noemi; ela tem 70 anos, é membro da tribo *ashaninka* e é xamã.

Uma vez fui convidada para encontrar um xamã no Festival Mente, Corpo e Espírito, em Londres. Muitas pessoas na Europa estudam diversos aspectos da tradição xamânica; alguns passaram um tempo nas tribos e aprenderam um pouco das maravilhas dessa antiga tradição espiritualista. Alguns desses ocidentais podem até ter vivido tudo que consideram necessário para se intitularem "xamãs", mas, para mim, eles não são. Se dão palestras no circuito xamânico e têm assento na Conferência Xamânica Internacional, mesmo que sejam bem informados e eruditos, eles são um tipo diferente de xamã.

A meu ver, um xamã, no Tibete ou na América do Sul, ocupa uma posição central na comunidade. Ele (ou, mais raramente, ela) é conselheiro, médico e sacerdote, procurado em casos de nascimento, casamento, morte ou desgraça. Um xamã fiel à sua missão, acredito, não poderia abandonar a comunidade e correr para uma conferência. Portanto, embora admire o compromisso assumido pelo xamã ocidental de levar esse conhecimento ao mundo moderno, quero ir até a fonte. Para evitar comentários dos doutores Freud e Jung sobre esse encontro, procurei uma mulher. Noemi (ela é *ashaninka*, mas, como todos eles, tem nomes hispânicos) e sua irmã são duas mulheres em torno das quais gira a aldeia. Há 35 anos, ambas eram casadas com o mesmo homem. Quando ele morreu, ambas casaram-se novamente, com homens diferentes, e seus filhos e netos formaram a aldeia. Noemi tinha mais de cinquenta netos quando parou de contar. Ela não possui nada, a não ser filhos e netos os quais vê quase diariamente, e são uma riqueza que está além da imaginação da maioria dos avós em nossa sociedade dividida.

Nós quatro partimos. Seguindo meu padrão habitual, Dilwyn, o antropólogo, é casado, Alex é jovem o bastante para ser meu filho, e Jeremy é velho o bastante para ser meu pai. Assim reduzo as chances de uma pequena história romântica me distrair de Viv. Na impossibilidade de pegar um indígena da Amazônia em uma rede e levá-lo de volta a Londres, mais uma vez minhas experiências serão puramente espirituais. Evidentemente, esse é o meu destino. Fico feliz de que a xamã seja uma mulher. Fiel à natureza do elemento terra, experimentarei duas mães: a selva é o mais próximo que podemos chamar de "mãe natureza", e Noemi é a mãe da aldeia e será nossa mãe enquanto estivermos lá.

Partimos para o útero da floresta em mais ou menos quatro horas e eu... bem, estou completamente apavorada. Quando eu estava em Londres, parecia uma boa ideia pegar um atalho para a experiência de "deixar a mente de fora". Mas agora fico imaginando o que havia de errado em simplesmente me sentar e meditar como sugere a tradição *advaita*. Agora que estou deixando a mente de fora, uma diminuta parte de mim está imaginando se vai voltar um dia.

"Agora, Isabel", diz a conversa que acontece dentro de minha cabeça, "há gerações os xamãs têm usado diversas plantas para conduzir a mente das pessoas ao longo do caminho. Mesmo as crianças tomam poções estranhas, capazes de ensiná-las sobre outras realidades. Em tribos nativas, o que você vai experimentar é tão comum quanto um adolescente tomar um comprimido em nossas cidades."

A questão é que sou uma covarde, uma virgem em drogas. Nunca tomei nada. Tentei fumar um pouco de maconha, mas tive alguns problemas. Primeiro, porque não sou fumante. Encher meus pulmões de ar fresco e limpo, como meu nariz prefere, não é uma opção que sopre pela janela regularmente em Londres. Portanto, a ideia de encher meus pulmões deliberadamente de fumaça sempre me pareceu uma escolha duvidosa. Em segundo lugar, sempre que fumei maconha, senti vontade de dormir. Não é bem assim, é? Não era essa a experiência que eu deveria ter. Assim, para manter a comparação com a virgem em drogas, lembro que, uma vez, quando alguém me apalpou numa sala totalmente iluminada, percebi que esse não era o meu negócio e nunca mais experimentei.

Vocês podem entender por que estou um pouco apavorada. Hoje me peguei lembrando da mulher que se sentou diante de Mooji e disse "Eu sou aquela na qual o medo está surgindo". Fiz pouco dela mentalmente, ao pensar: "Oh, medo, medo... por que existe tanto medo em toda parte? De que todos têm medo?" Droga. Bem, posso dizer do que estou com medo agora.

Tenho medo de malária, febre amarela, hepatite B, febre tifoide e de muitas outras possíveis doenças terríveis. Em Londres, fui avisada de que nem adiantava me vacinar contra todas elas. Tenho um pouco de medo, não dos insetos, mas daqueles que picam: mosquitos, vespas, abelhas e formigas, que têm picadas piores que as de uma aranha. Aranhas? Não tenho medo de aranhas, e gosto de tocar naquelas patinhas peludas e fofas, mas agradeceria se elas não me picassem. E, entenda isso, descobri que vampiros não são uma lenda. Pensava que morcegos vampiros, que se lançam sobre nós e chupam nosso sangue, eram coisa de romances góticos. Mas não, parece que eles são reais e, segundo me disseram, "quando se lançam sobre você, machucam". Porém, mesmo os morcegos vampiros são menos assustadores que engolir uma bebida fermentada que vai me separar de minha própria mente. Diversas vezes, perguntei: "Será que alguém já morreu bebendo esse troço?" Mas ninguém me deu uma resposta direta, nem mesmo "Não seja ridícula, Isabel, claro que não". Simplesmente nenhuma resposta.

Um amigo em Londres me perguntou:

– Você não tem medo de ficar com uns parafusos a menos?

Respondi, sem hesitar:

– Já não tenho muitos parafusos, e os que tenho são responsáveis pelo modo como minha vida está. Por isso, a xamã pode ficar com eles. – Mas agora que estou aqui percebo que estou estranhamente ligada a meus parafusos, mesmo visualizando-os bastante brilhantes e em cores diferentes, e entendo por que nunca quis pôr em risco meu estoque limitado.

Ontem à noite, enquanto Dilwyn discutia problemas práticos com um dos ajudantes locais na hora do jantar, perguntei a Jeremy e Alex como eles se sentiam diante da perspectiva de tomar a poção da xamã, uma droga chamada *ayahuasca*. Alex, de 24 anos, é o mais experiente no quesito substâncias que alteram a consciência.

– O que você já usou, Alex?

– Maconha, *ecstasy*, MDMA...

– O que é isso?

– Uma fórmula mais pura do *ecstasy*. E cogumelos mágicos.

– Muitos?

– Não, acho que três vezes. Depois, usei a pedra filosofal.

– Eu pensei que isso era um livro de J. K. Rowling.

– É uma trufa também.

– Você está falando de chocolate?

– Não. É uma planta que cresce no solo e é um alucinógeno natural. Ah, e cocaína, lógico.

– Lógico?

– Cocaína é uma droga tola.

– Por que você diz isso?

– Ela faz você se sentir poderoso, invencível e infinitamente mais confiante, mas você sabe muito bem que essas qualidades só são alcançadas sob efeito da droga. Na verdade, não é uma droga tola. É uma droga muito tola.

– Entendi.

– Depois, a *Salvia divinorum*.

– Hein?

– Uma espécie de sálvia – interrompe Jeremy, o botânico – da família da *Salvia officinalis*.

– Você fumou sálvia, Alex?

– É um extrato concentrado que você fuma.

– A sálvia também é usada pelos índios norte-americanos nas saunas – diz Jeremy.

Obviamente, sou a única que não conhece essas coisas.

– Acabou, Alex? – Estou começando a achar que a mãe dele pode ler isso, e eu ficaria preocupada, se fosse ela.

– Bem, teve *speed*.

– E você usa tudo isso com frequência?

– Não, não com frequência. Nada muito forte. Não uso heroína, claro. Não sou burro.

– Então vocês dois tomarão *ayahuasca* se tiverem chance?

– Não sei – diz Alex. – Verei como me sinto na hora.

– E quanto a você, Jeremy?

– Sim, posso tomar, a menos que algo inesperado ocorra e me faça desistir.

– O problema é que – continua Alex – normalmente, quando você usa alguma substância que altera a consciência, você faz isso com seu melhor amigo. É muito diferente usar uma substância que você não conhece, em meio a uma comunidade que você não conhece e na qual não se sente seguro, com pessoas que você nunca viu.

– Jeremy, você já usou algo assim antes?

– Não. Uma vez experimentei maconha, mas não gostei e nunca mais experimentei outra coisa.

Ah, outro virgem. Nessas circunstâncias, Alex acaba de se transformar num Don Juan,* e tenho certeza de que ele iria gostar disso.

– Então vocês dois estão aqui principalmente para conviver com as pessoas?

– Sim. Aprendi muita coisa na África convivendo com pessoas que viviam da terra.

---

* Don Juan, bruxo indígena da tribo mexicana yaqui, é personagem de uma série de livros autobiográficos do antropólogo e escritor Carlos Castañeda. (N. da T.)

Jeremy é um bom homem à moda antiga. Fico feliz por ele estar conosco.

– Um de meus sonhos sempre foi conhecer uma comunidade que vive completamente fora do planeta e não depende da tecnologia. Essa é uma tribo indígena que vive inteiramente da natureza, uma cultura que permaneceu inalterada durante quinhentos anos.

– Isso é extraordinário – responde Alex para nós dois.

– Quando os primeiros bretões colonizaram as Ilhas Britânicas após a Idade do Gelo, essas pessoas viviam na selva praticamente do mesmo modo que vivem hoje, tendo a mandioca como alimento básico, plantando, fiando e tecendo algodão para confeccionar suas roupas, usando o arco e a flecha para caçar.

– Existe alguma diferença hoje? – perguntamos a Dilwyn.

– Eles têm algumas roupas trazidas pelos ocidentais. Além disso, têm armas que usam para caçar em vez de arco e flecha e, algumas vezes, vêm médicos de fora. Algumas tribos optaram por não ter nenhum contato com o mundo exterior. Essa tribo, porém, tem contato, e as crianças aprendem a falar espanhol na escola local. Fora isso, o modo como vivem está inalterado. Vocês verão.

Sendo assim, os dois "garotos" estão aqui para conviver com as pessoas. Espero que eu possa aprender com a presença de Noemi, assim como aprendi com a presença de Mooji. Talvez possa fazer isso, simplesmente "estar" ali, e pule a parte de tomar a bebida. Mas, pensando bem, os xamãs têm usado a *ayahuasca* para separar as pessoas da mente há séculos. Seria tolice vir até aqui, colocar-me sob os cuidados de uma xamã viva e não confiar nela para me ensinar como ela acha melhor.

Estou divagando, não é? Vocês sabem por quê? É porque, quando parar de escrever, será hora de partir. Quando sair daqui, será para partir em direção à selva. E gosto de escrever para vocês. É menos assustador que partir. Você sabe o que um amigo me disse em Londres? Bem, obviamente vou contar isso agora.

– Eu realmente não entendo por que você não fez nenhuma pesquisa sobre o xamanismo e a *ayahuasca* antes de partir.

– Eu não queria ler sobre a experiência de outra pessoa. Imaginei que minha mente poderia ficar sugestionada e tentar reproduzi-la. É melhor, pensei, fazer tábua rasa, sem expectativa, sem saber de nada. Dessa forma, sei que toda experiência é minha.

– Então, está muito bem. Mas isso é coisa séria. Altera a consciência.

– Como? Você quer dizer para sempre? Você está dizendo que eu poderia ficar permanentemente alterada se tomar esse troço?

– Sim.

Eu tinha me esquecido de que, às vezes, quando você se força a sair de sua "zona de conforto", as recompensas podem ser extraordinárias. Hoje viajei para a selva amazônica. O avião era tão pequeno que Alex comentou:

– Nunca voei de carro.

Depois, fizemos uma caminhada de três horas pela selva, sob forte calor. Eu estava levando os quatro frangos que Dilwyn tinha comprado para Noemi e, com um e outro tentando regularmente se livrar da caixa de papelão rasgada que era sua prisão, foi uma jornada que exigiu toda a minha atenção. A beleza da abóbada acima de nós constantemente me convidava a me arriscar a ter um tornozelo torcido caso não prestasse atenção onde pisava, mas, cheia de reverência e maravilhada, olhando para cima, consegui chegar perfeitamente bem até o presente momento.

Finalmente, com as aves escaldadas e contrariadas, viramos a esquina e, entre as árvores, havia uma pequena aldeia. Bem, ao falar "aldeia", levo uma imagem diferente para a mente: uma igreja e um pequeno pasto e um bar. Portanto, melhor seria dizer "clareira". Algumas cabanas de madeira, a maioria sem paredes, apenas com telhados de folhas de palmeiras apoiadas sobre estacas de madeira em cada canto. Uma das cabanas tinha paredes de palmeira e um piso que se elevava alguns centímetros acima do chão e, próximo a ela, uma fogueira de gravetos. E lá está, de pé e sorrindo para nós, um pequeno grupo de pessoas baixas e evidentemente muito amigáveis, com o rosto pintado de vermelho. São os amigos de Dilwyn, nossos anfitriões durante aquela semana.

A empresa de Dilwyn, a Ecotribal, com a qual estou viajando, tem refletido muito como esse modo de vida pode ser ajudado sem ser perturbado ou destruído por forasteiros. O turismo de "baixo impacto" é uma solução fácil. Umas poucas pessoas de cada vez, escolhidas a dedo por Dilwyn; quatro barracas são montadas, trazemos roupas e contas para colares, coisas simples de que a comunidade gosta, e depois desmontamos as barracas e os deixamos em paz. A Ecotribal traz apenas um pequeno grupo por ano.

O cacique da aldeia, Jaime (que se pronuncia "rai-me"), fala espanhol e já viajou para a Grã-Bretanha. Para ele, já que a intromissão é inevitável, é melhor cooperar com os forasteiros e descobrir quais estão sinceramente interessados no bem da comunidade e quais não estão. Os *ashaninka* estão constantemente sob ameaça de empresas petrolíferas, de madeireiros ilegais que querem usar a terra, ou de traficantes de cocaína que querem usar a pequena pista de aterrissagem para seus negócios clandestinos. Há o perigo de um membro da tribo ser persuadido a abrir mão da terra que pertence a uma tribo inteira. Recentemente, um desastre desse tipo foi evitado quando madeireiros ilegais ofereceram a alguém da comunidade um valor ridículo para ter acesso a milhares de hectares da floresta *ashaninka*. A instituição beneficente com a qual a Ecotribal colabora, a Cool Earth, pagou 15.000 libras a mais que o valor oferecido pelos madeireiros. Agora, pela primeira vez, um grupo de 2.000 tribos *ashaninka* (de uma população tribal total de 45.000) tem uma organização comunitária. As tribos se reúnem para decidir como proteger a floresta (devolvida a elas pela Cool Earth) e como o dinheiro deve ser gasto.

Até agora, eles compraram uma canoa comunitária para que possam vender sementes de cacau rio abaixo e levar os habitantes para tratamentos médicos de emergência, quando necessários. A Ecotribal e a Cool Earth também estão colaborando com os *ashaninka* para criar um programa de desenvolvimento sustentável, e, onde o desenvolvimento vai bem, é bonito de se ver. Quando o Channel 4 esteve aqui por algum tempo, Jaime usou o pagamento para instalar um painel solar no telhado de sua cabana. Agora, uma única lâmpada pende da varanda da cabana de Jaime e oferece uma luz suave ao anoitecer. O melhor que nosso mundo pode oferecer ao dele.

A não ser pelo pequeno painel solar, é incrível pensar que estamos diante de uma visão quase idêntica à que teríamos se tivéssemos chegado há 5.000 anos. Cada família ocupa uma área para dormir, para cozinhar e para os visitantes, e é só. Excepcionalmente, no caso desta família que conhece a inexplicável incapacidade ocidental de se sentar no chão, uma mesa e bancos foram feitos especialmente para nós. Também trouxemos garfos e comida a que estamos habituados. Pode até parecer que isso nos impedirá de ter uma experiência autêntica... mas estou feliz por não ter que comer insetos ou carne de macaco. Jaime está desidratando uma tarântula numa chapa de metal colocada sobre a fogueira. Enquanto ele realiza o delicado trabalho de desidratação, diversos pequenos vermes que viviam dentro dela começam a fugir do calor. À medida que eles saem do corpo da aranha, Jaime os recolhe com um graveto e os põe na fogueira. Eles comerão a tarântula com uma pequena banana, mas ele está apenas se divertindo com a ingenuidade dos visitantes. Mais tarde, ele confessa que está desidratando a tarântula para que a pré-escola local possa exibi-la.

Estou desanimada por não falar espanhol. Não que isso fosse me ajudar a conversar com alguma das mulheres ou crianças – elas só falam a língua *ashaninka* –, mas pelo menos poderia conversar com Jaime sem depender da tradução de Dilwyn. As mulheres e eu só podemos nos olhar e sorrir timidamente. É como folhear um livro de história e se deparar com mulheres que usam diariamente os penteados que só víamos nos museus. Sempre imaginamos que os pré-históricos viviam uma vida "primitiva", mas o que vemos aqui parece mais a vida que imaginamos existir no paraíso. Eles vivem em harmonia com a natureza e em harmonia uns com os outros. Para nos refrescarmos durante a tarde, vamos nadar no rio Mamiri, uma nascente cristalina do Amazonas, certamente nus. Sorrio da inutilidade de me sentir envergonhada diante dos três homens que mal conheço. Neste trecho do rio, as margens têm praias perfeitas, com pedras claras. A corrente não é muito forte, e as árvores são altas ao nosso redor. Sinto-me como se tivesse mergulhado num daqueles locais perfeitos que só vemos nos calendários da Lonely Planet.

Enquanto nadamos, Dilwyn nos diz que, na verdade, não é uma boa ideia nadarmos nus, pois existem criaturas que nadam para dentro das mulheres e penetram os homens através do buraquinho na cabeça do pênis. (Ele tem um nome elegante – orifício uretral externo, mas é mais conhecido como "buraquinho na cabeça do pênis".) Dilwyn, que nada de calção, menciona isso casualmente e fica observando os outros saírem da água com graus variados de rapidez. Ao nos ver de pé na praia, procurando nossas roupas, ele começa a rir.

– Não é verdade. Estava apenas brincando com vocês.

Este lugar realmente é o paraíso. Não temos que temer tais horrores. Nem mesmo piranhas, que podem nos comer vivos. A água é límpida e cristalina, e o maior perigo é a possibilidade de dar uma topada com o dedão em uma pedra. Dilwyn preparou um espaguete vegetariano e uma grande salada para servir na hora do jantar, antes que escureça. Às oito da noite, caminhamos para as nossas barracas para dormir na terra de cheiro adocicado com os sons da selva ao fundo, e tudo parece perfeito.

A primeira aurora

Após a noite em minha pequena barraca, acordo antes do amanhecer e me deparo com as mulheres e as crianças cuidando da fogueira. Elas estão começando a preparar o único líquido que bebem, uma espécie de cerveja suave feita de mandioca, a base de carboidrato local. Elas a mastigam e em seguida a cospem em uma tigela antes de ferver. Crianças pequenas ajudam a picar e ralar, além de mastigar e cuspir.

Quando me sento à luz da alvorada para observar, mais mulheres e crianças chegam com cestos na cabeça. Elas carregam a madeira assim há 5.000 anos. Não ouço uma mãe erguer a voz ou repreender uma criança. Vejo um garotinho de cerca de 2 anos cair. Ele chora durante uns segundos, nenhum dos adultos lhe dá atenção e ele para de chorar. Parece simples, não é? Ainda assim, nossas crianças choram nos supermercados durante meia hora antes que a mãe desista e lhes compre doces.

Quando Dilwyn, Jeremy e Alex saem das barracas, são servidos com um café de dar água na boca, com papaia, banana e mandioca. A banana e a mandioca foram colhidas cinco minutos antes e assadas frescas. Sentamo-nos e comemos, observando a manhã.

A paz nos invade. São tantas as coisas que não entendo; a harmonia de tudo isso parece impossível. Mesmo entre as criaturas mais simples: gatos e cães, galinhas e pintinhos. Como nenhum dos animais foi castrado, e a comida parece abundante, por que não vemos a pequena aldeia transbordar de gatos e cachorros? O equilíbrio aqui parece perfeito; chego a sentir que a humanidade devia interferir para mantê-lo. Será que fui condicionada a acreditar que harmonia e equilíbrio são uma ilusão?

– Será que eles matam os cachorrinhos e gatinhos ao nascerem para manter poucos animais? – pergunto. Não, aparentemente, não.

– No ano passado, um cachorro adoeceu e começou a espumar pela boca. Podia ser raiva.

Dilwyn nos conta essa história para explicar minha confusão em relação à população de gatos e cachorros.

– Então eles cavaram um buraco enorme, puseram o cão dentro dele e o cobriram com terra.

– Eles o mataram primeiro, não é?

– Não, esse era o modo de matá-lo.

– Oh, Deus. Uma faca não teria sido menos cruel?

– Foi o que pensei – disse Dilwyn. – Mas parece que é difícil matar um cão com uma faca com um único golpe, e com dois ou três golpes é pior. Eles consideram esse o modo mais respeitoso. Ouvimos um ou dois resmungos e acabou.

– É melhor não pensar nisso.

– Injetar substâncias químicas nos cães como nós fazemos também não é agradável. Ouvi dizer que alguns cães uivam quando são injetados.

– Sem veterinários, então? Se um animal adoecer, morre ou é morto por eles.

– É a vida e a morte no mundo real, Isabel. É onde todos vamos terminar, na terra.

Bem, essa é a resposta para minha pergunta sobre os poucos animais.

– E quanto aos filhos?

– Eles têm um método natural de planejamento familiar: ervas que podem tomar se não querem ter filhos. Jaime tem apenas quatro filhos, uma família bem pequena. A família que encontramos no caminho tem doze. É uma família grande. Eles gostam de famílias grandes porque muitos *ashaninka* foram mortos e eles querem aumentar o contingente novamente para cuidar da floresta. A companheira de Jaime perdeu um garotinho de 2 anos que foi "levado pelo rio" um dia. Ele foi longe demais durante a estação em que a corrente é forte.

O rio também levou uma menina da aldeia, ela era epilética. Os habitantes da tribo pediram aos visitantes algum medicamento que pudesse ajudá-la, mas ouviram que é "muito caro e não funciona" e que "provavelmente ela cresceria assim". Bastava ficar de olho nela. Um dia, porém, a menina foi nadar com os amigos, teve um ataque e foi arrastada para longe, sem que as outras crianças pudessem ajudá-la. Assim, não é que a aldeia não conheça a tristeza. Uma mulher não pode ter filhos, mas não parece haver tristeza nela; ela sorri um sorriso largo. Obviamente, mesmo aqui, não ter filhos pode ser visto como uma bênção, assim como pode ser uma escolha entre as mulheres em Londres.

Enquanto permanecemos sentados e absorvemos a beleza ao nosso redor, Dilwyn nos conta que os *ashaninka* passaram por momentos difíceis. Há quinze anos, um grupo comunista chamado Sendero Luminoso queria a terra e resolveu tomá-la, invadindo as aldeias, matando todos e queimando as cabanas. A família de Jaime teve que abandonar as casas e hortas e fugir para as montanhas. Eles teriam passado fome se, tendo ouvido rumores da crise próxima, não tivessem plantado outras hortas em lugares aleatórios na mata. Durante os dois anos em que não puderam voltar, eles tinham que caçar macacos com arco e flecha como os antepassados faziam (as armas denunciariam seus esconderijos), e buscar as hortas ocultas à noite para alimentar mulheres e crianças. Um homem ficou preso quando uma rocha caiu sobre seu braço. Ele pegou uma faca, cortou o braço e caminhou para salvar-se. Ouço essa história antes de me deparar com o rosto sorridente do homem que tem um só braço hoje de manhã. Ele me cumprimenta com um aperto da mão remanescente, a saudação que eles aprenderam que os visitantes esperam.

Mas esse horror é culpa dos visitantes. Quando ninguém os perturba, a vida aqui respira uma paz milagrosa. As mulheres e crianças cozinham, e os homens caçam. As mulheres coletam lenha para a fogueira, e os homens cortam as peças maiores de madeira e constroem suas casas. Todos cavam a terra, preparam o solo e plantam hortas. Tudo vem da terra e volta para a terra; toda a comida é orgânica, não há nada artificial e tudo é reciclado. A maior parte dos objetos ao nosso redor parece feita de folhas de palmeira tecidas pelas mulheres: cestos, tapetes, pequenos armários sobre estacas para armazenar os ovos, abanos para o fogo, coberturas para os telhados. Quem tiver uma palmeira pode viver sem nunca ver uma loja ou uma moeda. Eles colhem, fiam e tingem o algodão, depois tecem um tecido extremamente delicado e belo. Os adultos gostam de usar a roupa tradicional, semelhante a um cafetã, conhecida como *cushma*, que é tecido para eles pelas mulheres.

– Eles querem ser bonitos, pois a floresta é bonita. Por isso, querem ser belos como a natureza e agradar aos ancestrais – conta Dilwyn, orgulhoso dos amigos.

– Então, qual é o plano para hoje? – pergunta Alex.

Plano? Meu plano é ficar de pé ocasionalmente, mas passar a maior parte do tempo sentada, observando e aprendendo quando for possível, e talvez nadar um pouco. Tudo está em perfeita paz, exceto pelas novas e reluzentes picadas de insetos com as quais ninguém mais se preocupa. (Estou coberta de repelente de insetos, que cheira mal e parece atraí-los.)

– Hoje à noite Noemi vai preparar uma sessão de *ayahuasca* – fala Dilwyn, indiferente. – Estamos todos convidados a participar.

– Estou dentro – diz Alex.

– Jeremy?

– Bem, sim, acho que pode ser uma experiência interessante. – Jeremy sempre me espanta. – Não tinha planejado fazer algo assim. Mas, como a oportunidade se apresenta, acho que gostaria de fazer.

– Isabel – diz Dilwyn, olhando para mim.

Parece que, além de ser aquela que olha fora de meus olhos, para o que Mooji tentou chamar a minha atenção, também sou alguém a quem os olhos são dirigidos. Preciso tomar uma decisão. Em teoria, foi para isso que vim.

– Diga-me, Dilwyn, essa coisa é perigosa?

– Precisa ser tratada com cautela. O efeito já foi descrito como se "empunhassem uma serra elétrica dentro da cabeça".

– Bem...

– O que quero dizer é que, nas mãos erradas e sem respeito pelo poder do instrumento, é perigoso.

– Mas você o recomenda?

– Não estou recomendando. Não. Mas eles estão oferecendo.

– Uma serra elétrica pode ser usada com a precisão de um bisturi nas mãos corretas – sugere Jeremy diplomaticamente.

– Noemi é como uma mãe para mim. Há mais de trinta anos tomo *ayahuasca* com ela. – Dilwyn parece estar oferecendo essa informação como prova de que podemos sobreviver.

– Alguém já morreu?

– Não que eu saiba.

Sento-me e olho para um enorme peru, que anda todo empertigado ao redor do local, perfeito em seu próprio presente. Por que alguém ia querer tomar esse negócio quando tudo é tão perfeito?

– Por que eles tomam?

– O povo *ashaninka* sempre tomou *ayahuasca* para se comunicar com o mundo espiritual, o espírito das plantas, do rio e das árvores. Noemi toma isso uma ou duas vezes por semana durante toda a vida e tem 70 anos.

– E o que podemos esperar? – pergunta Jeremy.

– Visões – diz Dilwyn e sorri. – De um tipo ou outro.

– Um pouco mais de informação talvez, Dilwyn? – falo e pego a caneta.

– A experiência depende inteiramente do que você traz para ela. É, sobretudo, uma experiência visionária, e é diferente a cada vez. Você vai conversar muito com você mesma no interior de sua mente, e as visões tendem a alcançar de forma muito profunda o seu inconsciente. Esse é o primeiro estágio. Depois, você pode começar a se sentir enjoada. Na segunda fase, você pode sentir seu estômago embrulhar e precisar mudar o foco do estômago para a glândula pineal no meio da testa, que é o centro da consciência visual. Tentar deslocar o foco envolve tentar liberar o diálogo interior junto com a confusão em seu estômago. Depois, vem o terceiro estágio, quando você passou por isso e tudo parece bem.

– Engraçado, essa história de "liberar o diálogo interior" é semelhante à meta da meditação, não é?

– Sim.

Sentamo-nos e comemos nossas bananas assadas.

– Apenas queria acrescentar – continua Dilwyn – que isso não faz parte do passeio da Ecotribal. Simplesmente aconteceu. Se estivéssemos rumando para as cachoeiras e descendo o rio de canoa, o que faço normalmente, não teríamos sido incluídos na sessão de *ayahuasca*. Não sou eu quem deve recomendar ou não que alguém participe. O que devo dizer, para que tomem ciência, é que é uma droga poderosa. Ela só deve ser tomada com um xamã muito experiente e pode ser muito perigosa para qualquer um com mente instável. Conheço pessoas que, usando outras plantas, foram incapazes de voltar a agir no mundo. Portanto, é preciso tomá-la com respeito e cautela.

Fico um pouco mais apavorada que antes.

– A dose é ajustada para nós, pessoas de fora?

– Ela nos dá doses individuais.

– E vômito e diarreia são garantidos? – Medo.

– Bem, você sente uma pressão no intestino, e isso tende a sair de um jeito ou de outro. Falando francamente – Dilwyn agora fornece as "outras informações" que pedi –, já tomei cinquenta ou sessenta vezes. Fiquei enjoado umas dez vezes, mas sempre me borro em algum momento.

Eu não queria uma experiência de terra?

– Vicia?

– Não. De modo algum. Você verá por quê. Isso exige muito respeito. Entrei nisso mais tranquilo quando tinha a idade de Alex, mas agora tenho mais respeito e mais medo da experiência.

Jaime caminha entre nós perguntando se alguém quer café, que não é recomendável antes de uma sessão de *ayahuasca*. Ele se senta e bebe um pouco.

– Jaime estará conosco hoje à noite?

– Não. Ele toma apenas uma ou duas vezes por ano.

– Em ocasiões especiais?

Dilwyn traduz minha pergunta.

– Não, ele diz que toma quando sente que quer.

– A comunidade usa a droga em ocasiões especiais? É parte de alguma preparação para nascimentos, casamentos ou mortes?

– Não.

– Nem mesmo para os mortos? Para rezar ou ajudá-los a "passar para o outro mundo"?

Dilwyn traduz pacientemente.

– Não. Não para os mortos. Na verdade, ele ficou perplexo com a pergunta. Se alguém morre, eles cavam uma cova rasa na terra e o enterram. Ele disse que, se alguém está doente, eles podem usar a droga para entender por que a pessoa está doente. Em um determinado momento da vida, Jaime estava trabalhando como professor bilíngue na Cutivireni* e parece ter tido uma hemorragia cerebral. Ele foi levado ao hospital e queriam operá-lo, mas a família não quis que abrissem sua cabeça. Tivemos que ajudá-lo a sair do hospital e voltar para cá. Quando chegou aqui, eles lhe deram uma fórmula concentrada de *ayahuasca* e ele ficou curado. Ele diz que a *ayahuasca* lhe deu visões dos ancestrais, que vieram até ele, todos com rostos diferentes e vestindo *cushmas* de cores distintas. Um deles disse que ele ficaria bem e, no dia seguinte, ele estava bem.

– Ele sempre encontra os mesmos ancestrais e espíritos em suas visões ou são diferentes?

– Diferentes, diferentes ancestrais.

– E os espíritos?

– É complicado, Isabel. Se eu pressioná-lo fazendo perguntas, ele se calará.

– Ah, está bem, então; pode parar. Não quero forçá-lo, de modo nenhum.

– Vou perguntar de um jeito um pouco diferente. Só estou dizendo que é complicado.

---

* Asociacion para la Conservacion del Patrimonio de Cultivireni, fundada em 1987 e dirigida por voluntários em Lima e índios *ashaninka*. Sua missão primordial é preservar o patrimônio natural e cultural das comunidades *ashaninka*. (N. da T.)

Eles conversam durante algum tempo. Oh, Deus! Que coisa absurda eu não falar espanhol. Dilwyn vira-se para mim.

– No ano passado tive uma visão muito forte e tentei entender o que era aquilo. Mencionei isso a ele como um modo de fazer sua pergunta, e ele me disse que as imagens que vi eram certamente o espírito da *ayahuasca*, que assume muitas formas.

– Será que ele estaria interessado em saber que, no budismo tibetano, existe uma pessoa conhecida como médium, que permite que um espírito entre em seu corpo para transmitir mensagens do mundo espiritual?

– Não. Acho que ele teria medo. Essa é uma das principais diferenças do xamanismo. Em outras tradições, pede-se que os espíritos venham ao nosso mundo através de um canal ou de possessões, mas, no xamanismo, eles usam a *ayahuasca* para ter contato com os seus.

Alex saiu neste momento para fazer uma hora de ioga.

– Você não tem nenhuma pergunta, Jeremy?

– Não. Quero manter a mente aberta.

Mente... ah, sim. Lembro-me da mente. De acordo com Mooji, eu estaria melhor se não usasse a mente. Estou depositando minha confiança na *ayahuasca*, forçando-me a ficar completamente fora de minha mente e experimentar a posição do observador. Eu acho. Não, eu não acho nada.

– Uma última pergunta, Dilwyn. Conseguirei escrever enquanto isso está acontecendo? É o que eu faço: escrevo.

– Você não vai querer. Escrever faz parte do diálogo interior, e é disso que você vai querer se livrar para que as visões fluam livremente.

Não vou querer escrever? Bem, será a primeira vez.

O peru agita as penas ao passar pela perua. Olho ao redor, ainda sem acreditar na aldeia, nas pessoas e no modo como entraremos, do modo mais pleno possível, na vida espiritual da comunidade.

– É extraordinariamente gentil da parte de Noemi e dessas pessoas compartilhar sua cerimônia mais sagrada conosco. Afinal, eles não sabem nada sobre nós.

– Pela manhã, eles saberão.

Respiro fundo e me afasto da mesa. Pego a roupa de banho por uma questão de modéstia e caminho até o banheiro Amazonas.

Deitada de costas na água, olhando para o céu azul límpido e a abóbada de árvores, contemplo minha insanidade. Estou prestes a tomar uma droga classe A. Isso a equipara a heroína, LSD, cocaína, *crack* e mais algumas outras. Se a polícia londrina aparecesse e me visse fazendo isso na Battersea Park Road, eu pegaria sete anos de prisão. E se compartilhasse ou cobrasse pela experiência, poderia ficar a vida inteira na cadeia. Talvez eu tenha perdido o juízo. Como posso saber que isso não terá um efeito grave sobre mim? A frase "incapaz de agir no mundo" soa com uma clareza alarmante. É o que um de meus antigos professores chamaria de "bandeira vermelha": um aviso que chama minha atenção para a responsabilidade de fazer uma escolha idiota.

Mas, se eu escolher me concentrar totalmente no aspecto positivo, preciso ter em mente o ensinamento budista de que tudo que verei nas visões, alucinações, ou seja lá o que for, nada mais serão do que projeções de minha mente. Nenhuma visão pode ocorrer sem que eu seja a fonte dela. Mas isso significa que não acredito em espíritos? Os *ashaninka* não acreditam, como alguns budistas tibetanos, que tudo vem da mente. Eles acreditam que as plantas e os espíritos da natureza falam através deles durante o estado de transe. Mas tudo isso são conceitos e teorias. Será que eu poderia produzir uma teoria para vocês sobre o que significa flutuar no Amazonas olhando para o céu? Será que vocês iam acreditar que as pessoas aqui vivem em paz mesmo sem vir até aqui e ver por si mesmos? Temos uma expressão para isso, não é? "Ver para crer." Acho que nas atuais circunstâncias ela poderia ser adaptada para "Tomar para crer".

É noite e fomos trazidos ao local onde mora Noemi. Ela tem uma fogueira sobre a qual há uma grande panela que se parece muito com um caldeirão. Ela canta, mexe a panela, de vez em quando acrescenta coisas e cuspe nela. Para completar a imagem, ela tem um gato. Um tapete de folhas de bambu foi estendido, e somos convidados a pôr os sacos de dormir sobre ele. Tomaremos a poção e depois deitaremos e fecharemos os olhos. Mostraram-nos para onde ir para evitar vomitar no chão. Escrevo isto enquanto a lua desce.

Não acredito que algo como a *ayahuasca* possa me revelar coisas que eu já não saiba sobre mim. Qual é a diferença entre uma visão e um sonho? Não é apenas sonhar acordada?

Quando nos deitamos, alguém toca uma flauta para convocar os espíritos. Alex não parece nem um pouco assustado, e, quando Dilwyn diz que a bebida hoje provavelmente será mais suave, pois é nossa primeira vez, Alex comenta:

– Então vou voltar para outras doses.

Fico muito feliz que a dose seja suave para nós. No início da noite, havia um arco-íris no céu. Ao estilo dos tibetanos, decidi interpretá-lo como um sinal de bom augúrio. Agora há um anel ao redor da lua, e eu o observo, tentando lembrar se é prenúncio de algo mais além do mau tempo: loucura iminente, por exemplo.

Não sinto medo agora, apenas curiosidade. É apenas como sonhar acordada, continuo dizendo para mim mesma. Minha mente não vai explodir, mesmo que meus intestinos explodam. Estou deitada no chão, feliz com os sons da floresta ao nosso redor: o rio ao fundo, a cachoeira, os grilos. Sinto um cheiro maravilhoso de fumaça de madeira e posso ver os carvões em brasa sob a panela de Noemi. Não posso sentir o cheiro da bebida, graças a Deus. Dilwyn diz que um dos motivos pelos quais a planta não vicia é seu gosto horrível, como um suco de uva amargo, seria preferível comer bosta de cachorro. Um modo elegante de descrever como é ruim. Debruçada sobre a panela, Noemi parece muito com uma bruxa.

Morcegos! Oh, tomara que sejam morcegos frugívoros. Estou escrevendo agora, mas não consigo ver as palavras na página, apenas preto no branco. Tenho que confiar que a garatuja da minha querida caneta-tinteiro Lamy será compreensível para mim mais tarde. Por fora do anel branco ao redor da lua, há um anel marrom. Eles deram a flauta para duas crianças pequenas e percebo que se trata de uma flauta doce de plástico trazida por algum visitante. Subitamente, um toque absurdamente maravilhoso vem somar-se a tudo isso: além da música sinistra para saudar os espíritos que alguém estava tocando antes, agora temos o ruído terrível que as crianças de todo o mundo fazem ao soprar uma flauta. Ao ouvir o som e ver a expressão séria no rosto de Alex, começo a rir.

E então, oh Deus!, a bebida está pronta. Orai por mim, Santa Maria. (Não sou católica; por que Maria? Não faço ideia.) Quem estiver lendo isto reze por mim... Dilwyn está bebendo. Será que eu devia ter me preparado? Tarde demais. Alex bebe agora. Ele ainda está tomando o líquido e parece que já se passaram cinco minutos. Oh, Deus, o gosto de cocô de cachorro!... Agora é minha vez.

Muito bem, já bebi. Não foi tão horrível. Apenas muito amargo e forte. Fingi que era um remédio e tomei tudo corajosamente. Disse a mim mesma "muito bem!", enquanto o líquido descia. Tenho de deitar agora para ver o que vai acontecer.

Até agora, nada. Dilwyn está arrotando muito. Na verdade, o gosto é horrível. O gosto amargo continua na boca. Começo a me sentir estranhamente quente. Alex diz "Boa viagem a todos vocês" e deita-se, fechando os olhos. Oh, meu Deus, as crianças pequenas também estão tomando. Uma delas deve ter cerca de 5 anos. Ninguém disse quanto tempo leva para fazer efeito, e não posso perguntar. Não se pode falar com ninguém, disseram. É uma experiência interior. Todos os outros estão deitados quietos, enquanto eu estou sentada, escrevendo para vocês. Está tão escuro que mal posso ver o papel em que escrevo. Tochas também não são permitidas. Os morcegos voam baixo sobre nós. Morcegos frugívoros, digo novamente para mim mesma. Não são vampiros. Ainda me sinto bem. Nada de sair agora.

É maravilhoso ficar aqui sob o céu. Não me sinto nem um pouco sonolenta. Há algumas nuvens no céu. Só me sinto muito relaxada. Não sinto medo, apenas uma sensação estranha de afundar. Ah! Uma estrela cadente. Sinto-me incomum e completamente desperta, mas tonta. Completamente na natureza. As únicas coisas feitas pelo homem aqui são os sacos de dormir, meu caderno e esta caneta. As pessoas deitam-se sob as estrelas. Será que o efeito de uma das plantas é manter você acordado? Não entendo por que estou acordada. Nossa, como é bonito aqui! Será que eu deveria estar deitada, concentrando-me nas sensações e imagens em minha mente? Imagino que sim. Até agora, me sinto bem. Noemi está cuspindo bastante na panela.

Acho que é melhor deitar e desligar a mente.

Agora estou me sentindo estranha... não sei o que pensar...

Não pense. Apenas observe as sensações...

Muito bem...

Pare de escrever...

Ah, cale a boca...

Ponho de lado a caneta e deito-me; em seguida, sento-me novamente para escrever.

Agora devo finalmente parar e ter esta experiência; sinto que algo me impele...

Deite-se...

Imagens estranhas em minha mente... peças de xadrez... cada uma se transforma numa estátua de Buda... imagens em movimento, que desaparecem quando abro os olhos...

Então não abra os olhos, idiota...

Se eu for com elas, elas são estranhas e extraordinárias... estão sempre mudando...

Isso é bom, não é? Engraçado?

Esquisito, mas não tenho medo de nenhuma delas. Por que teria? Desenhos estranhos, rostos estranhos... é muito engraçado... sonhar acordada... calor...

Pessoas girando nas rodas de oração tibetanas... talvez seja a sugestão da estranha canção da xamã... soa um pouco como cântico de monges. Ela está girando as rodas de oração na minha cabeça. Não sou eu que estou fazendo isso. Estou apenas observando. Uma apresentação em minha cabeça...

É como aqueles momentos antes de dormir, quando vemos coisas ou pessoas esquisitas. Sabemos que ainda estamos acordados e começando a sonhar, mas, se abrimos os olhos, elas desaparecem. É assim.

Acabo de ver uma igreja enorme, uma nave que se estendia muito longe e um homem, evidentemente *gay*, usando um chapéu de caubói e dançando! Que droga é essa?

Então ouço a voz de Dilwyn vindo de outra realidade:

– Isabel, foi muito suave. Noemi está perguntando se queremos mais. Tomei mais um pouco.

– Muito bem, por que não? – falo, parecendo estar gostando disso.

Tenho que parar de escrever. Tenho que voltar para isso. Da próxima vez, será totalmente em cores.

Deite-se... feche os olhos...

A xamã dançante!... membros da tribo vestidos... uma dança esquisita... eles estão formando um círculo.... querem que eu dê a mão e participe. De repente, Emily está aqui. Ela segura minha mão esquerda firmemente com a mão direita, como se quisesse me dar algo que sei que me protege, e então estende a mão esquerda para segurar a mão de um nativo que dança, usando uma máscara. "ISTO É MUITO ESQUISITO", diz ela, com voz mais nítida e alta que a de Dilwyn. É como se ela aparecesse em seu corpo astral, levada de um sonho perfeitamente normal em Battersea para chegar na selva e cuidar da mãe selvagem. Mas ela olha ao redor, interessada nos procedimentos...

Em seguida, vejo Emily num lugar escuro, sujo de fuligem, poeira e alcatrão... uma projeção óbvia de meus temores pelo seu bem-estar... esquisito.

Espantada, observo quatro *dorjes* dourados apontando nas quatro direções da bússola, com luz saindo em todas as direções... tão brilhante! Depois mais imagens confusas.

Oscilando de volta à consciência, sinto-me pior que quando bebi muito licor de uma vez, e cambaleio na direção da terra nua, grata por conhecer meu corpo e saber que ele quer se livrar da bebida da bruxa rapidamente.

Estou de pé, no meio da floresta, sentindo-me infeliz e muito doente, quando Dilwyn aparece como um pastor em busca da ovelha perdida, com seus cabelos brancos à luz do luar. Ele veio para me levar para casa, ou de volta para meu saco de dormir.

– Obrigada – acho que consegui dizer. – Estou bem. – Cambaleio de volta para o saco de dormir e adormeço imediatamente. Uma hora depois, uma reprise. Continuo cambaleando, vomitando, mas, quando me deito, tenho uma sensação fantástica de calor em todo o corpo. Começo a conversar com essa sensação de calor sobre alguns probleminhas de saúde que tenho. Pergunto se isso pode resolvê-los quando, imagino, adormeço novamente.

Estou enjoada... Levantar e caminhar pela floresta. Regar as árvores com a *ayahuasca* e lhes desejar uma boa viagem enquanto ela encharca suas raízes...

Não tenho ideia de que horas são. Minha cabeça está girando. Mais visões? Muito pouco do que nossa mente cria quando estamos dormindo ou acordados tem importância. Por que nos identificamos tanto com o sonho que é nossa vida? Por que levamos tudo tão a sério?

O céu está tão límpido! Posso ver até o infinito.

A SEGUNDA AURORA

No dia seguinte, acordamos com o barulho dos galos. Eles parecem ansiosos para nos acordar para que possamos ver a aurora, pois começam a anunciá-la quando ainda está escuro e continuam nessa tarefa por pelo menos duas horas. Fico deitada, completamente desperta, ouvindo o barulho dos galos e desfrutando da súbita chegada da luz. Estranhamente, após uma noite como essa, não sinto a embriaguez que costumo sentir quando acordo em Battersea. Imagino que fizeram uma versão da desintoxicação de Tony Robbins.

A noite não terminou quando parei de escrever. Senti-me bem até a segunda cabaça de bebida. Relembrando agora, não sei a ordem em que as visões apareceram. Lembro-me mais das imagens tibetanas... *dorjes* dourados! Por que *dorjes* dourados? Nem sei o que o *dorje* representa – terei de pesquisar!

Agora, permitindo-me um salto no tempo, você pode imaginar minha surpresa quando, algumas semanas depois, leio o seguinte:

> "O *dorje* é representado na forma de um raio nas mãos de alguns deuses tibetanos, especialmente Dragshed – divindades que protegem os seres humanos."

> "Noemi nos diz que o trovão e o raio são os donos da *ayahuasca*. Também leio que o *dorje* é símbolo da natureza da realidade e do poder sobre as influências malignas invisíveis."

> "Um aspecto de seu uso pelos deuses é a purificação que se segue. Ele purifica a constituição humana, assim como a tempestade com trovões purifica a atmosfera da Terra."

O *dorje* (ou *vajra*, em sânscrito) tem camadas e camadas de significado, nenhuma das quais era conhecida por mim quando as vi. Alguns dizem que as duas extremidades representam o mundo visível e o mundo invisível. Outros dizem que um extremo representa os "venenos da mente" e o outro representa a mente esclarecida.

Agora pela manhã, enquanto os galos não param de cantar, fico feliz por ter embarcado nessa estranha jornada interior. Feliz por ter vencido o medo. E onde isso me deixa agora? Extremamente feliz por estar no momento presente e alegre por me encontrar viva na selva, com minhas dezesseis picadas de inseto cheias de pus. Todo o trabalho espiritual, não importa qual seja, nos conduz para o momento presente, não é?

E para a simplicidade. Todo o trabalho espiritual parece nos conduzir para a simplicidade. Há alguns anos, li os diários do irmão Roger, o monge que fundou a Comunidade Taizé no sul da França. Muitas vezes, ele escreveu sobre o desejo de simplificar tudo e sobre as escolhas diárias que fez para chegar a isso. "Simplifique, simplifique, simplifique", escreveu ele, citando Thoreau.

Ele gostaria daqui. Uma cabana com mais nada em seu interior além de um tapete de folhas de palmeira e um pedaço de pano por cima para dormir, uma fogueira no chão para cozinhar e o rio para lavar as roupas. E o que se faz durante o dia todo? Não há pressa nem ocupações, mas também não há ócio. Eles plantam na horta, colhem e tecem o algodão, cozinham, fazem colares, caçam, dão festas e têm bebês. Nunca parecem estar com pressa, e não vi ninguém mal-humorado ou antipático. Ninguém se sente solitário, pois eles dormem em cabanas familiares e todas as pessoas que eles conhecem moram perto ou na aldeia vizinha.

A simplicidade ultrapassa o estilo de vida e chega às crenças – ou à ausência delas. Eles não têm cerimônias religiosas além da cerimônia da *ayahuasca*, que mesmo assim é feita sem cerimônia. Deitar, beber, deitar novamente; uma pessoa canta enquanto os outros bebem. E só. Eles não têm nenhuma imagem religiosa nem representações de divindades. E não há hierarquia. Eles são matrilocais, o que significa que, após o casamento, o homem se muda para a aldeia da mulher. Cada uma em sua cabana, as famílias realizam as mesmas tarefas. Existem alguns poucos especialistas, como o xamã ou um líder como Jaime para tomar a frente em tempos de crise. Alguns homens podem ser pescadores ou caçadores melhores, mas não há competição.

Está parecendo que os vejo através das lentes da *ayahuasca*? Mas Dilwyn afirma que dividir tudo é fundamental para a vida coletiva. Eles partilham a comida e tudo o que têm. Parece que em sua mente não há lugar para "melhor do que" ou "pior do que", e por isso eles parecem desprovidos de ego.

Vocês não acham que, em nossa sociedade ocidental, usamos a palavra "ego" com a mesma imprecisão com que usamos a palavra "amor"? Que cem pessoas têm cem definições diferentes? Se ouço alguém comentar que outra pessoa tem "um grande ego", sempre pergunto o que exatamente ela quis dizer e nunca obtive a mesma resposta. Uma vez perguntei a Viv o significado de ego e ele disse que era alguém que buscava atenção e sempre queria ou precisava estar na ribalta. Sempre pensei que alguém que tem um grande ego pensa que é importante e, talvez, mais importante que os outros. Certamente, para acreditar que é mais importante que os outros, a pessoa precisa ter uma visão de si mesma bastante ilógica. Como alguém pode ser mais importante que outra pessoa? A menos, claro, que essa pessoa seja Barack Obama e possa fazer uma diferença real para o mundo. Ou um médico que seja colocado num bote durante um naufrágio graças à sua capacidade de salvar outras pessoas. Mas, mesmo assim, a diferença é superficial. Mooji diria que o ego em excesso resulta da "superidentificação com o eu". Em outras palavras, você realmente acredita que é aquela pessoa "eu" e não entende (mesmo no nível mental) que somos tudo e nada ao mesmo tempo.

Qualquer que seja a definição de ego, nesta aldeia as pessoas não a conhecem. As implicações disso são surpreendentes. Alguém aqui é infiel? Não. Alguém abandona os companheiros? Não. Alguém grita com as crianças ou discute, briga e impõe suas ideias aos outros? Não. Sei que parece que estou inventando tudo isso, mas pensem por um instante: se eles não acham que são mais importantes que os outros ou pensam que as coisas "deveriam" ser diferentes, que motivo há para brigar? Eles não querem que as coisas sejam diferentes, como eu quero com frequência. Eles simplesmente se divertem sendo e celebrando o que existe.

Rastejo para fora da minha barraca e vejo Dilwyn saindo da dele, seguido pelos outros dois, que surgem das respectivas barracas. Vou tropeçando para a mesa de café da manhã. Parece mesmo a manhã seguinte da noite que tive ontem. Sentamo-nos e conversamos sobre bobagens: tomar ou não café? Parece que ninguém quer perguntar: "Então... foi bom para você?" Jaime aparece e senta-se, olhando para todos nós com um ar divertido. Não somos mais virgens.

Para começar a conversa do dia de uma maneira leve, pergunto sobre o casamento. Há alguma cerimônia? Eu pensava que a cerimônia de casamento fosse universal. Aparentemente, não.

– Se dois jovens querem ficar juntos, normalmente quando têm uns 14 anos, constroem uma cabana e vão morar juntos.

– Mas não há uma cerimônia?

– Não.

– O que acontece se dois homens quiserem a mesma mulher, ou duas mulheres quiserem o mesmo homem?

Dilwyn traduz pacientemente.

Jaime diz que isso nunca aconteceu. Ou ele nunca viu. Ele diz que, em todo o reino animal, os animais se unem para sempre.

– Mas é extraordinário. Você pode dizer a ele que, em nossa sociedade, desde Shakespeare, desde Antônio e Cleópatra, bem... talvez há milhares de anos, os homens se matam por mulheres?

Dilwyn começa a falar, mas diz:

– Não... não, não quero dizer isso a ele. Eles têm harmonia aqui. Por que lhe dizer uma coisa negativa?

– Você está certo, claro. – Eu deveria sempre ter alguém para examinar minhas palavras antes que elas saiam da minha boca. Seria muito útil. Em vez disso, talvez devêssemos analisar a base de sua harmonia. – Eles são obrigados a ser fiéis? Fazem algum voto?

– Nenhum voto. Eles gostam da fidelidade tanto quanto nós, e imagino que ocorram adultérios, mas nunca ouvi falar de um nos trinta anos em que venho aqui.

O principal objetivo desta comunidade é viver em harmonia com a natureza e com os outros. Não faz bem ao seu coração saber de uma coisa dessas? Ainda querem vir para cá? Continuo ouvindo.

– Aqui, o sexo não é um problema como no Ocidente. As pessoas não são constantemente bombardeadas com imagens sexuais; portanto, não é algo em que pensem muito. Uma vez ou outra a gente vê um seio, mas sempre há um bebê perto dele.

– Talvez – especulo – a obsessão de nossa sociedade pelo sexo ocorra porque estamos sempre tão estressados que o sexo é uma válvula de escape natural. Talvez, sem estresse constante, a necessidade de sexo não fosse tão grande.

– Definitivamente, isso acontece comigo – diz Alex, o jovem estudante. – Quando estou estressado, fico com tesão.

Continuamos sentados, conversando, e uma mulher cercada por um monte de crianças vem nos visitar. Peço a Dilwyn para lhe perguntar quantos filhos ela tem. Ele não é fluente em *ashaninka*, mas é bom o bastante para este trabalho.

– Ela diz que tem oito.

Então, embora tivesse adivinhado a resposta, peço a ele que lhe pergunte quantos maridos ela tem. Ela ri, aponta para o homem sorridente que aparece atrás dela e ergue um dedo.

– Dilwyn, diga-lhe, por favor, que visitei um país chamado Tibete onde as mulheres costumam ter mais de um marido.

Dilwyn traduz, e ela e o marido riem, como fazemos após refletir por um momento.

– Ela diz que um é suficiente para ela.

Eu a observo com o único marido e os oito filhos, não sem uma certa inveja. Embora não fosse gostar de cozinhar tanto quanto ela. Olho para ela e fico pensando se alguém aqui abandona o marido ou a esposa. Mas por que eles fariam isso? Sem competição, sem nenhuma ideia de "melhor do que" ou "pior do que" e uma tendência natural para compartilhar e cuidar dos outros, isso não faria sentido. Penso em perguntar mais sobre o adultério, mas reflito melhor. O assunto parece não ter importância aqui. Se o sexo é para fazer bebês e a mulher já tem oito, por que ia querer mais um de outro homem? Além disso, ela não faz sexo na cabana enquanto a família inteira dorme; eles se esgueiram pela mata. E vocês? Iam querer se deitar em um local cheio de formigas e aranhas? Pelo jeito, é por essa razão que os ocidentais preferem a "posição do missionário", porque só os missionários gostavam de fazer sexo nessa posição esquisita, deitados no chão. Nem os animais fazem assim. Nós é que somos motivo de riso.

Acho que fazer sexo confortavelmente em uma cama é uma boa ideia (radical, hein?), mas como isso se tornou tão importante? O sexo é muito complicado em nosso mundo louco e confuso! Aqui, como tudo o mais, parece simples, e não vejo razão para ser diferente.

Claro que estou ansiosa para conversar com as mulheres. As mulheres falam sobre sexo de modo diferente quando estão longe dos homens. Todas as mulheres estão sentadas picando vegetais, preparando cerveja e rindo de vez em quando. Fico imaginando o que elas estão dizendo: "E era grande assim?" Ou talvez estejam rindo de nós: "Vocês ouviram que eles se deitam para fazer sexo? Rá-rá-rá". Ou talvez seja apenas o modo como minha mente funciona. Durante algum tempo, eu me sento com elas, picando vegetais, mas o *ashaninka* não é como o espanhol, em que você pode separar uma palavra, e a única coisa que podemos fazer é continuar nos olhando timidamente. Elas parecem um pouco intimidadas com a minha presença; por isso, depois de algum tempo afasto-me. Elas estão confusas comigo. Estou usando calças, cheguei acompanhada de um grupo de homens, mas nenhum deles é meu marido. Dilwyn me diz que muitas perguntaram onde está meu marido. Não há mulheres da minha idade que não estejam casadas; portanto, devo parecer muito estranha. Entre nosso grupo, a conversa agora se volta para as experiências da véspera. Pego a caneta correndo. Eles estão discutindo como a *ayahuasca* afeta as pessoas de maneira diferente, dependendo de estarmos de olhos abertos ou fechados.

– Com os olhos abertos é mais parecido com ácido – diz Alex, que manteve os olhos abertos e começa a nos contar sua experiência. – Fiquei impressionado como a lógica fica intacta. Primeiro, tudo parecia ficar maior, os sons da floresta mais definidos, mais poderosos. Depois, as nuvens se transformaram em rostos, e ouvi ruídos estranhos. Olhei para uma nuvem, e parecia que uma mulher idosa estava me contando uma história... um leão foi até o lago e encontrou uma folha, e ficou brincando por ali... droga! É tudo que lembro da história agora. Mas foram muitas histórias... imagens da raça humana... imagens abstratas. E era como se as nuvens se transformassem em espíritos diferentes e rissem das crenças do Ocidente.

Ele faz uma pausa.

– Sim, elas estavam rindo de nós e de nossas crenças ridículas. Era intenso, mas não assustador. Elas pareciam me mostrar coisas do passado e perguntar "Isso faz sentido?", e eu dizia "Sim". Também pareciam perguntar como o Ocidente podia fazer pouco de outros sistemas de crença, quando o dele era mais um e, além disso, tão limitado. Era irônico, mas não malicioso. Descobri que o canto aparecia justamente na hora certa. Eles eram bons, não é?

– Um pai e seu filho vieram ajudar no canto – falou Dilwyn.

Deus do céu, nem percebi isso. Imaginei que só Noemi cantasse. Olhei para Jeremy.

– Gostou?

– Gostar não é a primeira palavra que me vem à mente. Tive pequenas imagens de todos os tipos de plantas e animais imaginários.

– Não eram animais que você conhece neste mundo?

– Não. Nenhum que eu conheça. E, em seguida, as imagens se tornaram maiores e mais variadas. A mais memorável foi a de uma grande barraca em que entrei uma vez, onde as pessoas eram completamente cercadas por cores diferentes. Era assim, com a diferença de que eram as cores da floresta. Eu a percorria. As imagens só vinham quando eu fechava os olhos; quando os abria, tudo estava normal. Depois, houve uma segunda fase, quando me vi em um jardim japonês. Fiquei imaginando se podia controlar as imagens ou escolher que imagens criar, e descobri que podia, mas elas não eram tão fortes quanto as imagens que surgiam espontaneamente. Então as coisas ficaram mais selvagens e intensas, tanto que senti que precisava interrompê-las abrindo os olhos. A intensidade era demais para mim. "Será que isso é empunhar uma serra elétrica na mente?", pensei. E concluí que era; por isso, abri os olhos.

– Dilwyn? – Houve uma pausa longa e marcante enquanto Dilwyn refletia.

– Bom, aconteceram várias coisas.

– Sim?

– Ainda não digeri totalmente.

Sentamos e esperamos pacientemente. Esfrego um pouco mais de pomada contra a coceira nas picadas de insetos. Então ele diz:

– Tive uma boa conversa com meu pai. Ele morreu há alguns anos. E vi meus filhos em Gales. O que foi bom, porque eles pareciam bem. A *ayahuasca* que ela nos deu ontem estava fraca. Aconteceram algumas coisas que eu não estava esperando nem procurando. Um monte de rostos de crianças, muito sorridentes e nítidos, a maioria peruana. A paisagem era a mesma daqui, mas em minha mente tornou-se uma aranha gigante. Precisei de algum tempo para entender: primeiro, vi as patas e, depois, percebi que era uma aranha. Havia um monte de imagens positivas, imagens de abundância.

Oh, Deus! Como vou confessar que vi um *gay* com um chapéu de caubói? Talvez possa simplesmente falar do simbolismo dos *dorjes* dourados e deixar o homem de fora. Mas, claro, quando é minha vez, conto tudo.

– Por que uma igreja? O que você acha? – pergunta Alex.

– Para mim, uma igreja é um local seguro do ponto de vista espiritual. O edifício de uma catedral frequentemente é comparado a uma arca, e ela realmente parecia um pouco um navio grande e seguro.

– E quanto ao *gay* com chapéu de caubói?

– Foi esquisito. Quase senti raiva quando o vi. Ele estava praticamente nu e se comportava como se estivesse no meio da parada *gay*. No meio da catedral, que inspirava reverência, lá estava ele dançando com um chapéu de caubói!

– Talvez ele represente uma parte de você que quer ser livre? – sugeriu Dilwyn.

– Hum... – Considerei a questão. – Bem, ele certamente parecia livre. O chapéu de caubói era como um "vá se danar" para todas as convenções, e ele dançava de um jeito meio "foda-se". Pensei: "O que ele está fazendo aqui?"

– Como você se sente em relação a *gays* com chapéus de caubói?

– Bem, eu ficaria satisfeita em dançar com eles numa parada *gay*, mas não em uma igreja. Tenho certeza de que nunca ninguém me chamou de *gay*. Gosto muito dos homens e não gosto de mulheres – reflito. – Talvez o barco da igreja seja grande e largo o suficiente para incluir todas as buscas espirituais. Talvez não haja problema em dançar ou tomar a *ayahuasca*. Talvez ele seja uma expressão de minha rebeldia interior. Quanto ao chapéu de caubói... bem, talvez meu subconsciente quisesse me pregar uma peça.

Continuo tentando adivinhar.

– Talvez eu tenha vivido muito tempo no sudoeste de Londres. Eu queria ter visões de cobras e espíritos da floresta. Devo me considerar responsável pelo absurdo de minhas visões?

Os intérpretes desistiram de mim.

– Alguém quer nadar? – pergunto em tom comemorativo e meio *gay*.

Mais tarde naquela noite, Noemi veio nos visitar, sentou-se e pintou meu rosto com as marcas vermelhas que todos usam. Fico feliz com a sua presença. Nada da estranha consciência do "divino" que sinto em Mooji. É mais uma sensação de estranhamento, de estar em outro mundo, como se ela estivesse neste mundo apenas pela metade, mas é um "outro mundo", diferente daquele em que Mooji se encontra. Não quero dizer que ela pareça sonolenta ou "fora de seu juízo", como se pode imaginar que pareça alguém que tomou alucinógenos todas as semanas desde tenra infância. Parece que Noemi olha para nós, percebe que somos pouco importantes, como figuras se movendo num sonho. Ela oferece bondade e demonstra interesse, mas de modo distante, como uma senhora idosa que víssemos em sonho. Com ela, realmente me sinto como se o "eu" não fosse mais que um fragmento passageiro de uma presença numa visão.

Alex pega a câmera digital, e as crianças se reúnem ao redor dele, curiosas para ver as imagens. Como eles não têm espelhos, as crianças pequenas parecem ter muito pouca ideia de sua aparência. É algo muito saudável, do ponto de vista espiritual: pouca ideia do "eu" e nenhuma importância dada a ele. As meninas olham sua imagem e riem timidamente. Os meninos examinam seu rosto com curiosidade. Lembro que um monge tibetano no Nepal me disse, uma vez, que o exagero do "eu" conduz ao exagero do "meu". Suponho que o exagero do "meu" leve ao exagero do "mim". Mas aqui não há nenhum deles. Um amigo que viajou para cá há muitos anos me avisou: "Não se surpreenda se você der algo para uma pessoa e, no dia seguinte, vir seu presente com outra pessoa". Dei para Noemi uma pulseira da Peace Mala quando chegamos, e, como previu meu amigo, hoje vejo uma das outras mulheres da aldeia usando a pulseira. As peças começam a se encaixar. Quanto menos nos identificamos com o "eu", mas felizes podemos ser.

– Por que não podemos viver assim? – pergunto em voz alta.

– É por isso que estamos aqui – diz Jeremy. – É isso que estamos tentando fazer, lentamente, em nossa pequena cidade no sul da França. Existe um movimento para uma vida local sustentável.

– Você quer dizer que estão criando um tipo diferente de pessoa ou apenas que estão se libertando da competição?

– Estamos trabalhando para criar mais cooperação.

Penso no lugar em que vivo em Battersea. Levei anos para promover a reciclagem no meu edifício. Sou a única dos dezoito moradores que utiliza restos de comida como compostagem. Posso imaginar o que meus vizinhos diriam se eu sugerisse fazer uma horta comunitária. Uma pessoa chegou a construir um barracão no terreno comunitário, mas somente ela tem a chave. Sério. A ideia de compartilhar algo é um anátema para eles.

– Para começar, Isabel, você só precisa de um pequeno grupo de pessoas que pensem de modo semelhante.

Ele faz parecer fácil, não é? Alguém que vive em uma cidade grande tem "um pequeno grupo de pessoas que pensam de modo semelhante" por perto? Há muito tempo quero viver em uma comunidade que cuide do planeta. Os londrinos praticamente só se concentram em pagar as contas; ninguém que eu conheça planta seus próprios tomates.

Então temos dois dias para pensar sobre a maravilha de tudo isto e pôr as mãos na terra para plantar mandioca e colher algodão. A terra, a terra; sutilmente ela nos restaura. Quando Buda atingiu a iluminação, indicou a terra, mas muitos dos budistas que conheço meditam sobre almofadas e nunca sujaram as mãos. Minhas mãos raramente abandonam meu *laptop*. As mulheres ficam surpresas por eu não saber como se fia algodão. Imagino que elas pensem em como eu me visto. Jeremy faz perguntas sobre todas as plantas e tira infinitas fotografias. Alex se oferece para ajudar a carregar a madeira e se junta às tarefas físicas para demonstrar que os ocidentais não são totalmente inúteis. Um dia, recebemos a notícia de que sairíamos "para caminhar".

Após três horas de caminhada, deixei para trás o momento presente e cheguei ao microssegundo presente. Imagino que Jaime tenha dito a Dilwyn que eles iriam dar uma pequena caminhada e nós poderíamos ir. Não sei se Dilwyn concordaria se soubesse do que se tratava. A floresta não é plana. Algumas vezes, subimos ou descemos barrancos muito íngremes. Você procura apoio para não cair e vê que a árvore que sua mão está prestes a agarrar está coberta de enormes formigas com seus ferrões prontos para dilacerar sua pele. Cada passo exige cuidado, pois sempre existe um pedaço de raiz pronto a se enganchar ao redor dos pés ou uma rocha onde se pode torcer o tornozelo. Há outras peças que a selva pode nos pregar para ter certeza de que nossa atenção está totalmente concentrada na caminhada: um galho que parece oferecer apoio se transforma em pó quando tocado e se parte em nossas mãos. Ao mesmo tempo, insetos de todos os tipos dedicam-se a devorar a maior quantidade de meu repelente no café da manhã, almoço e jantar.

Em determinado momento, depois de ter caído três vezes e xingado um bocado, olho para a longa descida que faremos em breve, sabendo que teremos que subi-la mais tarde neste dia absurdamente quente e com uma umidade de selva amazônica. Viro-me para Dilwyn.

– O que estamos fazendo aqui, Dilwyn? Estamos andando na floresta apenas por andar?

– Bem, em parte é isso – diz ele, ofegante.

Pelo menos, não sou fumante. Espero que ele não esteja perto de ter um ataque cardíaco; não seria um bom lugar, e minhas técnicas de ressuscitação cardiopulmonar estão um pouco enferrujadas desde que obtive minha qualificação como bandeirante.

– É importante experimentar o terreno – explica ele.

Banhados em suor, com o coração batendo e palpitando apenas o suficiente para nos mover, certamente estamos "experimentando o terreno".

– Mas estamos indo a algum lugar? Ou é apenas um exercício? – Acabo rindo. Deve haver uma razão. Tenho que saber que estou fazendo algo mais que apenas ser.

– Vamos conhecer uma cachoeira.

– Ah, então está bem.

Agora sei que estamos indo a algum lugar e um banho nua fará a descida valer a pena. Quando finalmente chegamos lá, nos deparamos com uma paisagem de incrível beleza. Nunca estive sob uma cachoeira natural até me sentir verdadeiramente refrescada. As mulheres locais que vieram conosco acham divertido minha tanga, que não tirei por uma questão de modéstia.

Dilwyn olha para a pequena quantidade de tecido que me cobre o corpo.

– Certa vez, trouxemos algumas, mas elas não usaram e fizeram estilingues com as tangas.

Os habitantes locais provavelmente estão se perguntando por que uso um estilingue sobre a bunda. Visto as roupas para comer algumas bananas e mandioca. Novamente, sou esquisita, pois não estou comendo carne. Eles me observam e dão risadas. Nem todos os macacos estão no zoológico. Todos os dias é possível encontrar alguns.

Para a caminhada de quatro horas de volta, recebo a ajuda de um homenzinho *ashaninka*, que pega minha mão para me ajudar a subir os barrancos e evitar que eu caia. Não sei como teria voltado sem ele. "*Pasonki* (obrigada), Benito", digo umas cem vezes. Ele parece não entender por que não sou capaz de subir um barranco íngreme sem ajuda. O idioma *ashaninka* não tinha uma palavra para "obrigado" até os missionários chegarem. Os bem-intencionados missionários consideravam necessário dizer "obrigado", e, para poder ensiná-los a agradecer, tiveram que introduzir uma nova palavra no idioma. Como descobri mais tarde, o homem que segurou minha mão veio de uma das tribos que se isolaram voluntariamente. Seu rosto está pintado com frutas amassadas, e não temos uma palavra de um idioma comum além de meu "obrigada". Nas partes planas da caminhada, eu canto e tento fazê-lo cantar canções que conhece. Ele não canta, mas obviamente gosta de me ouvir. Durante as duas horas de caminhada, ele ouve todo o repertório de Ella Fitzgerald, que não conhecia, além de canções bobas de musicais, cirandas, nas quais sou forçada a cantar todas as partes, e canções de marcha de bandeirantes. Quando canto uma antiga canção australiana e chego à parte que diz "Rá-rá-rá", ele sempre dá uma risada.

Mais tarde, Dilwyn comenta que me ouvir cantar foi o maior contato transcultural que ele já teve. Isso deve ajudá-lo a manter seu compromisso com a vida feliz e simples da floresta.

A TERCEIRA AURORA

Mais um dia. Mais uma manhã perfeita. Fugimos para um lugar que está fora do tempo. Não tenho ideia em que dia da semana ou em que hora do dia estamos. Nem quero saber.

Hoje de manhã, fiquei sentada observando uma menina de cerca de 8 anos descascar, picar e ralar uma enorme pilha de uma raiz parecida com batata-doce. Ela trabalha durante duas horas e, enquanto trabalha, canta. Está completamente concentrada em sua tarefa e totalmente feliz. Há alguns anos, li um livro incrível chamado *The continuum concept* [O conceito do *continuum*], de Jean Liedloff, que passou muitos anos vivendo com tribos nativas e compara o modo como eles criam os filhos com o nosso. Ela destaca que, entre as várias maneiras que estragamos nossos filhos, uma é ocupar sua atenção e aliviar seu tédio com brinquedos. As crianças aprendem por imitação, observando os pais. Aqui elas preparam a comida, cozinham e cuidam da horta e, durante todo o tempo, podem entender a importância do que estão aprendendo porque estão fazendo uma contribuição verdadeira. São membros ativos da comunidade desde que conseguem ficar de pé. Crianças pequenas cozinham e carregam lenha, e nunca se ouve a terrível voz chorosa que nossas crianças fazem sempre que lhes pedimos que façam algo.

Lembro-me de uma série de tevê na qual os produtores levavam um grupo de adolescentes britânicos acima do peso para viverem com uma tribo. Na chamada da série na tevê, uma das mulheres nativas dizia: "Sempre que damos a eles uma tarefa, eles choram". Os adolescentes aparentemente nunca tinham levantado um dedo para ajudar os pais, que provavelmente nunca lhes pediram ajuda. Passar duas horas preparando vegetais teria sido obviamente uma forma de tortura. Ainda assim, hoje de manhã, essa menina canta uma canção maravilhosa durante todo o tempo em que trabalha e parece que, neste momento, não há outra coisa no mundo que ela quisesse estar fazendo. E se há, com certeza ela não está pensando sobre isso.

Pode ser um tipo diferente de "ser passivo" de que Mooji falava, mas bastante semelhante em certos aspectos. Pelo que vejo, nenhum "eu" com o qual ela se identifique, nenhum "melhor do que" ou "pior do que" na mente, nenhum juízo. Tendo tomado *ayahuasca* durante toda a sua tenra vida, essa menina parece saber que esta vida é uma visão passageira. Sem esforço, ela aceita a própria maneira de ser de um jeito que nunca vi nas crianças ocidentais, e com certeza não quando elas têm de passar algumas horas descascando e picando vegetais.

Mas vamos voltar ao tema dos brinquedos. Não defendo que se deva jogar fora os brinquedos, apenas assinalo que temos brinquedos demais. Quando Emily era pequena, um dia voltou para casa com inveja de uma amiguinha que tinha 27 versões de *Meu querido pônei*, uma prateleira cheia de Barbies, a casa da Barbie, o carro da Barbie, outra casa de boneca, três estábulos para os pôneis...

– ... e tantas outras bonecas que nem consegui contar.

– Você sentiu pena dela? – perguntei.

– Não! Ela tem muita sorte de ter todas aquelas bonecas!

– Você acha? Você acha que ela realmente ama aquelas bonecas do jeito que você ama as suas? Quem você acha que ama mais suas bonecas? Uma garotinha que tem uma centena delas ou uma garotinha que vive num país mais pobre que o nosso e só tem uma boneca?

Emily pensou no assunto. Acho que tinha uns 7 anos na época.

– A garotinha que tem uma boneca só – falou.

Aqui elas não têm bonecas. Como muitas vezes seguram um bebê de verdade, as crianças não precisam de bonecas. Mas elas também brincam. Hoje estão brincando de salto em altura. Enfiaram duas varas no solo e colocaram pregos em alturas diferentes. Uma terceira vara está colocada em posição horizontal, formando uma barra transversal. As crianças pequenas correm até elas e se lançam no ar para saltar sobre a vara. Durante mais de uma hora, esse jogo as manteve felizes.

Se você for mãe e quiser explicar isso para seus filhos, vou fazer uma lista do que eles não têm. Não têm computador, claro, nem rádio, nem CD, nem nada que seja ligado na tomada, nem torneiras, nem espelhos. Têm uma flauta esquisita feita de gravetos ocos amarrados juntos. Quem quiser ouvir música tem que tocar. Só têm umas poucas peças de roupa e, quando vão para a escola, livros escolares. E a pergunta para seus pequenos é: quem é mais feliz?

Aqui, ninguém "mima" as crianças como nós fazemos. Por que os adultos assumem uma voz infantil quando falam com as crianças e vivem dizendo: "Ele não é um boneco?" Não, ele não é um boneco; ele é um menino pequeno que deve ser tratado com o mesmo respeito que tratamos outras pessoas. Por que os mimos e o tatibitate com as crianças estão tão generalizados em nossa sociedade? É uma atitude tremendamente paternalista. Aqui, ninguém dá ordens também. As crianças vão para a cama quando querem e, ainda assim, estão prontas para ajudar a preparar a fogueira antes de o sol nascer. Suponho que ajude o fato de que, exceto pelo painel solar, aqui elas dormem quando escurece, por volta de oito da noite. Durante todo o tempo que estou aqui, ainda não ouvi crianças nem adultos levantarem a voz.

Enquanto escrevo, a caçulinha desta família, que tem apenas 3 anos, está cuidando da fogueira. Coloca gravetos e atiça o fogo para manter as chamas altas sob a panela. Não cuida do fogo para ganhar a aprovação da mãe. A mãe nem mesmo a está observando. Ela está ocupada porque a fogueira precisa continuar acesa para que todos possam comer. Liedloff afirma que embotamos os instintos das crianças porque não permitimos que elas se aproximem de nada que possa machucá-las. Corremos para evitar que caiam. Aqui, as crianças usam facas enormes ou cuidam do fogo e parece que ninguém vai se cortar ou se queimar. Suponho que isso acontece algumas vezes, e essa é uma maneira de aprenderem. Ou talvez a menina de 3 anos não se queime, e nem gritam com ela porque ao estar muito próxima do fogo ela sentirá o calor por si mesma.

Vivemos dizendo às crianças o que fazer e o que não fazer, em vez de permitir que aprendam sozinhas. O prejuízo é duplo. Primeiro, porque as crianças se ressentem dos adultos e, em segundo lugar, porque não aprendem. Quando Liedloff estudou isso, percebeu como é bizarra a ideia de "brincar em grupo". As crianças ficam literalmente no centro das atenções, enquanto os adultos se sentam, entediados, ao redor delas. Então elas entram e saem de carros plásticos, sobem e descem do trepa-trepa, e basta que uma das supostamente desamparadas pequenas criaturas dê um gemido para um adulto correr em seu socorro com gritinhos infantis.

Para Liedloff, seria mais lógico que os pais continuassem fazendo as atividades que são importantes e interessantes para eles – cozinhar, costurar, cuidar da horta, trabalhar com argila –, e as crianças aprendessem por imitação. Enquanto escrevo estas coisas, percebo que a capacidade de concentração de algumas de nossas crianças é tão pequena que, se estivessem aqui, ficariam entediadas e se sentariam, chorando. A culpa disso é a natureza passiva do ato de ver tevê. Culpo a tevê pela maioria dos males do mundo. A Coca-Cola, a indústria do cigarro e a tevê.

– Os índios norte-americanos já disseram muitas vezes que temos que deixar nossas crianças aprenderem por experiência direta – comenta Dilwyn ao se juntar a mim para observar as crianças picando vegetais e atiçando o fogo.

– Nossa sociedade está tão perdida que muitos pais temem deixar as crianças do lado de fora de casa – respondo. – Temos que inverter isso. Temos que simplificar nossa vida, jogar fora algumas coisas, nos liberar da dependência de tanta tecnologia.

– Plantar a própria comida, como diz Jeremy.

– Aprender a viver em harmonia com a natureza. Perceber que "eu" não sou importante.

– Sim. E criar a verdadeira comunidade.

– Estou convencida de que tudo isso começa desligando a tevê.

A quarta aurora

O penúltimo dia chegou. Na manhã de hoje, as palavras que eu temia foram ditas, com infinita gentileza.

– Noemi ofereceu-se para fazer um pouco mais de *ayahuasca* hoje à noite.

Não sou obrigada a tomar, claro, mas Alex, Jeremy e Dilwyn se prontificam imediatamente a participar. O problema é que me lembro mais do enjoo que das imagens interessantes no olho de minha mente. É fácil entender por que isso não vicia. É uma pena que não se possa colocar na cocaína alguma substância capaz de provocar enjoo e vômito. Isso acabaria com a moda. "Querida, tivemos uma noite ótima até vomitarmos no tapete."

Claro que não é a mesma coisa. Isto é o remédio deles. Por isso, tenho que decidir. Seria tão fácil dizer a mim mesma que já fiz muita coisa, me enrolar em meu saco de dormir, sem enjoo, e dormir a noite toda.

Por outro lado, agora sei lidar com a experiência. O enjoo é desagradável, mas não vai me matar... E como não planejo usar nenhum outro alucinógeno pelo resto da vida...

Eu realmente preferia que ela não tivesse repetido esse ato de bondade conosco, os estrangeiros. Eu ficaria mais satisfeita se pudesse acreditar, como eles, que os problemas que as visões possam representar são removidos junto com o vômito. Nas cerimônias, os xamãs da América Central e do Norte chamam o vômito de "ficar bem" e o consideram bem-vindo. Imagino que isso funcione, pois acredito que o poder do pensamento é enorme. Se eu acreditasse plenamente que, após uma sessão de terapia, ficaria enjoada e isso me livraria de todos os problemas, o resultado poderia ser mais efetivo que o de nosso método atual, que, muitas vezes, consiste em explicar por que nossos problemas nos pertencem, por que estão tão "profundamente arraigados", que os levamos para casa após a sessão: 200 libras, por favor. E se, como cada vez mais gente acredita, nossos problemas físicos são causados, primeiro, pelos mentais, isso serviria para nos manter saudáveis do ponto de vista físico e mental. Mas, infelizmente, não acredito que possa poluir a terra depositando todos os meus problemas nas plantas. Não espero entrar em contato com os espíritos locais, embora eu me lembre de ter visto alguns curiosos personagens dançantes da última vez. Então, por que repetiria a experiência?

Tem a ver com o entendimento da natureza e o poder da mente. Como diz Mooji, com o que somos além de nossa mente. Basta encarar os medos e a liberdade que nós mesmos criamos. Está tudo ali, não é? Tudo está em nossa mente. Como dizem os budistas: "Sua mente cria este mundo".

E aqui estou eu, com uma xamã se oferecendo para fazer uma poção que me dará discernimento de um lugar estranho. Como eu poderia dizer não?

Não sinto medo desta vez. Desta vez, estou apavorada. Noemi vem examinar o que escrevo, observar a tinta negra aparecer no papel branco. Desenho um gato para diverti-la. Ela sorri; obviamente, fui bem-sucedida em desenhar algo que parece um animal. Depois, ela caminha de volta até o caldeirão, e o pavor aumenta e se aloja em minha mente. E em meu estômago.

– Por que estou me concentrando na náusea iminente em vez de me concentrar na experiência? – pergunto aos rapazes quando nos sentamos nos tapetes de folha de palmeira colocados sobre nossos sacos de dormir.

– De alguma forma, você deve estar concentrada na experiência ou não estaria aqui – falou Dilwyn generosamente.

"Concentre-se no positivo. Concentre-se no positivo."

Está escurecendo agora.

– Vejo um morcego bem grande descendo rápido sobre nós – diz Jeremy.

– É um morcego frugívoro, Jeremy. Um morcego frugívoro – anuncio com uma convicção que na verdade não estou sentindo.

Ela está fazendo a poção mais forte esta noite. Acho que o fato de ter servido "a mais fraca" da última vez valeu apenas para nos fazer descer ao mundo dos espíritos mais delicadamente. Que Deus me ajude!

– Assim que você sentir o cheiro e o gosto, seu corpo pode reagir à lembrança da bebida, que se associa ao enjoo. Mas ignore isso e beba até o fim – fala Dilwyn.

– Tudo bem, chefe.

Neste momento eu deveria estar me concentrando no fato de que isto é medicina sagrada e ser mais respeitosa e devota. Mas, aqui, a total falta de cerimônia significa que não é necessário nenhuma preparação. Estou experimentando a *ayahuasca* como eles a tomam há milhares de anos nesta tribo. Há uma simplicidade evidente nisto.

Quando a *ayahuasca* é ingerida na trilha do turista psicodélico, eles fazem você seguir uma dieta rigorosa de oito dias e acrescentam um monte de cerimônias para que os ocidentais se sintam mais à vontade. Mas aqui ouvimos música gravada e cantos durante a noite, e só. Pela manhã, enchemos a boca de água morna e, em seguida, a cuspimos nas mãos. Mas isso não chega a ser uma cerimônia. Como Dilwyn resume "delicadamente", isso ocorre porque "muito vômito e bosta saíram durante a noite".

Esta noite não vou poder escrever. Espero me lembrar das principais imagens pela manhã. É o máximo a que posso levá-los neste processo.

Sentamo-nos ouvindo o rio à distância, os grilos, o estalar do fogo e a música no gravador. Ao nosso redor, pessoas de rostos gentis estão dormindo em suas cabanas. Acima de nós, não há nenhuma nuvem no céu negro, iluminado pela lua cheia e por bilhões de estrelas cintilantes. Alex não quer que eu ligue a pequena lanterna de mão para escrever e pediu que ninguém fale com ele, pois está determinado a entregar-se totalmente à experiência. E lá vamos nós... Alex está bebendo, oh, merda, sou a próxima. (Na verdade, agora que estou digitando a partir do que escrevi no caderno, não copio a frase fielmente. O que escrevi, na verdade, foi AH MERDA, SOU A PRÓXIMA.)

É um MEDICAMENTO, Isabel, digo para mim mesma. Engula como se fosse um remédio. Mas, ai, meu Deus, está forte. Muito bem, tenho que deitar e fechar os olhos. Santa Maria... lá vamos nós... venham comigo, por favor.

Quando voltei a mim, não pude escrever sobre a experiência. Nem naquela manhã, nem naquele dia, nem no dia seguinte ou no outro dia. Voltei para um hotel em Santipo e só então pude escrever. Mas lembro-me de tudo com tal nitidez que me parece natural usar o presente do indicativo, de tão intensa e absolutamente presente que está a experiência. É como se alguém pegasse a experiência e a aumentasse 500 por cento para vê-la melhor. Obrigada por viverem isso comigo.

Primeiro, nada; apenas olhar para as estrelas e ouvir vozes ao fundo falando em *ashaninka*.

– Que ruído estranho é este em minha cabeça? Qual o problema com as figuras que rodopiam?

Um visitante ou dois caminham e dizem alô; um vem apertar minha mão. Levanto meu braço, como se estivesse dentro de um sonho, e digo "*Tai-terry*", um som vagamente parecido com a palavra que eles usam para alô. Não tenho ideia de quem seja a mão que estou apertando.

– Eu me sinto quente. Muito quente. Ah, o remédio que cura. Isto o está curando de tudo, corpo. – Dou instruções para meu corpo... – Ai, meu Deus, que estranho! – Subitamente, imagens começam a girar em minha cabeça, naquela parte que eu acho que se chama lobo temporal. São de todas as cores, incrivelmente psicodélicas e fortes. – Alguém sequestrou meu cérebro e meu campo visual. Como isso é possível?... Isto é assustador...

– Não, não é. Não é você. Você está aqui...

Vou até o local do observador de que Mooji fala, ou o mais próximo que posso chegar dele. É como dar um passo atrás para ver a própria mente.

– É dar um passo atrás para ver a própria mente. Não é "como" nada...

– Muito bem. Então como o observador está?...

– Totalmente em paz, obrigada...

Eles giram intensamente. É como... não é como nada nesta Terra... É como uma experiência psicodélica que vocês podem ter visto em algum filme, quando a pessoa tenta recriar a experiência da droga com desenhos.

Mas, nesse caso, olho para elas em uma tela, e isto está acontecendo dentro da minha cabeça. Imagens que giram para sempre, tubos de luz giratórios.

– Ela está tentando me puxar para fora ou para dentro de mim? Estou sendo puxada...

Sinto um puxão que me leva por um tubo.

– Claro, muito bem. Vamos lá. Leve-me. Para qualquer lugar. Estou a bordo. Vamos...

Estou descendo por um longo tubo.

– Quem você pensa que é? Alice caindo na toca do coelho?

– Cale a boca...

Uma mulher está dançando nua... Não... olho novamente e vejo melhor. Ela não está nua. Está usando uma espécie de short. Que estranho, penso, ela não está nua.

– Espere um minuto, ela está tirando a roupa...

– Porque você pediu...

– Não, não pedi. Ei, ela é uma ótima dançarina. Quem são todas as outras pessoas dançando com ela?

– Você está me perguntando? Não faço ideia...

– Parecem fogos de artifício. Milhares de pontos e desenhos coloridos. Espere: para onde foram as pessoas? Quem são essas crianças?

São crianças tão nítidas como se eu estivesse assistindo a um vídeo. Elas estão atrás de um caminhão que se move para fora de minha área de visão. Elas estão atrás dele porque estão com fome?

– Há comida no caminhão? Não, as crianças são pequenas e estão descalças, mas parecem bastante felizes...

Sinto-me enjoada. A náusea está aumentando, cada vez mais pútrida.

– Ignore-a. Concentre-se nas visões. Divirta-se com o *show*...

O giro está cada vez mais intenso, fora de controle.

Minha cabeça está gritando.

– Pequenos pontos em toda parte e, depois, colares multicoloridos, nos quais cada conta é feita de açúcar e tem uma cor diferente. Em seguida, comida saudável para crianças... que, diabos, é isso? Parece o lanche feliz do McDonald's em embalagens grosseiras de cores vivas, mas contendo apenas coisas saudáveis. Frutas secas em pequenos compartimentos... quantos tipos diferentes de nozes colocaremos? Três, eu acho, dois não seriam suficientes; quatro pode ser que as crianças não comam. Como chamaremos estas caixas? Izzy Pop Boxes... não, não preciso de nome...

Pop Boxes... algo assim... ou colares comestíveis, cordões como os de contas de açúcar, só que de frutas secas. Compre, use e coma. São vendidos em lojas de comida saudável...

Que diabos? Não quero ideias novas para produtos alimentícios infantis. Seres esquisitos aplaudem as caixas e as exibem para mim.

– Vejam, pessoas, não estou interessada...

Colares de açúcar. Por que minha mente está cheia de colares de açúcar? Eles são tão nítidos...

– Tenho de vomitar agora. Não posso ignorar mais esta náusea.

– Abra os olhos, levante e caminhe até os arbustos...

– Oh, Deus, não posso me mover, a náusea é muito intensa...

O que é este diálogo interior? Quem está conversando com quem?

– DE PÉ, CAMINHE. MUITO BEM. MUITO BEM. – Oh, Deus! Estou cambaleando. Não posso ficar ereta. Quero vomitar. A terra fica para lá. Mexa as pernas. Muito bem. Mas eu me sinto tão horrível...

Caminho cerca de dez passos até o local onde me disseram para vomitar. Vomito diversas vezes.

– Oh, obrigada, corpo, obrigada por me tirar disso...

Mas nenhuma das sensações está diminuindo.

Cores girando. Intensas. A náusea parece mais pútrida que nunca. Voltar. Deitar. Observar as imagens. Foi para isso que você veio. Não posso me deitar de novo. Não posso voltar para lá. Estou enjoada. Não posso andar.

Dilwyn aparece e seus cabelos brancos se delineiam contra o céu noturno.

– Você precisa voltar e deitar-se.

– Eu sei. Eu sei que esta é a ideia, Dilwyn, mas não sei se consigo me mover.

– Pegue meu braço. – Ele me conduz de volta.

– Sente-se no saco de dormir. Muito bem. Ouça o canto de Noemi.

O som alto de seu canto é o mesmo das imagens psicodélicas em minha mente. É um mapa que ela está cantando, um guia para outro mundo.

Deito-me e tento descobrir o que sou e o que é ela. O som que pensei que estava em minha mente, é ela que o está fazendo.

O som das imagens psicodélicas que giram, a rotação, é ela que está cantando. Ela está cantando o som em minha mente. Não, não pode ser ela.

Abrir o zíper do saco de dormir e deitar. Não posso. Não posso deitar. Sinto-me pútrida...

Viro-me e vomito perto de onde os outros estão deitados. Sei que não há nada para vomitar. Mas meu corpo continua vomitando.

– Saia de perto deles. Mas para onde vou? Não sei. Volte, então. Deite-se. Será que me sinto melhor agora? Não. Não me sinto melhor. Parte de mim está bastante lúcida. Não. Não. Não me sinto melhor. Meu corpo está queimando agora. Estou latejando por toda parte e meus dedos estão vibrando.

– Isabel, o que você tem dentro de você é veneno. Você se envenenou. Não é remédio. Isto é veneno. Onde estão as imagens? Não vejo imagens, apenas loucos busca-pés psicodélicos e meu corpo lutando para me manter viva. Deite-se. Respire calmamente. Você não vai morrer...

– Tem certeza? Meu corpo sabe disso? Onde está a parte de mim que está em paz?

– Aqui. Todo o tempo estou aqui. Intocada. Tranquila. Calma. Eterna e perfeita... Deite-se e tente dormir...

Deito-me, talvez tenha dormido por um breve período de tempo e, depois, meu corpo me traz à consciência.

– Você tem que vomitar de novo...

– Não posso me mover. Tenho que me mover. Oh, Deus, Isabel, por que fez isso a si mesma? Por que encher seu corpo de veneno amargo?

– Mexa-se. De pé.

– Não consigo...

– Muito bem, rasteje então. Muito bem. Você pode rastejar. Direita, esquerda, direita, esquerda, por esse caminho, mais para cima, você pode dar dez passos. Continue. Posso vomitar aqui? Não. Dez passos, vamos... sete, oito, nove e dez...

Chego a uma árvore e vomito seguidamente com uma violência extraordinária, embora não haja mais vômito na terra que o recebe.

– Sente-se melhor agora?

– Não. Não. Não me sinto melhor. Sinto-me pior. Estou tremendo. Estou suando. Não posso ver as imagens. Apenas o chão oscilando...

Apoio-me nas mãos e nos joelhos, na "posição de recuperação" da ioga. Encosto a testa na terra, respirando pesadamente. Ofegante, deito-me na lama.

– Apenas fique aqui um pouco. ISTO TAMBÉM VAI PASSAR.

– Mude seu foco. Pense. Pense em casa. No chão da cozinha. Sim, muito em breve, você varrerá o chão da cozinha. E aquele pedaço de madeira que precisa de conserto no armário da cozinha. Mantenha-se respirando. O oxigênio ajudará. O oxigênio não é venenoso...

Ouço a voz de Dilwyn de lugar nenhum.

– Deixe-me ajudá-la a voltar.

– Não posso ficar de pé.

– Sim, você pode. Dê-me sua mão.

Estendo a mão e ele me puxa. Agarro-me a ele com as duas mãos e ele me conduz de volta, enquanto meu corpo ainda vomita.

– Deite-se – diz ele.

– Não posso me deitar. Sinto-me muito mal.

– Não acho que seu corpo ainda tenha alguma coisa para vomitar, Isabel. Apenas sente no saco de dormir durante algum tempo.

Posso fazer isso. Posso sentar-me aqui.

– Oh, Deus, esta é a pior coisa que já senti em toda a minha vida. Isto é uma versão do inferno...

– E o que são esses gemidos?

– É você...

Estou lúcida o bastante para ter certeza de que eles não são tão altos a ponto de perturbar Alex ou Jeremy ao meu lado. Talvez eles sejam altos o bastante para eu entender o que fiz comigo.

– Deite-se. Mas sempre que tento me deitar, sinto-me pior...

– Deite-se de costas, cale a boca, respire normalmente e observe as imagens...

– Danem-se as imagens...

Tento me deitar e isso me faz vomitar novamente. Vejo Jeremy se afastando de mim. Falo com ele com total lucidez.

– Não se preocupe, Jeremy, não vou vomitar em você.

Deito-me e fecho os olhos. Os círculos sibilantes e as vozes dissociadas continuam.

Então, vejo Emily sentada, me olhando, desesperada. Ela parece estar dizendo: "Ah, mãe! O que você está fazendo? Veja em que confusão você se meteu". Da última vez, ela parecia surpresa por estar lá, segurando minha mão num círculo de dança dos incas. Mas agora ela parece decididamente desinteressada, como se tivesse coisas melhores a fazer que vir e cuidar de mim durante toda a noite. Mas então ela fala em voz alta: "Claro, estou aqui. Claro, eu te amo".

Por que ela disse isso? Não perguntei. Mas há alguém mais aqui para me ajudar?

Olho ao redor em minha mente e vejo Jaime, nosso anfitrião, muito distintamente. Isso é bom. Obviamente, ele sente que suas obrigações como anfitrião se estendem a este âmbito também. Ele olha para mim. Uma presença generosa, constante e calma.

Quem mais está aqui? E quanto a Viv? Alô? Viv? Não, não posso vê-lo. Nem ouvi-lo... mas estranhamente sinto que ele poderia estar aqui, apenas não está se mostrando. E há outro homem que amo, que uma vez se chamou Harry, ele também está aqui, mas escondido. Sem falar, sem mostrar o rosto, ainda assim parece que ele está aqui. E há outros rostos, estranhos, pessoas que não reconheço. Que estranho! Quem são essas pessoas?

– Estou me sentindo mal. Ai, meu Deus, tudo em meu estômago está podre...

– Vá cagar!

Minha nossa, de onde veio essa voz em minha mente?

– Você precisa ser tão vulgar?

– MEXA-SE.

– Não posso andar.

– Rasteje, então...

Portanto, rastejo novamente, como um cão doente, parando a cada três passos para descansar e respirar.

Naquela árvore. Não posso ir mais longe. Ali, naqueles arbustos. Está tudo bem nos arbustos. Jeremy diz que é bom para as plantas. Tiro a roupa. Agora está saindo pelas duas extremidades. A dignidade foi-se.

Ouço a voz de Dilwyn.

– Aí não. Você tem que ir até a vegetação rasteira.

– Não posso ir tão longe.

Ele segura minha mão, mesmo enquanto tudo está acontecendo.

– Atrás daquela árvore, então.

Estou de joelhos agora, tentando pelo menos me manter limpa. Engatinhando sempre para a frente e, depois, me ajoelho na posição de recuperação para respirar. Respire lentamente. O ar é seu amigo.

Durante todo o tempo, o observador vigia. Desinteressado.

A voz de Dilwyn:

– Levante-se agora. Você não pode ficar aqui no chão.

Puxo minhas roupas. Ele me levanta e me conduz de volta. Tenho que me segurar nele com as duas mãos. Parte de mim parece estar chorando, mas não tenho energia. Sinto-me horrível.

– Posso ganhar um abraço? – pergunto, embora Dilwyn e eu não nos conhecêssemos antes desta viagem e nunca tivéssemos nos tocado nessa nossa nova amizade.

– Claro que pode.

E ele me deixa abraçá-lo em busca de calor e contato humano, apesar das ânsias violentas de vômito. Depois, percebo que ele está rindo.

– Por que você está rindo?

– Bem, você não está com medo, está?

– Com medo? Não. Semimorta? Sim.

– É que quando fico mal assim sempre me assusto. Você é incrível.

Se estou com medo? Do que está dentro da minha cabeça? Não. Sinto-me segura com ele e com Noemi. Não foi intenção de ambos me fazer passar por momentos tão difíceis.

– Deite-se agora. Ouça o canto. Engatinho até o saco de dormir e fecho os olhos. Prometo a você, Isabel, que nunca farei isso de novo. Nunca, nunca farei isso de novo. Isso vai passar. Eu vou passar. Quero prometer, aqui e agora, a todos vocês, a você, Emily, a mim, a todos aqui... às pessoas que estão aqui e não conheço... e a vocês aí fora, quem quer que sejam vocês, que nunca mais farei isso comigo.

Nunca,

nunca,

nunca. Muito bem, já entendi.

Por que não estou com medo? Estou experimentando, em cores, um aspecto do que Mooji ensinou. Isto não está acontecendo a "mim". Ou o "mim" a que isto está acontecendo é observado e há outro "eu", intocável, além de tudo isso. É apenas meu corpo que está envenenado. Não sou nada disso, como posso ter medo? Meu corpo tem que se salvar. Não estou no controle.

Minhas mãos parecem que vão explodir. Estou tão quente. Suando tanto. Que gemido é esse? É você. Você ainda está gemendo. Pare. Eu realmente queria uivar como um cão doente. Não. Não é uma boa ideia. Não faça isso. Nunca mais quero fazer isso. Sim, você disse. Que barulho alto é esse? É Noemi cantando. É o que você deveria estar ouvindo. Não quero mais ouvir isso. Isso me leva de volta às imagens psicodélicas em minha mente e me lembra de que me sinto mal. O barulho está dentro ou fora de minha mente? Oh, Deus, quando vai passar?

Abro os olhos. Alex parece estar deitado a meu lado, muito parado, com um sorriso feliz no rosto. Jeremy, por outro lado, está encolhido, de costas para mim.

Acho que vou vomitar de novo. Não me importo. Não vai machucar ninguém. Deite-se novamente. Tenho que me mexer. Não posso ficar pior do que estou. Respire fundo. Estou tão quente. Estou queimando...

Subitamente, Noemi está ao meu lado. Ela levanta minha blusa e borrifa alguma coisa que está em sua boca sobre o chacra do coração. É o espaço entre os seios que dói quando alguém que você ama vai embora.

Oh, Deus, ela está cuspindo em mim. O que a bruxa está fazendo agora?

– Ela está esfriando você, Isabel...

Ela repete o gesto e borrifa meu corpo, um pouco abaixo do diafragma. Parece cuspir de um modo que borrifa todo meu estômago. Ela esfrega aquilo no meu corpo para cima e para baixo. Subitamente, começo a tremer. Estou congelando.

– Puxe o saco de dormir para cima, Isabel...

Ela ainda está borrifando em mim. Pela quarta e quinta vez. Puxo as mangas da blusa para baixo. Estou molhada por baixo da blusa. Sinto-me como uma criança impertinente. Não quero o cuspe frio dela em mim. Seco-o com minha manga.

– Entre no saco de dormir. Fique quieta. Respire. Tente dormir agora. Isto também passará.

Nunca mais porei nada ruim dentro de meu corpo... Em alguma parte, ainda se ouve um gemido. Relâmpagos começam a cruzar o céu. Ouvem-se trovões à distância. Mais riscos brancos até que não sei mais se meus olhos estão abertos ou fechados. Mas então sinto uma lágrima cair de minha pálpebra. Chove.

Dilwyn fala:

– Temos que voltar para as barracas.

Levanto. Bom Deus, minhas pernas estão funcionando de novo. Sinto-me enjoada. Mas minhas pernas estão funcionando...

Pegue seu saco de dormir. Pegue o tapete. Siga Jeremy agora. Um pé, depois o outro. Muito bem...

Deus, fico feliz por andar para longe dali. Os cães latem enquanto passamos pelas outras cabanas no meio da noite. Morcegos voam acima de nós. Gotas de chuva caem.

A barraca. Não sei como, consigo abrir o zíper da barraca, engatinho e entro em meu saco de dormir. Fecho a porta. Mantenho os insetos do lado de fora. Procuro em minha mente um homem que eu possa chamar para me abraçar.

– Você está aqui? – pergunto. Ele está.

– Normalmente eu não faria isso – diz ele –, mas hoje farei uma exceção. Alguém tem que cuidar de você.

Sorrio ao ver que um homem que não tenho o direito de chamar apareceu, mesmo contra a sua vontade. Quem sabe o que é real e o que não é? Qual dimensão é qual? Qual é a realidade? Quem eu não sou?

– Eu nunca, nunca vou fazer isso de novo – digo a ele, e, com um sorriso no rosto, finalmente adormeço.

A QUINTA AURORA

Na manhã seguinte, alguém acorda e, já que não escreveu nada sobre a noite anterior, começa a escrever.

Sinto-me como se quisesse me transformar numa cobra cruel. Quero morder, abocanhar e chiar para todos. Quero me permitir um comportamento chocante que nunca me permito e normalmente não gostaria de ter. Quero ser rude e agressiva e irritar as pessoas. Quero sair da barraca e dizer: "E daí?"

Parte de mim se sente como um cão ao qual foi prometida uma refeição especial e ele a devorou, confiante, para descobrir que foi horrivelmente envenenado. Não é só como me sinto – é o que aconteceu.

Mas claro que não permito que uma cobra cruel saia da barraca. Apenas uma Isabel maltratada.

– Como você está hoje de manhã? – pergunta Dilwyn, parecendo bastante alegre, como se tivesse acabado de ouvir que ganhou muito dinheiro na loteria.

– Estou feliz por estar viva, Dilwyn – digo, calmamente.

Ele não percebeu, ou ignorou, o forte silvado subjacente.

– Feliz por estar viva é bom. – Ele faz uma pausa e olha para mim. – Isso é bom: estar feliz por estar viva.

– Sim.

Alex está acordado e conversa sobre a experiência incrivelmente boa que teve e a clareza maravilhosa das visões. Em primeiro lugar, conta uma história que parece ter a imagem de um filme de excelente qualidade. Ele está sendo conduzido por três belas mulheres, que, depois, percebe serem sereias.

– Noemi foi atrás de mim naquele mundo para me prevenir e resgatar – ele conta.

Depois a visão se desloca para uma experiência do eterno, ensinando-o que não precisa temer a eternidade. Ele está entusiasmado, animado; eu o observo através de minha consciência sibilina com uma mistura de irritação, indignação, inveja e admiração. Certamente ele teve uma experiência diferente da minha sessão de vômito durante toda a noite. Seu entusiasmo é total, e ele parece não ter experimentado nenhum enjoo. Se eu fosse uma cascavel, usaria meu chocalho em cima dele.

Então Noemi aparece e eu penso: "Ah, a velha feiticeira está aqui", mas não consigo manter esse nível de veneno. Ela não parece uma feiticeira e nem mesmo uma xamã; ela parece uma minúscula mulher *ashaninka* de mais ou menos 70 anos. Ela veio ver como estou. Parece que o que ela borrifou em mim era uma mistura de tabaco.

– Aquela cura xamânica que ela fez em você... já tomei a *ayahuasca* umas sessenta vezes e nunca a vi fazer isso com ninguém – falou Dilwyn.

Fantástico! Tenho tantas qualidades extraordinárias. Ficar mais doente que qualquer um em trinta anos é uma qualidade nova, mas é a minha cara. Fui a única de nosso grupo a quase morrer com o mal de altitude no Tibete. É bom saber que você tem talentos e habilidades.

– Funcionou, o que quer que ela tenha feito. Eu estava tão quente que suava por todos os poros. Sentia como se estivesse queimando. Ela borrifou a mistura de tabaco em mim e, segundos depois, comecei a tremer de frio. Não entendo. Como foi que aquilo me esfriou tão completamente e de modo tão eficaz? Foi apenas na superfície da pele?

– Você não termina onde sua pele termina, Isabel.

– Então ela estava tratando do que os adeptos da Nova Era chamam de corpo astral?

– Ele também, sim.

Não estou zangada com ela, com Dilwyn ou com qualquer outra pessoa. Sobrevivi. Todos eles queriam que eu tivesse uma boa experiência.

– Foi tão apavorante, Dilwyn. Tão ruim que, se você me oferecesse 1 bilhão de libras para repetir a experiência, eu diria não. Não... não... não... nunca. Não eram as coisas da mente. Foi fascinante e, como você disse, não tive medo da serra elétrica interna. Na verdade... – sorri, ao me interromper – essa é uma boa descrição da experiência. Mas nunca percebi que a náusea podia ser tão... TÃO intensa. Honestamente, eu não ia querer 1 bilhão de libras para passar por isso novamente. Foi pior do que qualquer coisa que eu pudesse imaginar.

Jeremy está sentado, ouvindo com a cabeça enterrada nas mãos. Ele também vomitou bastante, mas se portou como um homem em relação a tudo.

– Engraçado, tomei a mesma quantidade que você e não me senti enjoado – comenta Dilwyn.

– Você deve estar brincando. Você estava tão lúcido ontem à noite que pensei que não tivesse tomado nada.

– Não, tomei bastante, e tive algumas visões incríveis também.

Suspirei. Descemos para nadar no rio Mamiri: um verdadeiro paraíso na terra, água corrente límpida sob árvores frondosas e plenas de seiva, borboletas em tons de vermelho e azul vivos e o som eterno das cigarras no verão. Quando mergulho nua nas águas frias e profundas, começo a me acalmar e ser feliz novamente. Não foi durante o *vipassana* ou sob efeito da *ayahuasca*, mas é aqui que a cobra me deixa.

Nesse dia, uma família que mora em outra parte da aldeia nos convida para um almoço de despedida. Eles servem a cerveja caseira que mastigaram e cuspiram para preparar e alguma pobre galinha que foi morta em nossa honra, embora no meu caso o sacrifício tenha sido em vão; finjo comê-la, devolvo a carne para a travessa e maldosamente jogo, sem ser vista, um osso com um pouco de carne para um cão que passava por ali.

Como sempre ocorre, sou a diversão. Em determinado momento, um grupo de mulheres olha para mim e ri sem vergonha nenhuma. E nem estou me esforçando para ser engraçada.

– O que foi? – insisto para que Dilwyn descubra. – Do que exatamente elas estão rindo?

Ele fala com elas em meio a mais risos.

– Elas estão rindo das picadas de inseto. Dizem que os insetos estão te picando porque nunca viram ninguém como você.

Com certeza, elas acham isso hilário. Embora eu tenha que admitir que minhas picadas são uma boa diversão... Contei 63 delas e uma boa quantidade purgando pus amarelo.

– Elas estão rindo porque você voltará para casa e dirá que aqui havia insetos que picavam, embora esta região seja conhecida por não ter nenhum inseto.

– É um defeito de personalidade, Dilwyn. – Não posso deixar de rir com elas, pois o riso é contagioso.

– E elas estão se perguntando – Dilwyn ri – como é que foi com a *ayahuasca*?

Eu as presenteio com sons de vômito e pum. Mais risos.

Muito bem, posso me apresentar se for chamada. Fico de pé e caminho até um lugar onde todas possam me ver. Com efeitos sonoros, faço a apresentação do vômito para elas, recriando com algum entusiasmo os ruídos do estômago revirando-se antes de vomitar. Em seguida, fico de joelhos e faço uma boa imitação de um mamute evacuando. Inclino-me para a frente novamente, para mais sons variados de vômito, e para trás, para mais sons de evacuação, antes de cambalear até o meu lugar como se tivesse perdido o uso das pernas.

É evidente que elas nunca foram agraciadas com uma apresentação desse tipo. Provavelmente, os visitantes ocidentais anteriores mantiveram um pouco de dignidade. De qualquer modo, ganhei a aprovação delas e, talvez, até um pouco de simpatia. E também estou rindo da absurda mulher ocidental coberta de picadas, que não conseguiu nem mesmo beber uma cabaça de *ayahuasca* sem quase matar-se.

Depois, Noemi junta-se a nós e, enquanto elas terminam os restos da pobre galinha e eu como mandioca e bananas, ela pinta meu rosto com um maravilhoso desenho vermelho. Talvez, apenas talvez, ela se sinta mal pela noite terrível que tive. Eles dizem que, sob o efeito da *ayahuasca*, as pessoas só têm a experiência de que precisam – a experiência perfeita para elas. Então, talvez eu tenha tido a experiência de que precisava para poder dizer a vocês, com total convicção: "Venham para cá, venham para a selva e aprendam a viver da terra". Se vocês aceitam um conselho que não foi pedido, não engulam nenhuma droga classe A, por nenhuma razão e em nenhuma ocasião. Talvez essas classificações, tão odiadas pelos jovens e moderninhos que querem experimentar essas coisas, sejam uma espécie de advertência para nossa proteção. Se as pessoas chegaram à conclusão de que "essa coisa é perigosa", talvez não sejam apenas autoridades de mentalidade estreita querendo que o povo obedeça. Talvez seja uma boa ideia lhes dar ouvidos.

À tarde, fizemos nossa caminhada de três horas até o avião do tamanho de um carro, que chacoalhava. Crianças de 1,20 metro de altura e pés descalços carregam todas as nossas malas enquanto escalo e desço montanhas e, num dado momento, atravesso o rio sem descalçar as botas. Estou silenciosamente determinada a sair de lá sem torcer ou quebrar um tornozelo. Quando chegamos à casa do chefe que cuida do aeroporto, num momento de pura mágica, Noemi estava lá. Parece que ela insistiu em ser trazida rio abaixo de canoa para nos ver partir. Todos nos sentamos e dividimos uma refeição, e uma ou duas pessoas à mesa falam *ashaninka* e espanhol. Há uma breve oportunidade para uma conversa limitada e indireta, e ela parece estar tentando aproveitá-la.

– Noemi está perguntando o que você viu nas visões.

Acho melhor não falar do *gay* com chapéu de caubói, das caixas de comida saudável e dos colares de açúcar.

– Principalmente, imagens que giravam, imagens psicodélicas que não faziam sentido para mim. Era tudo muito confuso.

– Ela disse que só quando o trovão e o raio vieram você começou a melhorar. O trovão e o raio são os donos da *ayahuasca*. Ela pensou que ia chover mais, mas a chuva apenas dançou ao nosso redor. Não foi necessário chover, ao que parece.

Ah, dançar em círculos como as figuras mitológicas em minhas primeiras visões. Fito o mistério profundo nos olhos da velha senhora. O que posso dizer para essa figura? Ela está tentando falar comigo, seu mundo com o meu, dois idiomas, duas culturas, um continente e cerca de 5.000 anos de distância.

Eles instalaram um gerador que a Sky TV deixou na aldeia. Uma ou duas vezes ao ano, eles o ligam para gelar cerveja para os visitantes. Agora uma luz brilhante ilumina meu rosto, mas, embora minha expressão esteja plenamente iluminada para ela, para mim ela aparece como uma silhueta misteriosa que emerge da selva.

– Você poderia pedir para eles traduzirem, Dilwyn? Poderia, por favor, dizer a ela que estou muito feliz de tê-la conhecido nesta vida?

Eles traduzem, e ela segura minha mão.

– Ela diz que você é muito bem-vinda para voltar.

Sorrio, aperto a mão dela e agradeço. Estou pensando que é gentil, mas nem por todo o chá da China e todo o café do Brasil, nem por todas as riquezas espirituais do universo, eu seria persuadida a provar daquela bebida novamente. Mas depois, sentada no minúsculo avião, vendo a incrível beleza da selva e do Amazonas, percebo que, na pressa de pegar as bagagens e colocá-las no avião, saí sem lhe dizer adeus. Sinto uma sensação de perda quase esmagadora.

– Dilwyn – gritei, acima do barulho do motor. – Não me despedi de Noemi.

– Não se preocupe. Eles não costumam se despedir.

Faz sentido. Se eles não dão importância ao "eu", a quem você diz adeus?

Assim, aqui está meu corpo de volta a Satipo. Hoje encontrei um café com internet e agradeci a Emily, pelo Facebook, por ter aparecido em seu corpo astral para cuidar de mim quando precisei de apoio e confiança.

"Você disse: 'Claro que amo você'."

"Fico feliz por ajudar. A propósito, em meu corpo astral, eu estava bem vestida?"

Epílogo

Agora estou de volta a Londres, à Battersea Park Road, organizando tudo o que aconteceu. A primeira coisa que percebi foi a reação dos amigos quando lhes contei o que tinha feito. Em geral, é algo como: "Ah, meu Deus! Eu nunca poderia tomar algo assim. Não ousaria. Ficaria com muito medo". Mas claro que não é o pensamento da náusea extrema que os assusta.

Eles têm medo de perder o controle da mente; do surgimento de demônios que possam viver fora ou dentro deles, como ocorre em pesadelos, e tentar devorá-los, ou do que parece o inferno.

Ouvindo meus amigos, começo a entender o que aprendi e tudo se encaixa perfeitamente. O que me fascina quando olho para trás são as diferentes vozes interiores que ouvi e parecem pertencer a níveis distintos de consciência. Algumas delas são obviamente superficiais, tagarelando como se fossem os dois lados de minha mente: "Levante-se. Não posso, estou muito mal". Elas parecem ser a mente brincando consigo mesma. Talvez haja níveis diferentes de consciência: uma voz mais parecida com a de uma criança, uma voz com grande sabedoria, além de aspectos distintos do que chamamos nosso eu. Mas há um lugar mais profundo, realmente há, que apenas observa tudo isso e é imutável, constante e sereno. A experiência de ser o observador me mostrou que nunca estive realmente apavorada. Superficialmente, sim, mas eu sabia que o "eu" não podia ser atingido pela náusea. E, como diz Mooji, a paz vem de saber que existe em cada um de nós um observador. Mesmo se minha mente fosse danificada pela serra elétrica interna, ainda haveria um observador dentro dela, examinando a mente danificada, que está em paz... que é oceano... realmente, ele existe. Um truque é não confundir nossos pensamentos com quem somos.

Uma vez, ministrei um curso sobre liderança para adolescentes. Era um curso de imersão no St. Donat's Castel, em Llantwit Major, na costa de Gales. Os adolescentes estavam apreensivos e cheios de responsabilidade em relação à vida, um grupo consciente que queria tomar boas decisões, por isso estava incrivelmente estressado. Após trabalhar de maneira simples os objetivos, passei um trabalho de casa que confundiu algumas das mentes que viviam na cidade e estavam agitadas, sobrecarregadas. "Eu gostaria que vocês pegassem seus objetivos e sonhos", instruí, "e os levassem para a praia, sentassem em algum lugar e discutissem sobre eles com o mar."

Como eu já tinha conquistado a confiança dos adolescentes no início da semana, eles estavam dispostos a tentar minha sugestão maluca. Voltaram no dia seguinte e lhes perguntei, sorrindo:

– Então? Como foi o trabalho de casa?

– O mar não ouviu – falou um deles. – Apenas continuou sendo o mar.

Eu ri.

– Sim, ele faz isso, não é? Mais alguém?

– Descobri que o mar ouve, na verdade, mas era como se eu estivesse falando comigo mesmo – disse outro.

Minha filha estava lá e, consciente de que era minha filha e sem querer aparecer muito, estava estranhamente quieta. Nesse momento, ergueu a mão.

– Sim, Emily?

– Concordo que foi como falar comigo mesma. Mas com a parte melhor e mais sábia.

Talvez seja esse estado imutável de paz interior que o *Feng Shui* tente nos indicar. Ele usa os quatro elementos para nos ajudar a criar um ambiente que nos traga de volta a essa consciência. Como se, posicionando os objetos em casa, estivéssemos respondendo aos votos de "Esteja em paz", "Mantenha o equilíbrio", "Não se distraia com as preocupações da mente, os pensamentos que vêm e vão". Esta é a energia do elemento metal: proteger. Ele representa o exterior, nossa pele, nossos limites e o ar que inspiramos. Podemos respirar, inspirar e expirar, no lugar onde vivemos? Bem, isso é vital, não é?

E há o papel do fogo. "Você pode criar a vida que quiser", "Escreva uma lista de objetivos e cumpra-os", "Você cria sua realidade com base em suas crenças" – todas essas ideias têm grande valor. Se você quer mudar o mundo, acabar com os crimes na parte perigosa da cidade, então é preciso agir. Adoro Anthony Robbins e tudo o que ele defende. Adoro todos os professores que nos encorajam a assumir total responsabilidade por nossa vida, a nunca culpar os outros, a nunca culpar circunstâncias externas ou inventar desculpas para nós mesmos – estabelecer metas definidas, fazer nossos exercícios, beber alegremente nossa grama de trigo e sair atrás delas. Não invente desculpas – apenas faça! Essa escola de pensamento me ajudou a alcançar muitas coisas na vida. Ela está cheia de emoção, energia e impetuosidade. Adoro toda essa energia ardente, tudo isso é vermelho e vibrante.

Mas há limites que o senhor Robbins não mencionou. Ninguém pode, independentemente de quanto queira, imagine, trabalhe para isso e reze por isso, criar tudo o que quer em sua vida. Muitas pessoas que leram *O segredo* e gostariam de se tornar milionárias ainda estão pobres. E mesmo aqueles que atingem um número maior de metas nem sempre conseguem o que querem. Algumas mulheres não podem engravidar; não importa quanto imaginem bebês, a gravidez simplesmente não acontece. Algumas pessoas não podem andar, não importa quanto queiram.

Há uma escola de pensamento (não acho que Anthony seja parte dela, mas acredito que o primeiro homem do *Feng Shui* era) que afirma que criamos nossas experiências para adquirir lições dela. Não concordo com isso. Alguns têm câncer, mas não acredito que criam isso porque "precisam de uma lição", mesmo que muitos dos que sofreram com a doença tenham aprendido e crescido muito com a experiência. Não é a mesma coisa. Aprender com algo que acontece não é o mesmo que ser responsável por tê-lo criado. Não somos responsáveis por certas coisas.

Ontem à noite, recebi um telefonema de uma pessoa que me perguntou se "encontrei alguém importante" na selva. Com isso ela queria dizer, claro, se fiz sexo e se passaria o resto da vida com ele? Uma tremenda exigência para uma semana na selva. Expliquei que era um grupo muito pequeno, que o organizador tinha um casamento feliz e meus outros dois companheiros tinham idades entre 24 e 64 anos. Agora, ouça com cuidado! Ela me disse: "Você criou as coisas dessa maneira porque não quer um relacionamento". Mas não se trata de alguém querendo me fazer de idiota. Trata-se da crença surpreendentemente difundida (a mesma que o primeiro homem do *Feng Shui* usou para me culpar pelos cantos esquisitos de minha casa) que cada um cria tudo em sua vida.

Isso, eu acho, é uma distorção absurda, perigosa e egoísta do antigo ensinamento budista: "É sua mente que cria este mundo". A "mente" pode criar o mundo, mas dizer que "minha" mente cria tudo gerou um grande mal-entendido.

Sim, minhas crenças influenciam minha experiência. Se espero que o mundo seja bom para mim, muitas vezes ele será. É uma vibração que envio, como diriam os adeptos da Nova Era. Se espero que o mundo me agrida e esteja contra mim, interpretarei o mundo dessa maneira. Alguém fará um comentário descuidado, que eu considerarei pessoal, interpretarei de modo negativo e constituirei minha consciência de acordo com isso. Sim, nossas crenças certamente influenciam o modo como vemos e o modo como somos vistos.

Mas será que sou tão egoísta a ponto de acreditar que Alex não planejou sua viagem ao redor do mundo durante um ano antes de eu sequer pensar em ir para a selva? Que o desejo de Jeremy, de experimentar o modo de vida das pessoas que vivem na natureza, foi uma criação minha? É extremamente ridículo levar isso tão longe. Todos nós, que nos interessamos por modos alternativos de perceber a vida, devemos tomar consciência disso. Certo?

Aprendi isso às minhas custas, depois de perder muitas das coisas pelas quais trabalhei duro, rezei e acreditei de todo coração que seriam boas para mim, para o universo e para todos e tudo nele. Mas o universo ainda não deu ouvidos a Isabel. Você pode imaginar?! Acabei magoada e desapontada, não por algum ser humano, mas por um universo que não realizou os grandes desejos de meu coração nem me permitiu completar os projetos que me esforcei para criar e me eram extremamente valiosos.

Portanto, embora criar o que queremos em nossa vida e agir seja fantástico, também existe a lei da inércia. Disseram-nos que a jornada, para uma pessoa contemplativa, vai na direção do nada, que o equilíbrio é fundamental para quem tenta viver uma vida espiritual. O elemento madeira representa essa estratégia. Li certa vez: "Este elemento abriga a alma". Fala como obter o equilíbrio correto, quando nadar contra a maré e quando deixar o rio nos levar na direção que ele quer. Existe uma lei que diz que não devemos forçar a barra, apenas descansar e ver o que acontece. A lei do apenas ser. O maravilhoso e antigo ensinamento. "Não faça algo, sente-se ali".

É isso que o *vipassana* enfatiza quando lhe diz para apenas sentar ali e não se mover. Não, não gostei do curso, mas, depois de dez dias sentada, eu estava calma e, sim, aprendi com a experiência, e não apenas com o conceito de que não sou meu corpo. Não sou meus pensamentos. Antes, eu sabia disso intelectualmente, mas o *vipassana* me mostrou na experiência, e, a despeito de todas as coisas de que não gostei, ele me ensinou a ficar quieta. Esgotou as forças de minha mente – e o sono e a rebelião –, mas também me ensinou como essa parte de nós, que chamamos "mente", combaterá quando dissermos a nós mesmos para sentar e calar a boca. A madeira cresce lentamente, mas sabe sua direção. É enérgica, mas gentilmente poderosa, diferente da energia do fogo, que diz: "Acho que vou correr por aqui e ver o que acontece". A madeira apenas se senta... e, lenta e imperceptivelmente, cresce.

Depois, subitamente, a água. Subitamente, Mooji, a água límpida e fresca de um córrego na montanha. A água é poderosa e gentil, dá vida, sustenta e domina. Alguém em quem encontro essa notável energia amorosa e ri de minhas queixas de que o universo não satisfaz meus desejos. A encarnação de um oceano que ri de minha resistência ao conceito de inação, como se eu fosse uma onda que quer correr por si mesma, sem se dar conta de que é parte do oceano. Ou que é o oceano.

Escrevi a uma amiga: "Mooji parece estar sugerindo que o mundo pode girar sem que eu forneça a energia. Você pode imaginar isso?" "Evidentemente, ele é um charlatão", respondeu ela.

Rá-rá. Acho que sou motivo de piada.

Finalmente, observar a terra no útero da floresta. A terra representa a maternidade e a transformação. Sinto-me como se houvesse me encontrado com a mãe. Ou, em todo caso, "uma" mãe. Certamente foi uma experiência transformadora, embora não fosse exatamente o que eu imaginara. "Vamos apenas deitar Isabel e mostrar que podemos sequestrar sua mente e seu corpo enquanto ela está aqui." Portanto, agora, quando as pessoas me dizem que não se sentem seguras, fico imaginando que elas não têm consciência desse lugar interior que já me parece tão familiar, esse observador silencioso e confiante, que é imutável apesar de toda a loucura da mente.

Desse lugar, qualquer coisa que aconteça amanhã parece irrelevante. Isso não elimina o planejamento e o sonho, mas nenhum de nossos amanhãs existe enquanto não chegar, não é? A maior parte das pessoas é mais sábia que eu e, quando elaboram um plano, sabem que algum imprevisto pode ocorrer e pôr tudo a perder.

Viv está vindo para passar o dia comigo amanhã, e estou tão livre de expectativas – positivas ou negativas –, que me divirto. Será maravilhoso vê-lo. Sim, será adorável ver seus lábios também. Mas sinto verdadeiramente que posso apenas desfrutar do momento presente. Se decidir, posso imaginar consequências boas e ruins de me encontrar ou não com ele. Então, eu o encontrarei novamente apenas no presente. Tudo novo.

E quanto a estar aqui, em Battersea, Londres, em um buraco... que buraco? Fico imaginando por que me atormentei tanto sobre um buraco que, para começo de conversa, eu criei. É verdade que, se queremos obter algo, precisamos de uma ideia clara do que queremos e, em seguida, agir. A lei da ação ainda dá resultados – não apenas os resultados que queremos, droga.

E se a pergunta de Mooji ("Quem é você, afinal?") for realmente a mais importante? Quem somos nós além de nossa mente, nossa memória, nosso condicionamento, nossos desejos e apegos? Quem é aquele que observa? E se, de fato, "somos vividos", em vez de estarmos certos em nossa visão egoísta de que temos controle sobre tudo? E se todos formos "vividos" pela mesma consciência e, portanto, formos realmente um? E se não tivermos o controle sobre nós, que acreditamos ter? Se você acredita ter total controle sobre seu corpo, tente ter um bebê. Se acredita ter controle sobre sua mente, vá ao Peru e tome um pouco de *ayahuasca*. Claro, fiquei enjoada, mas foi uma lição valiosa. Eu não estou no comando. Quem quer que seja "eu".

Uma vez que organizamos nossa relação conosco e percebemos que somos eternos e imutáveis (isso parece difícil, mas não é – se eu posso fazer, qualquer um pode), então temos que pôr os pés no chão. E, estando firmes de pé, temos que constituir novamente uma comunidade.

Não é irônico que a tribo *ashaninka* viva mais feliz com os produtos da terra que a maioria de nós encaixotados em cidades pequenas e grandes? Eles vivem com simplicidade, cercados das pessoas que amam. Temos que aprender a nos amar e a nos valorizar. Temos que reunir as pessoas. Temos que festejar. Não o tipo de festa em que as pessoas bebem, mas uma festa em que as pessoas se ouvem, em que amizades verdadeiras são feitas. Não devemos esperar que outra pessoa constitua a comunidade. Como dizem os grandes mestres, encontre uma ou duas pessoas com ideias semelhantes e faça você mesmo. E não fique parado esperando. A vida é curta.

Não planejei mudar quem sou quando estava no buraco. Na verdade, se tivessem me dito que a mudança estaria em mim, eu teria gritado de raiva. Eu só queria sair do buraco. Mas agora olho ao redor, e o buraco em que eu estava simplesmente desapareceu. Voltei para a estrada simplesmente mudando minha relação com esta "Isabel". Quem quer que ela seja – sua narradora.

Se a parte do oceano que sou em algum momento fez a parte do oceano que são vocês sorrir, então a onda Isabel borrifa espuma extra no ar claro. E se vocês forem suficientemente espertos para terem aprendido algo útil, farei uma mesura em gratidão. *Namaste*. Escrevam-me. É fácil me encontrar virtualmente na web.

Trinta pessoas virão à minha casa no próximo mês para cantarmos canções africanas juntas. Conheço apenas algumas, mas deve ser interessante. Tudo está mudando na casa, e não fiz nada para que isso acontecesse. Emily está ganhando dinheiro, me devolveu o quarto grande e foi morar com amigos. Simon, o inquilino, está saindo, e duas mulheres extraordinárias estão se mudando para cá. Temo que, sendo uma escritora de não ficção, não possa dar a vocês o "final feliz" romântico de que os editores tanto gostam. Não estou caminhando na areia com Viv ao anoitecer. A vida real dificilmente tem finais certinhos.

Ao ler um esboço deste livro, uma agente literária de Nova York disse: "Mas e a história romântica? E Viv? Pensei ter visto o começo de uma possibilidade com Mooji". Rá-rá. Ela quer que eu saia com o guru? Junto com outros milhões de homens e mulheres que o amam, suponho? Ou será que devo dobrar Viv para que se encaixe nas necessidades de minha história? Seria bom que, assim como os escritores de ficção, pudéssemos "desenvolver as personagens" da maneira que nos agradasse. Eu podia ter escrito: "E agora decidimos iniciar o estudo da massagem erótica". Mas, por mais fantásticas que sejam algumas de minhas escolhas, continuarei com a não ficção e uma vida sobre a qual não tenho controle. Não podemos desenvolver o enredo das personagens de nossa vida. Nossa tarefa é mais difícil. É simplesmente amá-las.

Quanto aos acontecimentos e às vicissitudes da vida, a todas as coisas que nos acontecem ou não acontecem, feliz é a pessoa que pode celebrá-las e amá-las todas.

Tenho que parar de escrever, pois fui convidada para almoçar. Na semana passada, conheci um homem que teve a gentileza de me convidar. Ele tem 92 anos.

– Nasci em 1918, Isabel. Pergunte-me o que aprendi.

– O que você aprendeu, Jack?

– Aprendi que somos nada.

Ele sorri para mim. É uma afirmação positiva. Retribuo o sorriso.

– E tudo?

– Sim. E tudo.

– Há mais alguma coisa que você aprendeu?

– Sim. Que é importante ser bom. Mas você sabe disso, não é?

– Sim, Jack.

Para ler mais, pesquisar mais, envolver-se mais

Isabel pode ser encontrada em www.facebook.com/AuthorIsabelLosada, página na qual costuma conversar com os leitores sobre os temas dos livros. Os leitores também conversam entre si. Amizades extraordinárias têm sido feitas em todo o Reino Unido e em todo o mundo.

Através do site www.isabellosada.com podem ser encontrados *links* para tudo o que é mencionado neste livro. Isabel tem o estranho hábito de responder a muitos dos *e-mails* que recebe.

A vida é realmente mais estranha que a ficção.